KB152130

| 5문형 16공식 |

공식으로
한문 텍스트 읽기

김종호 · 한수진 지음

한티미디어

저자 소개

김종호 金琮鎬

한국외국어대학교 중국어과 및 대학원 졸(학사: 1985, 석사: 1988)
연세대학교 대학원 중어중문학과 졸(박사: 1994)
성신여자대학교 중어중문학과 교수(1994.9-2009.8)
UC. Berkeley, center for chinese studies visiting scholar(2002.2-2003.2)
國立臺灣師範大學 文學院 國文係 客座教授(2018.2-2018.8)
北京語言大學 語言學係 短期 語言學教授(2019.06.28-2019.07.05)
한국외국어대학교 중국언어문화학부 교수(2009.09-현재)

『현대중국어 화제화 이중명사 구문 연구』(2011), 한국문화사
『현대중국어 10문형 50구문』(2011), 한국외국어대학교 출판부
『도표로 보는 정통문법』(2012[2007]), 한국외국어대학교 출판부
『공자, 멋진 사람을 말하다』(2013), 한티미디어
『생성문법이란 무엇인가?』(2015)[공역], 한국문화사
『논어명구』(2017), HUINE, [세종학술도서(2018)]
『최소주의 생성문법 13강』(2018), HUINE
『한문해석공식: 촘스키가 논어를 읽는다면』(2019), 한티미디어, [세종학술도서(2019)]
『AI시대 기초한문공부: 생성문법으로 한문해석하기』(2020), 한티미디어
외 70여 편의 중국어학 관련 학술 논문

한수진 韓聰珍

한국방송대학교 중어중문학과 졸(학사: 2015)
한국외국어대학교 대학원 중어중문학과 졸(석사: 2019)
한국외국어대학교 대학원 중어중문학과 박사과정 수료(2022)

중국어『성경』「마태복음」'把' 사동구의 후속 절 생략현상 해석(2022 공저), 언어와 언어학, 한국외국어대학교 언어연구소
《논어》'원인-변화결과' 사건의미 구 연구 : 경동사구의 도출과 해석을 중심으로, 한국외국어대학교 대학원 중어중문학과 석사학위논문

공식으로 한문 텍스트 읽기 5문형 16공식

발행일 2023년 1월 31일 1쇄
지은이 김종호 · 한수진
펴낸이 김준호
펴낸곳 한티미디어 | 서울시 마포구 동교로 23길 67 Y빌딩 3층
등 록 제15-571호 2006년 5월 15일
전 화 02)332-7993~4 | **팩 스** 02)332-7995
ISBN 978-89-6421-453-4
가 격 23,000원
마케팅 노호근 박재인 최상욱 김원국 김택성
편 집 김은수 유채원 | **관 리** 김지영 문지희
본 문 김은수 | **표 지** 유채원

이 책에 대한 의견이나 잘못된 내용에 대한 수정 정보는 한티미디어 홈페이지나 이메일로 알려주십시오.
독자님의 의견을 충분히 반영하도록 늘 노력하겠습니다.

홈페이지 www.hanteemedia.co.kr | **이메일** hantee@hanteemedia.co.kr

한문해석 생성문법으로 풀어보자

한문·고대 중국어를 정확히 해석하자. 또 가능한 한 그것을 **공식화**하자. 비록 한문이 아주 오랜 역사를 가진 것이라 할지라도, 우리 두뇌는 언어를 **감지하고 해석해내는 천부적인 능력**이 있으므로 가능할 것이다. 필자는 이런 의도에서 이미 『한문해석공식(2019)』을 출간한 바 있다. 그런데 이 책은 『논어』 문장을 재료로 하였기에, 초학자들에게 난이도가 높다는 문제가 있다. 이에 한문을 처음 접하는 사람도 쉽게 접근할 수 있도록 가장 초보적인 중학교 한문 교과서(도합 7종)의 예문을 모아 『AI 시대 기초 한문공부(2020)』를 출간한 바 있다. 이제 급수를 올려보자. 이 책은 **고등학교 한문 교과서 총 12종**에 실린 문장을 선별하여, 한문을 정확하게 해석하는 방법에 대해 제시한다.

이 책은 **생성문법**(Generative grammar)적 관점으로 쓴다.
첫째, 인간의 **언어능력**(language faculty)은 조물주에 의해 타고난 것이다.
둘째, 한 인생이 점점 성숙해지고 완전해지듯, 언어도 점점 성숙해지고, 완전해진다.
　　　이처럼 한문도 단어와 단어가 **핵(Head)을 중심으로 1:1로 병합(Merge)되어 계층적으로 구조화**되며, 점점 완전한 문장이 된다.
셋째, 한문의 모든 문장은 완전한 구조체이다. 이런 점에서 **어떤 문장성분이 눈에 보이지 않거나 발음되지 않더라도, 그것은 완전한 구조체로서 존재한다.** 눈에 보이지 않는 성분은 자신의 자리에 투명체처럼 존재하며, 문장의 구조화와 해석에 기여한다.

이 책은 총 3장으로 구성된다.
Ⅰ장은 한문·고대 중국어의 해석공식을 세우기 위한 기초 이론이다. 여기서는 문장성분, 문장의 유형, 사건의미 등에 대해 설명하고, **16개의 해석공식**을 제시한다.
Ⅱ장은 Ⅰ장에서 제시한 해석공식의 '문형 속 적용'이다. 즉, 단문에 대해 'SV', 'SVO', SVC', 'SVOC/SVCO', 'SV₁O₁V₂(O₂/C)' 등의 **5개의 문형**으로 분류한 후, 그에 대해 사건의미에 따라 16개의 해석공식을 적용한다.
Ⅲ장은 해석공식을 이용하여 '작품'을 읽는 연습을 한다. Ⅲ장의 1은 경서(經書)나 제자서

(諸子書), 2는 역사서, 3은 산문, 4는 운문인 시사(詩詞)의 문장을 대상으로 한다. 기술 순서는 '1) 원문 읽기, 2) 도식 보기, 3) 단어와 어구, 4) 해석하기, 5) 사건의미와 문법 설명, 6) 참고'의 순이다. 특히 '도식 보기'가 가장 핵심적인 부분이다. 여기서 술어는 그 사건의미에 따라 '🈀-활동[DO], 🈁-상태[BE], 🈂-변화결과[BEC], 🈁-사동[CAU-BEC], 🈂-의동[CON-BE]'으로 각각 구분한다.

필자는 독자들이 『공식으로 한문 텍스트 읽기』를 통해 한문과 고대 중국어를 정확히 해독하는 능력을 획득하길 바란다. 또, 이 책을 통해 확보된 정확한 정보가 두뇌 속에서 오래 기억되어 삶의 지혜로 응용되길 기원한다.

이 책의 출판을 적극적으로 도와주신 한티미디어 관계자들께 감사의 마음을 전합니다.

하나님께 모든 감사와 영광을 돌립니다.

2023. 1

저자 **김종호·한수진**

차 례

차 례

차 례

I

공식 세우기

1. 문장성분

1.1. 필수성분

1.1.1. 술어(V-v, V-v₁-v₂)

술어는 주어와 더불어 **문장의 필수성분**이다.[1] '술어'는 동사와 경동사(light verb, **輕動詞**) 간의 병합된 형태인 'V-v' 혹은 'V-v₁-v₂'의 구조체이다.[2] 먼저 다음 표에서 술어와 경동사 및 사건의미에 대해 알아보자.

(1) 사건의미와 술어의 관계

사건의미와 경동사	술어	술어의 구성	술어의 의미특징	예문과 한국어 해석
활동 [DO]	v	V-v	[+진행], [+의지]	a. 父<u>生V</u>我身. 부모가 나를 낳으셨다.
상태 [BE]	v	V-v	[+상태], [+판단], [+소유], [+존재], [+비교]	b. (父)<u>生V</u>, (事之以禮). 살아계시면,
변화결과 [BECOME]	v	V-v	[+변화]	c. (本立,) 道<u>生V</u>. 도가 생기다.
사동 [CAU-BEC]	v₁-v₂	V-v₁-v₂	[+사역]	d. (藥醫者藥,) 以<u>生V</u>之. 그를 살리다.
의동 [CON-BE]	v₁-v₂	V-v₁-v₂	[+인식]	e. (孔子)<u>小V</u>天下. 천하를 작게 여겼다.

([CAU-BEC]는 [CAUSE-BECOME]의 줄임이고, [CON-BE]는 [CONSIDER-BE]의 줄임이다.)

---

1 모든 구(phrase)는 술어 동사를 중심(핵, Head)으로, 논항(소위 명사구)들을 병합하여 더 크고 안전한 구를 이루어 의사 표현에 사용된다. 따라서 술어 동사는 모든 문장의 출발점이다. 본서에서 술어 동사를 먼저 기술하는 까닭이다.

2 'V-v₁-v₂'의 형태는 술어를 구성하는 경동사가 두 개임을 말한다. 즉, 사동의미나 의동의미의 술어는 두 개의 경동사로 구성된다.

표에서 보듯, 술어는 '사건의미(eventuality)'를 나타내는 경동사와 결합되어 구성된다. 여기서 사건의미란 인간이 사건(event)에 대해 가지는 생각이 문장을 통해 표현된 것이다. 우리는 위와 같이 5종류의 사건의미를 설정한다. 예문 속에서 사건의미를 구체적으로 살펴보자.

a-d의 술어 '生'과 e의 '小'를 통해 각각의 사건의미에 따른 해석의 차이를 보자.

  a. 술어 '生'은 **활동[DO]** 경동사에 의해, '**낳다**'로 해석된다.
  b. 술어 '生'은 **상태[BE]** 경동사에 의해, '**살다(/존재하다)**'로 해석된다.
  c. 술어 '生'은 **변화결과[BECOME]** 경동사에 의해, '**생기다**'로 해석된다.
  d. 술어 '生'은 **사동[CAU-BEC]** 경동사에 의해, '**살리다**'로 해석된다.
  e. 술어 '小'는 **의동[CON-BE]** 경동사에 의해, '**작게 여기다**'로 해석된다.

a-d의 예처럼 동일한 술어 동사 '生'일지라도 경동사에 의해 서로 다르게 해석됨에 특히 주의하자.

이제 보이지 않는 술어에 대해 생각해보자. 우리는 이를 'EV'로 설정한다. 술어는 문장의 필수성분이므로, 반드시 존재하는 것으로 해석되어야 한다. 이 책에서 '발음되지 않는 술어', '비명시적 술어'라는 용어를 자주 사용하는 이유이다. 특히 SVC 문형에서 동사가 생략된 'S+(EV)+C' 형식의 문형이 많다. 'EV'는 Empty Verb의 첫 글자를 대문자화한 것이다.[3]

1.1.2. 주어(S)

주어는 술어와 더불어 **문장의 필수성분**이다. 이는 한국어로 번역할 할 때 주격조사 '-이/가(은/는)'가 첨가된다. 다음 표를 보자.

---

3 본서의 '도식보기'와 '해석하기'에서는 생략되었음을 나타내기 위해 옅은 색으로 표시한다(ES, EO, EP 등도 동일 적용).

(2) 사건의미와 주어의 관계

사건의미 \ 주어	주어의 위치	주어의 의미역	한국어 해석
활동 [DO]	a. 吾S讀V書O.	〈행위자〉	a. 내가 책을 읽다.
상태 [BE]	b. 孤掌S難V鳴C.	〈대상자〉	b. 한 손바닥은 소리나기 어렵다.
변화결과 [BECOME]	c_1. 天下S運C於掌C.	〈대상자〉	c_1. 천하가 손바닥에서 움직여진다.
	c_2. 仁者S愛V人O.	〈경험자〉	c_2. 어진 사람은 다른 사람들을 사랑한다.
사동 [CAU-BEC]	d. 至誠S感V天O.	〈원인자〉	d. 지성은 하늘도 감동시킨다.
의동 [CON-BE]	e. 百姓S安V之O.	〈인식자〉	e. 백성들은 그것을 편안히 여긴다.

표에서 보듯, **'사건의미'**에 따라 주어의 의미역(Thematic-role, Θ-role)[4]이 달라진다.

　a. 주어 '吾'는 술어에 대해 [+의지]의 〈행위자(Agent)〉이다.
　b. 주어 '孤掌'은 술어에 대해 [-의지]의 묘사 〈대상자(Theme)〉이다.
　c_1. 주어 '天下'는 술어에 대해 [-의지]의 변화 〈대상자(Theme)〉이다.
　c_2. 주어 '君子'는 술어에 대해 [±의지]의 〈경험자(Experiencer)〉이다.
　d. 주어 '至誠'은 술어에 대해 [±의지]의 〈원인자(Causer)〉이다.
　e. 주어 '百姓'은 술어에 대해 [±의지]의 〈인식자(Cognizer)〉이다.

　주어의 의미역을 파악하면 문장의 해석이 훨씬 쉽고 정확해진다. 특히, 〈행위자〉 주어는 [+의지]이므로, 술어의 특성과 연계시켜보면, [-의지]의 〈대상자〉 주어와 명백히 구분된다.

　이제 보이지 않는 주어에서 생각해보자. 주어는 문장의 필수성분이므로 반드시 있는 것으로 해석되어야 한다. 그러나 고대 중국어에서는 주어가 생략되어 보이지 않는 경우가 매우 흔

---

4 일정한 구조에서 동사, 전치사 등에 의해 논항(論項, argument)에 부여되는 의미적 역할을 가리킨다.

하다. 본서는 이를 'ES(Empty Subject)'로 설정한다. 이는 주어가 없다는 뜻이 아니라 있지만 명시적(overt)이지 않거나 발음되지 않는다는 의미이다. 즉, 이런 주어는 언제든지 환원시킬 수 있으나, 경제성을 고려하여 발음하지 않을 뿐이다.

1.2. 보충성분

1.2.1. 목적어(O)

목적어는 술어 성분이 직접 지배하는 〈대상자〉이다. 즉, 목적어는 술어 동사와 직접적인 선택 관계를 가지며, 반드시 목적격을 부여받는다. 한국어로 해석될 때는 반드시 목적격 조사 '-을/를'을 첨가할 수 있어야 한다. 따라서 이 조건을 만족시키지 못하는 술어 뒤의 모든 명사구와 전치사구는 목적어라고 할 수 없다. 우리는 이에 대해 일률적으로 **보어(Compl, Complement)**[5]라고 한다. 이하 C로 약칭한다.

이제 보이지 않는 목적어에서 생각해보자. 우리는 이를 'EO'로 설정한다. 고대 중국어에서 목적어가 생략되어 보이지 않는 경우가 빈번하다. 'EO'는 Empty Object의 첫 글자를 대문자화한 것이다. 이는 목적어가 없다는 뜻이 아니라 있지만 명시적이지 않거나 발음되지 않는다는 의미이다. 문장의 구조상 목적어가 있어야 하는 자리인데도 문맥상 이동하였거나 생략되어 보이지 않는 경우이다. 이때 우리 머릿속에서는 이 목적어가 반드시 있는 것으로 명확하게 해석되어야 한다.

1.2.2. 보어(C)

보어는 술어성분의 뒤에 위치하여 술어를 보충하는 성분이다. 이 '보충어'는 다양한 성분으로 구성된다. 본서는 술어 동사 뒤에 위치하나 목적격을 받지 않는 각종 한정사구(DP), 전치사구(PP), 절(CP) 등을 통틀어 보어라고 한다.[6] 특히 전치사는 자신의 보충어에 대해 일정한 의

---

[5] 이는 현대 중국어에서 말하는 '보어'와는 차이가 있다.

[6] 한문의 보어(C)는 보어표시 조사가 아예 없다. 또, 보어가 전치사(preposition, P)에 의해 구성됨에도 불구하고, 전치사가 비명시적(covert)인 경우도 적지 않다. 이런 점이 한문의 보어를 한국어로 해석할 때 유의할 점이다.

미역을 할당한다. 다음 예를 보자.

(3) a. (ES)聽之以心C. 『道德經』

   (너는) 그것을 마음으로 들어라.

   b. 國之語音異乎中國C. 『訓民正音解例本』

   우리나라의 말소리가 중국과 다르다.

   c. 人之患在於立志不固C. 『白軒集』

   사람들의 근심은 입지가 굳지 못함에 있다.

   d. 千里之行始於足下C. 『道德經』

   천리 길도 발아래서 시작된다.

   e. 無足之言飛於千里C. 『耳談續纂』

   발 없는 말이 천리까지 날아간다.

   f. 霜葉紅於二月花C. 『唐詩選』

   서리 맞은 단풍이 이월화(두견화)보다 붉다.

a-f의 밑줄 친 부분은 모두 명시적인 전치사를 핵(Head)으로 이루어진 보어이다.

   a. 전치사 '以'는 자신의 보충어에게 〈방식/도구〉의 의미역을 준다.
   b. 전치사 '乎'는 자신의 보충어에게 비교 〈대상자〉의 의미역을 준다.
   c. 전치사 '於'는 자신의 보충어에게 〈원점(AT)〉의 장소 의미역을 준다.
   d. 전치사 '於'는 자신의 보충어에게 〈출발점(FROM)〉의 장소 의미역을 준다.
   e. 전치사 '於'는 자신의 보충어에게 〈도착점(TO)〉의 장소 의미역을 준다.
   f. 전치사 '於'는 자신의 보충어에게 비교 〈대상자〉의 의미역을 준다.

한문에서는 특히 c-f처럼 같은 형태의 전치사가 서로 다른 기능을 가지는 경우가 있고, b와 f처럼 서로 다른 형태의 전치사가 서로 같은 기능을 가지는 경우도 있음에 유의하자.

이제 보이지 않는 전치사에 대해 생각해보자. 우리는 이를 'EP'로 설정한다. 'EP'는 Empty Preposition의 첫 글자를 대문자화한 것이다. 먼저 다음 예를 보자.

(4) a. [禍之爲福,] 事必歸<u>EP</u>正.

　　　[화가 복이 되고,] 일은 반드시 올바름으로 돌아간다.

　b. [雖有忙心,] 線不繫<u>EP</u>鍼.『耳談續纂』

　　　[비록 마음이 바쁘더라도,] 실은 바늘에 맬 수 없다.

　(4) a, b에서 밑줄 친 부분은 목적어가 아니라 전치사가 생략된 보어이다. 그런데 신기한 것은 **전치사가 안 보이는 데도 마치 있는 것처럼 해석한다**는 것이다. 보어와 관련된 내용을 요약한 다음 표를 보자.

(5) 보어(C)의 구조와 해석

한정사구 (DP)[7] ／ 전치사(P)	한정사구		한국어 조사 대응 양상
	의미역	의미 특징	
비명시(EP) · 명시(P)	〈대상자〉	[존재],[판단],[결과], [소유],[비교],[수혜] 등	-이/가[8], -에게, -와/과, -라고(/로)
	〈장소〉	[원점],[출발점], [도착점] 등	-에서, -(으)로부터, -(에게)로
	〈근거〉,〈방식〉, 〈도구〉,〈재료〉		-로, -써

　표에서 보듯, 보어로 쓰이는 명사구는 전치사의 유무와 상관없이 모두 〈대상자〉, 〈장소〉, 〈도구〉, 〈방식〉, 〈재료〉 등의 의미역을 받는다.[9] 〈장소〉 의미역은 〈원점(AT)〉, 〈출발점(FROM)〉, 〈도착점(TO)〉, 〈근원(Source)〉 등을 포함한다. 보어구에서 전치사가 발음되지 않는 경우일지라도, 우리 머릿속에서는 그것을 환원하여 문맥에 맞게 해석한다.

---

7 한정사구(Determiner Phrase)란 한정사를 핵으로, 명사구(NP)를 보충어로 하여 병합된 구이다. 즉, 명사구에 대해 한정성 개념을 추가하여 설정한 개념이다. DP는 명사성 단어가 속성적으로 최대한 키워진 상태의 구이다.

8 이는 주격조사가 아니라 보어표시 조사인 경우이다.

9 의미역은 술어동사에 의해 한정사구가 받는 역할인데, 이처럼 전치사도 의미역을 부여하나, 정상적인 경우와 구별한다는 의미에서 사격(斜格, Oblique)라고 한다.

1.2.3. 부가어(Adj)

부가어란 술어의 앞, 또는 문장의 앞 등에 위치하는 각종의 수식어 성분을 이른다. 소위 부사(어), 화제어 등을 말한다. 이 책은 Ⅱ장-Ⅲ장의 '도식 보기' 부분에 '부가어'라는 항목 외에 '앞 성분', '화제', '뒷 성분' 등 부가어에 해당하는 항목을 설정하여 문맥 상황을 파악하는데 도움이 되게 한다.

2. 문형과 문장성분의 생략

    문장에서 주어와 술어는 반드시 필요한 성분이다. 이를 각각 'S'와 'V'라고 적고, 여기에 목적어 'O'와 보어 'C'의 유무 차이에 따라 문장의 유형을 나눈다. 이를 통해 'SV', 'SVO', 'SVC', 'SVOC', 'SV$_1$O$_1$V$_2$(O$_2$/C)'의 5종류의 문형을 얻을 수 있다.

2.1. 문형

2.1.1. 'SV' 문형

    문장의 필수 요소인 주어(S)와 술어(V)로 구성된 문형이다. '**주어(S)+술어(V)**'로 적는다.

    이 문형은 **활동[DO], 상태[BE], 변화결과[BECOME], 사동[CAUSE-BECOME], 의동[CONSIDER-BE]** 등의 사건의미에 두루 적용될 수 있다.[10]

2.1.2. 'SVO' 문형

    문장의 필수요소에 목적어(O)가 보충된 유형이다. '**주어(S)+술어(V)+목적어(O)**'로 적는다.

    이 문형은 **활동[DO], 변화결과[BECOME], 사동[CAUSE-BECOME], 의동[CONSIDER-BE]** 등의 사건의미에 두루 적용될 수 있다.[11]

2.1.3. 'SVC' 문형

    문징의 필수요소에 보어(C)가 보충된 유형이다. '**주어(S)+술어(V)+보어(C)**'로 직는다.

    이 문형은 **상태[BE], 변화결과[BECOME], 의동[CONSIDER-BE]** 등의 사건의미에 적용

---

[10] 여기서 각각의 사건의미와 결합하여 해석공식 [1]-[5]가 만들어진다. II장의 1을 참조.

[11] 여기서 각각의 사건의미와 결합하여 해석공식 [6]-[9]가 만들어진다. II장의 2를 참조.

될 수 있다.[12]

2.1.4. 'SVOC'/'SVCO' 문형

문장의 필수요소에 목적어(O)와 보어(C)가 모두 배열된 유형이다. 목적어와 보어가 교체되는 현상이 있으므로, **'주어(S)+술어(V)+목적어(O)+보어(C)'** 혹은 **'주어(S)+술어(V)+보어(C)+목적어(O)'**로 적는다.

이 문형은 **활동[DO]**, **사동[CAUSE-BECOME]** 등의 사건의미에 적용될 수 있다.[13]

2.1.5. 'SV$_1$O$_1$V$_2$(O$_2$/C)' 문형

이 문형은 'V$_1$'과 'V$_2$', 즉 두 개의 술어를 가지는 문형이다. 특히 'V$_1$'으로 자주 사용되는 두 동사에 따라 다음과 같이 두 형식으로 나뉜다.

1) 사동의 'S使O$_1$V(O$_2$/C)' 식

첫 번째 술어(V-v)로 '使'를 사용하고, 뒤에 술목구조를 추가한 형태이다. 편의상 앞의 목적어를 'O$_1$'로, 두 번째 목적어를 'O$_2$'로 표시한다. 이 문형은 '使'의 영향으로, **사동[CAUSE-BECOME]** 사건의미로만 적용된다.[14]

2) 사동과 의동 공용의 'S以O爲(O$_2$/C)' 식

첫 번째 술어(V-v)로 '以'를 사용하고, 두 번째 술어(V-v)로 '爲'가 자주 사용된다. 이는 동사 '以爲'가 분리되어 각각의 동사로 사용되는 경우이다.[15]

이 문형은 **사동[CAUSE-BECOME]** 사건의미와 **의동[CONSIDER-BE]** 사건의미에 적용될 수 있다.[16]

---

12 여기서 각각의 사건의미와 결합하여 해석공식 [10]-[12]가 만들어진다. Ⅱ장의 3을 참조.
13 여기서 각각의 사건의미와 결합하여 해석공식 [13]-[14]가 만들어진다. Ⅱ장의 4를 참조.
14 여기서 이 사건의미와 결합하여 해석공식 [15]가 만들어진다. Ⅱ장의 5를 참조.
15 사동의 예는 본서 Ⅱ장 5의 [공식 15]에서 도식보기 ②, 의동의 예는 Ⅰ장 3.5의 (14)a를 각각 참조하라.
16 여기서 각각의 사건의미와 결합하여 해석공식 16-17이 만들어진다.

이상 5개의 문형을 표로 정리하면 다음과 같다.

(1) 문형 분류

연번	문형
I	주어+술어 SV
II	주어+술어+목적어 SVO
III	주어+술어+보어 SVC
IV	주어+술어+목적어+보어 SVOC
	주어+술어+보어+목적어 SVCO
V	주어+술어$_1$+목적어$_1$+술어$_2$+(목적어$_2$/보어) $SV_1O_1V_2(O_2/C)$

- 주어(Subjective), 술어(Verb), 목적어(Objective), 보어(Complement)
- '$SV_1O_1V_2(O_2/C)$' 문형에서 'V'는 유표적 경동사 '使'와 '以' 혹은 '以…爲'의 고정 형식을 주로 사용한다는 점에서 특수 문형으로 볼 수 있다.

2.2. 문장성분의 생략

한문/고대 중국어를 해석할 때, 주의할 점은 문장성분의 생략이 많다는 점이다. 생략된 성분은 우리의 머릿속에서는 언제든지 매우 빠른 속도로 환원할 수 있다.

2.1에서 제시된 문형에서 각 문장성분들은 생략될 수 있으며, 이를 'ES(주어 생략)', 'EV(술어 생략)', 'EO(목적어 생략)', 'EC(보어 생략)'으로 표시한다. 이에 대해 구체적으로 살펴보자.

2.2.1. 주어 생략

한문에서 주어는 자주 생략된다. 다음 예문을 통해 주어 생략의 예를 보자.

(2) 子曰: "三人行, 必有我師焉. 擇其善者而從之, 其不善者而改之."

『論語·述而』

위의 문장을 도식화하면, 다음 표와 같다.

(3) 주어 생략 도식

연번	앞성분	주어 (S)	부가성분	술어(V-v) 활동	상태	변화결과	사동	의동	목적어 (O)	보어 (C)	뒷성분
①		$子_j$		(활동)日							:
②	"	$三人_i$				(변화)行					,
③		ES_i	必		(상태)有					$我_j師$	焉.
④		ES_j		(활동)擇					其善者17		
⑤	而	ES_j		(활동)從					之		,
⑥		ES_j		(활동)EV					其不善者		
⑦	而	ES_j		(활동)改					之		."

이를 한국어로 해석해보자.

① 공자께서 말씀하셨다.
② "세 사람이 함께 길을 가면,
③ (세 사람 중에는) 반드시 나의 스승이 있다.
④ (내가) 그 사람의 좋은 점을 골라서,
⑤ (내가) 그것을 따르고,
⑥ (내가) 그 사람의 좋지 않은 점을 골라서,
⑦ (내가) 그것을 바로잡는다."

위 ③-⑦은 주어가 모두 생략되었다. 생략된 성분을 살펴보면, ③의 주어 'ES_i'는 ②의 주어인 '$三人_i$'를 가리키며, 추상적 공간 개념이고, 〈묘사 대상자〉이다. 한편, ④-⑦의 주어 'ES_j'는

---

17 '좋은 점', '좋은 사람'의 두 가지 해석이 가능하나, ⑥,⑦의 문맥을 고려하여 전자로 해석한다.

①의 주어 '子ᵢ'를 가리키며, 모두 〈행위자〉이다.

2.2.2. 술어 생략

한문에서 술어도 종종 생략된다. 다음 예문을 통해 술어 생략의 예를 보자.

(4) **於此兩大衡, 生出四大級. 凡守是而獲利者太上也;**

　　其次守是而取害也; 其次趨非而獲利也; 最下者趨非而取害也.

『與猶堂全書』

위의 문장을 도식화하면, 다음 표와 같다.

(5) 술어 생략 도식

연번	앞 성분	주어 (S)	부가 성분	술어(V-v)					목적어 (O)	보어 (C)	뒷 성분
				활동	상태	변화결과	사동	의동			
①		於此兩大衡				변화生出				四大級	.
②	凡	守是而獲利者			상태EV					太上	也;
③		其次			상태EV					守是而取害	也;
④		其次			상태EV					趨非而獲利	也;
⑤		最下者			상태EV					趨非而取害	也.
⑥		吾生而還故土			상태EV					命	也,
⑦		吾生而不能還故土	亦		상태EV					命	也.

이를 한국어로 해석해보자.

① 이 두 큰 저울에서 네 개의 큰 등급이 생겨난다.
② 무릇 옳음을 지키면서 이익을 획득하는 것이 최고 등급이요,
③ 그다음은 무릇 옳음을 지키나 손해를 입는 것이요,

④ 그다음은 그름을 좇으나 이익을 얻는 것이요,

⑤ 최하의 것이 그름을 좇고 손해를 입는 것이다.

⑥ 내가 살아서 고향에 돌아가는 것은 운명이지만,

⑦ 내가 살았으나 고향에 돌아가지 못하는 것 역시 운명이다.

위의 예에서는 ②-⑦의 술어가 모두 생략되었다. 생략된 성분을 살펴보면, 'EV'는 모두 상태 사건의미 '-이다'류이다. 이처럼 한문에서 술어 생략 현상도 빈번히 발생하는데, 특히 'SVC'문형에서 많이 발생한다. 이때 문미의 진술표시 어기조사 '也'와 잘 호응된다.

2.2.3. 목적어 생략

한문에서 목적어도 자주 생략된다. 다음 예문을 통해 목적어 생략의 예를 보자.

⑹ **今夫水搏而躍之, 可使過顙, 激而行之, 可使在山, 是豈水之性哉?**

『孟子·告子章句上』

위의 문장을 도식화하면, 다음 표와 같다.

(7) 목적어 생략 도식

연번	앞 성분	주어 (S)	부가 성분	술어(V-v) 활동	술어(V-v) 상태	술어(V-v) 변화결	술어(V-v) 사동	술어(V-v) 의동	목적어 (O)	보어 (C)	뒷 성분
①	今夫,水$_i$	ES		활동搏					EO$_i$		,
②	而	ES					사동躍		之$_i$		.
③		ES	可				사동使		EO$_i$		변화過顙[18],
④		ES		활동激					EO$_i$		
⑤	而	ES					사동行		之$_i$		
⑥		ES	可				사동使		EO$_i$		변화在山,
⑦			是	豈		상태EV					水之性	哉?

이를 한국어로 해석해보자.

① 지금 물은, (당신이 그것을) 쳐서,

② (당신이 물을) 튀어 오르게 하면,

③ (당신이) (물을) 사람의 이마를 지나가게 (되게) 할 수 있고,

④ (당신이) 물을 막아서

⑤ (당신이) (물로 하여금) (위로 거슬러) 가게 (되게) 하면,

⑥ (그것이) 산에 있게 (되게) 할 수도 있지만,

⑦ 이것이 어찌 물의 본성이겠습니까?

위의 예에서는 ①,③,④,⑥의 목적어가 모두 생략되었다. 생략된 성분을 살펴보면, 'EO'는 모두 ①의 '水'가 화제화하여, 앞으로 이동하고 남은 자리이다. ②,⑤에서도 대명사 '之'로 대체한다. 이는 모두 언어의 경제성 추구가 잘 드러나는 점이다.

---

18 도식 '過顙', '在山'은 SV₁O₁V₂(O₂/C) 구조의 문형이다. 도식 그리기의 편의상 뒤의 성분에 배치한다. 본서 III장 1.1을 참조하라.

3. 사건의미

사건의미(eventuality)란 **경동사**에 의해 동사구(VP)에 표시되는 사건(event)에 대한 화자의 **추상적 인식**이다.

본서는 기술의 편의를 위해, 다섯 종류의 사건의미를 다음과 같이 표시한다. 즉, **활동[DO]** 사건의미는 '활'으로, **상태[BE]** 사건의미는 '상'로, **변화결과[BECOME]** 사건의미는 '변'로, '**사동[CAUSE-BECOME])** 사건의미는 '사'으로, **의동[CONSIDER-BE]** 사건의미는 '의'으로 각각 표시하고, 수형도를 통해 그 도출(Derivation) 과정을 살펴보자.[19]

3.1. 활동[DO] 사건의미

'활동' 사건의미란 '의지성을 가지는 〈행위자〉 주어가 어떻게 활동(V–v)하는지'를 말한다. 다음 예를 보자.

(1) a. **天之生此民.** 『孟子·萬章章句上』

　　　 하늘이 이 백성을 **낳다**.

　　b. **愚公移山**.

　　　 우공(愚公)이 산을 **옮기다**.

'**활동**' 사건의미를 나타내는 문장에서 **주어**는 [+의지]의 〈**행위자(Agent)**〉이다. 또, 위의 (1) a의 '**此民**', b의 '**山**'에서 보듯, 일반적으로 **지배 〈대상자(Theme)〉 목적어**를 가진다.

　　(1) a에 대한 수형도를 통해, '활동[DO]' 사건의미구의 도출에 대해 알아보자.

---

19 '사동[CAUSE-BECOME]) 사건의미는 '[CAU-BEC]'로, '의동[CONSIDER-BE]' 사건의미는 '[CON-BE]'로 축약하여 표시하기도 한다.

(2) 활동[DO] 사건구조의 도출과 의미역 할당

a. 모형   b. '天之生此民'의 도출

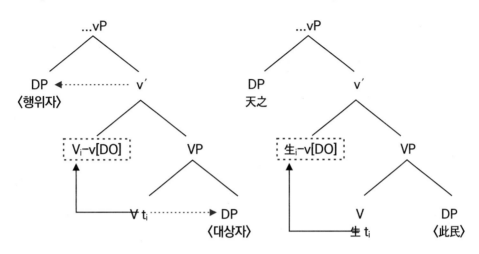

예(2)b를 살펴보면, 경동사 'DO'는 동사구에 '-하다'라는 [활동] 사건의미를 부여한다. 그러나 경동사 v[DO]는 빈 자리로서, 술어 없이 단독으로 사건의미를 나타낼 수 없다. 따라서 보충어인 동사 핵 '生'을 자신의 빈 자리로 끌어 당겨 'v[DO]+生V'의 융합체를 만들고, '살다'는 사건의미를 나타낸다. 또한, 지정어(vP-Spec) 논항 '天'에게 〈행위자(Agent, 施事)〉 의미역을 할당한다. 이를 통해, '〈행위자(天)〉가 이 백성을 **낳다**.'로 해석된다.

3.2. 상태[BE] 사건의미

'상태' 사건의미는 '〈묘사 대상자〉 주어의 상태에 대한 묘사(V-v)'를 나타낸다. 다음 예를 보자.

(3) a. (父母)生 , [事之以禮]. 『孟子·滕文公章句上』

(부모가) **살아 계실** 때, [예로써 그를 섬기다].

b. 子誠EV齊人也. 『孟子·公孫丑章句上』

그대는 진실로 제나라 사람**이다**.

a는 'S+V 문형'이고, b는 동사가 발음되지 않는 'EV'의 'S+EV+C' 문형이다.

'상태' 사건의미를 표시하는 문장에서 주어는 〈묘사 대상자〉이다. 우리의 뇌는 이런 주어가 어떤 '상태'와 관련되어야 하는지 안다. 따라서 술어는 [-의지]적 상태이며, 목적어가 필요하지 않다.

(3) a에 대한 수형도를 통해, '상태[BE]' 사건의미구의 도출에 대해 알아보자.

(4) 상태[BE] 사건구조의 도출과 의미역 할당

  a. 모형   b. '(父母)生, [事之以禮]'의 도출

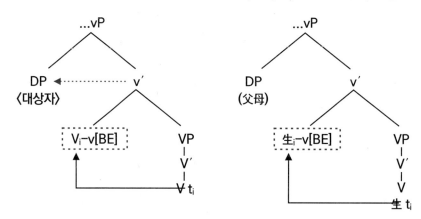

예(4)b를 살펴보면, 경동사 'BE'는 동사구에 '-인 상태이다'의 [상태] 사건의미를 부여한다. 그러나 경동사 v[BE]는 빈 자리로서, 술어 없이 단독으로 사건의미를 나타낼 수 없다. 따라서 동사 핵 '生'을 자신의 빈 자리로 끌어 당겨 'v[BE]+生V'의 융합체를 만들고, '살아 있다'는 사건의미를 나타낸다. 또한, 자신의 지정어 논항 '(父母)'에게 묘사 〈대상자(Theme, 客事)〉의 미역을 할당한다. 이로써 '〈묘사 대상자(父母)〉가 살아 계시다.'로 해석된다.

3.3. 변화결과[BECOME] 사건의미

'변화결과' 사건의미는 '[-의지]의 〈대상자〉 혹은 〈경험자〉 주어가 어떤 변화결과에 처하게 되는지(V-v)'를 표시한다.

'변화결과' 사건의미를 나타내는 술어는 두 종류이다. 하나는 (15)a처럼 목적어를 가지지 않는 소위 비대격동사(unaccusative) 술어이고, 다른 하나는 (15)b처럼 [+심리] 또는 [+인

지] 동사 술어이다.

(5) a. 五穀不生.『孟子·告子章句下』

오곡이 **나지** 못한다.

b. 仁者愛人.『孟子·離婁章句上』

어진 사람은 남들을 **사랑한다**.

둘 다 변화결과 사건의미로 분류되지만, a는 비대격동사에 의한 'SVC 문형'이고, b는 [+심리]의 술어동사에 의한 'SVO 문형'이다.

이 두 술어 유형을 수형도를 통해 알아보자.

첫째, 술어가 비대격동사인 경우

이 술어는 목적어 논항을 가지지 않는다.

(5)a에 대한 수형도를 통해, '변화결과[BECOME]' 사건의미구의 도출에 대해 알아보자.

(6) 변화결과[BECOME] 사건의미 구조의 도출과 의미역 할당(1)

    a. 모형   b. '五穀不生'의 도출

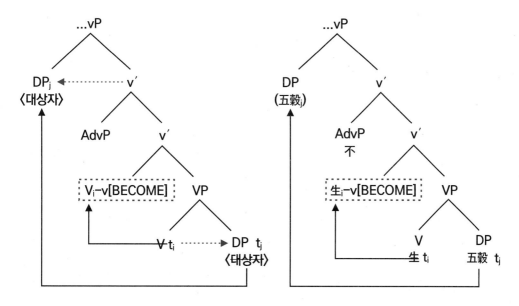

예(6)b를 살펴보면, 경동사 'BECOME'은 동사구에 '-하게 되다'의 [변화결과] 사건의미를 부여한다. 그러나 경동사 v[BECOME]은 빈 자리로서, 술어 없이 단독으로 사건의미를 나타낼 수 없다. 따라서 동사 핵 '生'을 자신의 빈 자리로 끌어 당겨 'v[BECOME]+生V'의 융합체를 만들고, '나게 되다'라는 사건의미를 나타낸다. 또한, 자신의 지정어 자리의 논항 '五穀'에게 변화 〈대상자(Theme, 客事)〉 의미역을 할당한다. 이로써 '〈변화 대상자(五穀)〉가 **나지** 못한 다.'로 해석된다.

둘째, 술어가 심리·인지 동사인 경우
이 술어는 목적어 논항을 가진다.
(5)b에 대한 수형도를 통해, '변화결과[BECOME]' 사건의미구의 도출에 대해 알아보자.

(7) 변화결과[BECOME] 사건의미 구조의 도출과 의미역 할당(2)

a. 모형   b. '仁者愛人'의 도출

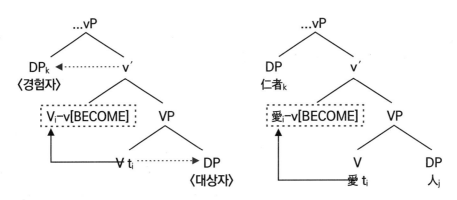

예(7)b를 살펴보면, 경동사 'BECOME'은 동사구(VP)에 대해 '-하게 되다'의 [변화결과] 사건의미를 부여한다. 이때 경동사 v[BECOME]은 빈 자리로서, 술어 없이 단독으로 사건의미를 나타낼 수 없다. 따라서 '愛'를 자신의 빈 자리로 끌어 당겨 'v[BECOME]+愛V'의 융합체를 만들고, '사랑하게 되다'는 의미를 나타낸다. 또한, 자신의 보충어 논항 '人'에는 〈대상자〉 의미역을 할당하고, 자신의 지정어 논항 '仁者'에는 〈경험자(Experiencer, 當事)〉 의미역을 할당한다. 이로써 '〈경험자(仁者)〉는 〈대상자(人)〉를 **사랑한다.**'로 해석된다.

3.4. 사동[CAUSE-BECOME] 사건의미

'사동' 사건의미는 두 개의 경동사에 의해 표시된다. 즉, '원인[CAUSE]'을 나타내는 경동사와 '변화결과[BECOME]'를 나타내는 두 개의 경동사를 조합하여 나타낸다. 사동 사건의미는 '使'나 '以'와 같은 사동 술어의 유무에 따라 둘로 나뉜다.

1) '원인' 경동사가 비명시적인 경우[20]

이 구조에서는 '원인[CAUSE]'을 나타내는 사동 경동사 '使'나 '以'가 안 보이는 경우이다. 이는 특히 목적어를 가지지 못하는 명사, 형용사, 자동사 등의 술어가 '술목' 구조를 이루는 경우이다. 다음 예를 보자.

(8) a. **人苟欲生之.**『孟子·告子章句下』

　　　사람들이 진실로 그것을 **살리려 하다.**

　 b. **子曰: "求也退, 故進之."**『論語·先進』

　　　공자가 말씀하셨다. "염구는 뒤로 빼는 스타일이어서, (내가) 그를 **나아가게 했다.**"

표면상 a와 b는 'SVO 문형'인데, 사동을 나타내는 경동사가 보이지 않는다. 그러나 모두 '사역'의 사건의미를 나타낸다. 문제는 위의 문장에서 사동의 의미는 어떻게 발생하는가이다. 우리는 비명시적인 두 개의 경동사가 작동하기 때문이라고 본다.

(8)a에 대한 수형도를 통해, '사동[CAUSE-BECOME]' 사건의미구의 도출에 대해 알아보자.

---

20 이것을 먼저 기술하는 이유는 '존재하지만 보이지 않거나 더 간단한 경우'가 해당 구조(체)의 기본구조일 것이라는 생각에서이다.

(9) 사동[CAUSE-BECOME] 사건의미 구조의 도출과 의미역 할당(1)

　　a. 모형　　　　　　　　　　　b. '**人苟欲生之**'의 도출

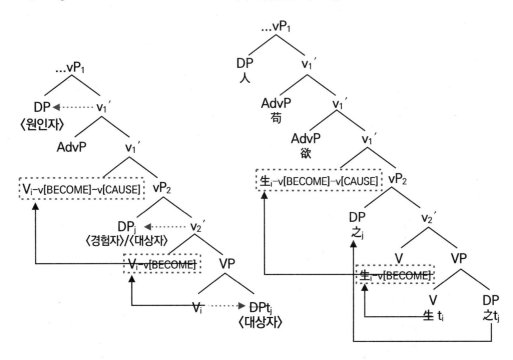

　　예(9)b의 수형도를 살펴보자. 먼저 하위의 경동사 'BECOME'은 [변화결과]의 의미를 부여한다. 이때 경동사 v[BECOME]은 빈 자리이므로, 단독으로 사건의미를 나타낼 수 없다. 따라서 보충어인 동사구(VP)에서 핵인 '生'을 자신의 빈 자리로 끌어 당겨 'v[BECOME]+生V'의 융합체를 만들어, '살게 되다'라는 [변화결과] 사건의미를 부여낸다. 또한, 자신의 지정어 자리(vP₂-Spec)의 논항 '之'에게 〈대상자〉 의미역을 할당한다.

　　상위의 'CAUSE'는 사동 경동사로, '-하게 하다'는 의미를 부여한다. 역시 빈 자리이므로, 하위의 'v[BECOME]+生V'을 자신의 자리로 끌어당겨서 'v[CAUSE]+v[BECOME]+生V'의 융합체를 만든다. 이처럼 두 개의 경동사가 융합하여, 최종적으로 '살(生V)게 되(v[BECOME])게 하다(v[CAUSE])'는 사건의미를 부여한다. 또한, 자신의 지정어(vP₁-Spec) 논항 '人'에게 〈원인자(Causer, 致事)〉 의미역을 할당한다. 이로써 위의 구문은 '〈원인자(**人**)〉가 〈대상자(**之**)〉를 **살리려** 하다.'로 해석된다.

2) '원인' 경동사가 명시적인 경우

이는 '원인' 표시 경동사 [CAUSE]가 보이는 경우이다. 한문에서는 주로 '使'나 '以'를 사용한다. 다음 예를 보자.

(10) a. **湯使人問之.**『孟子·滕文公章句下』

　　　탕 임금은 사람으로 하여금 그것을 묻게 했다.

　　b. **今母之力不能使痛.**『小學』

　　　오늘은 어머니의 힘이 (저로 하여금) 아프게 하지 못합니다.

　　a는 문장의 주요성분이 모두 출현한 경우이고, b는 〈경험자〉 '목적어(EO)'가 생략된 예이다.

　　(10)a에 대한 수형도를 통해, '사동[CAUSE-BECOME]' 사건의미구의 도출에 대해 알아보자.

(11) '사동[CAUSE-BECOME]' 사건의미 구조의 도출과 의미역 할당(2)

　　a. 모형　　　　　　　　　　　　b. '湯使人問之'의 도출

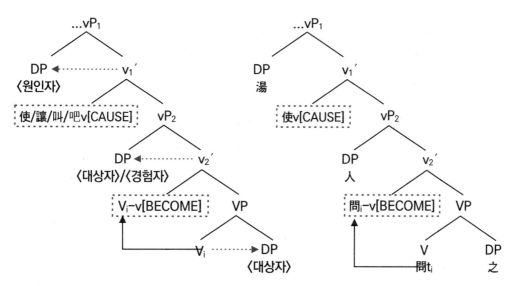

　　예(11)b의 수형도를 살펴보자. 먼저 하위의 경동사 'BECOME'은 [변화결과] 사건의미를 부여한다. 그러나 경동사 'v[BECOME]'은 빈 자리이므로, 단독으로 사건의미를 나타낼 수 없

다. 따라서 동사 핵 '問'을 자신의 빈 자리로 끌어당겨, 'v[BECOME]+問V'의 융합체를 만들고, '묻게 되다'는 사건의미를 나타낸다. 그리고 자신의 지정어 논항 '人'에게 〈대상자〉 혹은 〈경험자〉 의미역을 할당한다.

상위의 '使'는 자립적인 사동 경동사이다. 따라서 하위의 경동사 융합체인 'v[BECOME]+問V'를 자신의 자리로 당기지 않고, '-로 하여금 -하게 하다'는 의미를 부여한다. 그리고 지정어 논항 '湯'에게 〈원인자(Causer, 致事)〉 의미역을 할당한다. 이로써 위의 구문은 '〈원인자(湯)〉는 〈대상자(人)〉으로 하여금 그것을 묻게 하다.'로 해석된다.

3.5. 의동[CONSIDER-BE] 사건의미

'의동' 사건의미도 주관적 '의동[CONSIDER]'을 나타내는 경동사와 인식의 '상태[BE]'를 나타내는 두 개의 경동사를 조합하여 나타낸다.

의동 사건의미도 '以'와 같은 경동사의 유무에 따라 비명시적인 경우와 명시적인 경우로 나뉜다.

1) '의동' 경동사가 비명시적인 경우

이는 '의동[CONSIDER]'을 나타내는 경동사가 안 보이는 경우이다. 다음 예를 보자.

(12) a. 孔子登東山而小魯, 登太山而小天下.『孟子·盡心章句下』

공자는 동산에 올라 노나라를 작게 여겼고, 태산에 올라 천하를 작게 여겼다.

   b. 百姓安之[, 是民受之也].『孟子·萬章章句下』

백성이 그것을 편안하게 여기니, [이것은 백성이 받아들인 것이다].

표면상 a는 'SV 문형'이고, b와 'SVO 문형'이다. 그러나 구조와 상관없이 모두 '의동'의 사건의미를 나타낸다. 어떻게 이런 의미가 생성되는가?

(12)a에 대한 수형도를 통해, '의동[CONSIDER-BE]' 사건의미구의 도출에 대해 알아보자.

(13) 비명시적 '의동[CONSIDER-BE]' 사건의미 구의 도출과 의미역 할당

a. 모형   b. '(孔子)小天下'의 도출

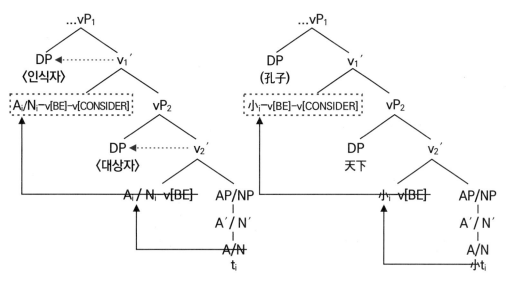

예(13)b의 수형도를 살펴보자. 먼저 하위의 'BE' 경동사가 형용사 '小'를 자신의 빈 자리로 당겨, 'v[BE]+小V'의 융합체를 만들고, '작은 상태이다'라는 사건의미를 나타낸다. 또한, 자신의 지정어 '天下'에게 〈묘사 대상자〉 의미역을 할당한다.

상위의 'v[CONSIDER]'는 의동 경동사로, '-라고 여기다'라는 사건의미를 부여한다. 그러나 이 경우는 빈 자리로서, 단독으로 문장에 사건의미를 부여할 수 없다. 따라서 'v[BE]+小V'를 자신의 자리로 끌어당겨서, 'v[CON]+v[BE]+小V'의 구조를 만든다. 따라서 두 개의 경동사가 융합하여, '작은(小V) 상태(v[BE])로 여기다(v[CONSIDER])'는 사건의미가 완성된다. 또한, 자신의 지정어 논항 '공자(孔子)'에게 〈인식자〉 의미역을 할당한다. 이로써 위의 구문은 '〈인식자(孔子)〉가 〈대상자(天下)〉를 **작다고 여기다.**'로 해석된다.

2) '의동' 경동사가 명시적인 경우

이는 '의동' 경동사 [CONSIDER]가 보이는 경우이다. 주로 '以'와 '爲'를 사용한다. 다음 예를 보자.

(14) a. 堯<u>以</u>不得舜<u>爲</u>己憂.『孟子·滕文公章句下』

요는 순을 얻지 못함을 자기의 근심으로 **여긴다.**

b. 大將軍靑(亦陰受上誡), <u>以爲</u>李廣老.『史記·李將軍列傳』

대장군 위청[衛靑]은 이광이 늙었다고 **여겼다.**

a는 경동사 '**以爲**'가 분리된 경우이다. 경동사 '**以**'는 목적어를 가지고, 경동사 '**爲**'는 보어를 가지는 구조이다. b는 주관적 인식을 나타내는 경동사 '**以爲**'가 한 덩어리로 쓰인 경우이다.

(14)a에 대한 수형도를 통해, '의동[CONSIDER-BE]' 사건의미구의 도출에 대해 알아보자.

(15) 명시적 '의동[CONSIDER-BE]' 사건의미 구의 도출과 의미역 할당

a. 모형   b. '堯以不得舜爲己憂'의 도출

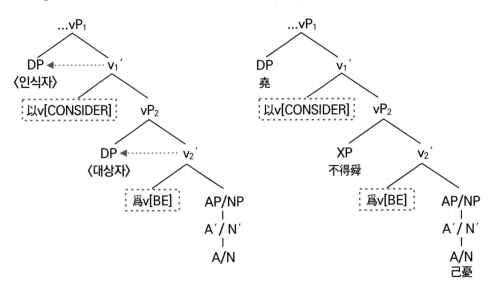

예(15)b의 수형도를 살펴보자. 먼저 하위의 경동사 '爲'는 '[BE]' 경동사로, 자신의 보충어에게 '-이다'라는 [상태] 사건의미를 부여한다. 즉, '爲v[BE]+己憂V'의 구조를 이루어, '근심

스러운 상태이다'라는 사건의미를 나타내고, 지정어 논항 '**不得舜**'에게 〈대상자〉 의미역을 할당한다.

상위의 '**以**'는 의동 경동사이다. '**以**v[CONSIDER]'는 자립적인 경동사이므로, 하위의 경동사 융합체 '**爲**v[BE]+**己憂**V'를 자신의 자리로 당기지 않고, '-라고 여기다'라는 [의동] 사건의미를 부여한다. 그리고 자신의 지정어 논항 '**堯**'에게 〈인식자〉 의미역을 할당한다. 따라서 두 개의 경동사 '**以**'와 '**爲**'가 융합하여, '근심스러운(**憂**V) 상태(**爲**v[BE])로 여기다(**以**v[CONSIDER])'는 사건의미를 나타낸다. 이로써 위의 구문은 〈인식자(**堯**)〉가 〈대상자(**不得舜**)〉를 근심으로 여기다.'로 해석된다.

이상 사건의미와 해당 구조 속 논항의 의미역 및 술어의 [의지성] 유무에 대해 표로 요약해 보이면 다음과 같다.

(16) 사건의미와 문장성분의 관계

문장성분과 의미역 특징 / 사건의미	주어(S) 의미역	술어 V-v₁(-v₂) 의지성 유무	목적어(O) 의미역	보어(C) 전치사에 의한 의미역
활동[DO]	〈행위자〉	[+의지]	〈대상자〉	
상태[BE]	묘사 〈대상자〉	[-의지]		〈장소〉, 〈근거〉, 〈대상자〉, 〈도구〉
변화결과 [BECOME] A	변화결과 〈대상자〉	[-의지]		〈장소〉, 〈근거〉, 〈대상자〉, 〈도구〉
변화결과 [BECOME] B	변화결과 〈경험자〉		〈대상자〉	
사동 [CAUSE-BECOME]	〈원인자〉	[±의지]	〈대상자〉 〈경험자〉	〈장소〉, 〈근거〉, 〈대상자〉, 〈도구〉
의동 [CONSIDER-BE]	〈인식자〉	[±의지]	〈대상자〉	〈장소〉, 〈근거〉, 〈대상자〉, 〈도구〉

변화결과 사건의미에서 A는 동사가 '비대격동사'인 경우이고, B는 동사가 '심리·인지' 동사인 경우이다.
표에서 공란은 해당 문장성분이 없는 경우를 의미한다.

또 이상의 사건의미와 논항의 의미역 관계를 Ⅰ장에서 제시한 문형에 적용하면, 다음과 같다.

(17) 문형과 사건의미의 관계

구분 연번	문형	사건의미	주어와 술어의 관계
I 문형	SV	활동[DO]	〈행위자〉 주어 + [활동] 술어
		상태[BE]	〈묘사 대상자〉 주어 + [상태] 술어
		변화결과[BEC]	〈변화 대상자〉 주어 + [변화] 술어
		사동[CAU-BEC]	〈원인자〉 주어 + [사동] 술어
		의동[CON-BE]	〈인식자〉 주어 + [의동] 술어
II문형	SVO	활동[DO]	〈행위자〉 주어 + [활동] 술어
		변화결과[BEC]	〈경험자〉 주어 + [변화] 술어
		사동[CAU-BEC]	〈원인자〉 주어 + [사동] 술어
		의동[CON-BE]	〈인식자〉 주어 + [의동] 술어
III문형	SVC	상태[BE]	〈묘사 대상자〉 주어 + [상태] 술어
		변화결과[BEC]	〈변화 대상자〉 주어 + [변화] 술어
		의동[CON-BE]	〈인식자〉 주어 + [의동] 술어
IV문형	SVOC	활동[DO]	〈행위자〉 주어 + [활동] 술어
		사동[CAU-BEC]	〈원인자〉 주어 + [사동] 술어
V문형	$SV_1O_1V_2(O_2/C)$	사동[CAU-BEC]	〈원인자〉 주어 + [사동] 술어
		의동[CON-BE]	〈인식자〉 주어 + [의동] 술어

위 표에서 보듯, 하나의 문형 속에는 여러 가지의 사건의미가 적용될 수 있다. 또, 사건의미에 따라 주어 성분이 문장 가운데 보이는 의미 역할이 각각 다르며, 이에 따라 해석 방식이 달라진다.

II장에서는 이상의 내용을 근거로, 문형에 따라 16개의 해석공식을 구체적으로 살펴보자.

Ⅱ

문형과
해석공식

이 장에서는 I 장에서 제시한 5종류의 문형, 즉 'SV', 'SVO' 'SVC', 'SVOC', 'SV$_1$O$_1$V$_2$(O$_2$/C)'에 대해 5종류의 사건의미(활동, 상태, 변화결과, 사동, 의동)를 적용해 총 16개의 '해석공식'을 제시한다. 먼저 각 문형에 따라 해석공식을 제시하고, '도식 보기', '해석하기', '사건의미와 문법 설명' 등의 순으로 살펴본다.

1. 'SV' 문형과 해석공식

이는 문장의 필수성분인 주어와 술어만이 있는 'SV' 문형이다. 이 문형에 적용되는 사건의미에 따라 각각 '공식 [1]-[5]'로 나뉜다.

공식 1 : 〈행위자〉 S가 V(를) 하다

이는 'SV' 문형에 **활동[DO]** 사건의미가 적용되는 해석공식이다. 다음 표를 보자.

1) 도식 보기

연번	앞 성분	주어 S	부가 성분	술어 동사 V	술어 활동 경동사 v[DO]	뒷 성분	출전
①[1]		河曲智叟		笑		.	列子
②[2]	[幼而]	ES	不	學		[,老無所知]	古文觀止
	[春若]	ES	不	耕		[,秋無所望]	

2) 해석하기

① 하곡의 지수가 **웃었다**.

② [어린데도] (너희가) **공부(를)**하지 않으면, [늙어서 아는 것이 없게 된다].

[봄인데도 만약] (너희가) **밭갈이(를)** 안 하면, [가을에 너희가 바랄 바가 없다].

3) 사건의미와 문법 설명

모두 '〈행위자〉 주어(S) + [활동] 술어(V)'이며, **활동[DO]** 사건의미이다.

주어 ①의 '河曲智叟'와 ②의 'ES'는 [+의지]의 행위자이고, 술어 ①의 '笑', ②의 '學/耕'은 의미적으로 목적어 성분을 내포하는 경우[3]이다.

> **공식 2** : 〈묘사 대상자〉 S가 V하다

이는 'SV' 문형에 **상태[BE]** 사건의미가 적용되는 해석공식이다. 다음 표를 보자.

1) 도식 보기

연번	앞 성분	주어 S	부가 성분	술어 동사 V	술어 상태 경동사 v[BE]	뒷 성분	출전
①[4]		家			和	[萬事成]	明心寶鑑
②[5]		外		柔			唐書·盧坦傳
		內		剛			

---

1 하곡지수소 - 河曲智叟:하곡의 지수, 笑:(웃음을) 웃다

2 유이불학, 노무소지, 춘약경경, 추무소망 - 幼:어리다, 而:역접 접속사, 不:아니다, 學:배우다, 老:늙다, 無:없다, 所:-바, 知:알다, 春:봄, 若:만약, 不:아니다, 耕:(밭을) 갈다, 秋:가을, 無:없다, 所:-바, 望:바라다
  도표 속의 '[ ]'는 본 분석 대상에 해당하지 않는다는 표기이다.

3 이런 경우의 술어 동사를 언어학에서 '비능격동사(unergative)'라고 한다. 즉, 활동 사건의미이지만 목적어를 의미적으로 내포하는 것이다. 한국어의 예: 웃다, 울다, 노래하다, 공부하다, 낚시하다 등등

4 가화만사성 - 家:집, 和:화목하다, 萬:숫자 일 만, 事:일, 成:이루어지다

2) 해석하기

① 집(안)이 **화목하**면, [모든 일이 이루어진다.]
② 바깥은 **부드럽**지만, 안은 **굳세다.**

3) 사건의미와 문법 설명

모두 '〈묘사 대상자〉 주어(S) + [상태] 술어(V)' 구조이며, 사건의미는 **상태[BE]**이다.

주어 ①의 '家'와 ②의 '外/內'는 〈묘사 대상자〉이고, 술어 ①의 '和'와 ②의 '柔/剛'은 상태를 나타낸다.

공식 3 : 〈대상자〉/〈경험자〉 S가 V하(게 되)다

이는 'SV' 문형에 **변화결과[BECOME]** 사건의미가 적용되는 해석공식이다. 다음 표를 보자.

1) 도식 보기

연번	앞 성분	주어	부가 성분	술어		뒷 성분	출전
		S		동사	변화결과 경동사		
				V	v[BECOME]		
①[6]		病	從口	入		,	太平禦覽
		禍	從口	出		.	
②[7]		虎		死		[留皮][8]	五代史

---

5 외유내강 - 外:바깥, 柔:부드럽다 ②內:안, 剛:굳세다

6 병종구입, 화종구출 - 病:병, 從:-부터, 口:입, 入:들어오다, 禍:화, 從:-부터, 口:입, 出:나가다

7 호사유피 - 虎:호랑이, 死:주다, 留:남기다, 皮:가죽

8 '留皮': '(호랑이는) 가죽이 남게 된다.' 이 부분은 역시 '변화결과(BECOME)' 사건의미이지만, 'SV' 문형이 아니라 'SVC' 문형이다. 한국어에서는 '(호랑이는) 가죽을 남긴다.'와 같이 활동 사건의미로 해석되므로 'SVO'로 보기 쉬우나, 결코 그렇지 않다. 논리적으로 호랑이는 [+의지]적으로 가죽을 남기는 〈행위자〉가 될 수 없기 때문이다. '호랑이가 죽고 가죽이 남는' 상황에서 호랑이는 다만 변화의 〈대상자〉이며, 가죽은 호랑이의 육신이 변한 결과물이다.

2) 해석하기

① 병은 입으로부터 **들어오**고,

　화도 입으로부터 **나간다**.

② 호랑이가 **죽으**면, [가죽을 남긴다].

3) 사건의미와 문법 설명

모두 '〈변화 대상자〉 주어(S)[9] + [변화결과] 술어(V)' 구조이며, 사건의미는 **변화결과 [BECOME]**이다.

　주어 ①의 '病/禍'와 ②의 '虎'는 〈변화 대상자〉이고, ①의 술어 '入/出'과 ②의 '死'는 변화 결과를 나타낸다. ①은 '왕래(往來)' 혹은 '발착(發著)' 동사 술어이고, ②는 완성이나 사망 등 일회성 의미를 가지는 동사들이다. 이런 동사를 소위 **'비대격동사'**[10]라고 한다.

| 공식 4 | : 〈원인자〉 S가 V되게 하다 |

이는 'SV' 문형에 **사동[CAUSE-BECOME]** 사건의미가 적용되는 공식이다. 다음 표를 보자.

1) 도식 보기

연번	앞 성분	주어	부가 성분	술어		뒷 성분	출전
		S		동사	사동 경동사		
				V	v[CAU-BEC]		
①[11]		ES	自	強		,	易經
		ES	不	息		.	
②[12]	苟	ES	日	新		,	大學

---

9 주어는 명시(S)적이든 비명시(ES)적이든 모두 [-의지]의 〈변화 대상자〉이다.

10 '오다/가다' 혹은 '출발하다/도착하다' 및 '죽다', '변하다' 등의 일회성 [+변화]를 나타내는 동사를 이른다. 이들은 뒤에 오는 보충어에게 목적격(Objective)을 주지 못하는 속성이 있다. 결국 이 보충어들은 주어자리로 이동하여 주격 (Nominative)를 받는다. 이런 동사를 비대격동사(unaccusative)라고 한다. 이런 동사로 구성된 술어는 변화결과 사 건의미로 해석된다.

연변	앞성분	주어 S	부가성분	술어 동사 V	술어 사동 경동사 v[CAU-BEC]	뒷성분	출전
		ES	日日	新		,	
		ES	又日	新		!	

2) 해석하기

① (당신은) 스스로 강하게 **되도록** 하고,

　(당신은) 쉬게 하지 말라.

② 진실로 (당신은) 날로 새롭게 하려 한다면,

　(당신은) 나날이 새롭게 하고,

　(당신은) 또 날마다 새롭게 하라.

3) 사건의미와 문법 설명

문장 구조는 모두 '⟨원인자⟩ 주어(S) + [사동] 술어(V)'이며, **사동[CAUSE-BECOME]** 사건의미이다.

주어 ①과 ②의 'ES'는 사동 사건을 발생시키는 ⟨원인자⟩이고, 술어 ①의 '**強/息**'과 ②의 '**新**'은 사동과 변화결과를 동시에 나타내며, '-게 하다'로 해석된다.

---

11 자강불식 - 自:스스로, 強:강하게 하다, 不:아니다, 息:쉬게 하다

12 구일신, 일일신, 우일신 - 苟:진실로, 日:날, 新:새롭게 하다, 又:또

: 〈인식자〉 S가 V라고 여기다

이는 'SV' 문형에 **의동[CONSIDER-BE]** 사건의미가 적용되는 공식이다. 다음 표를 보자.

1) 도식 보기

연번	앞 성분	주어 S	부가 성분	술어 동사 V	술어 의동 경동사 v[CON-BE]	뒷 성분	출전
①13		王	勿	異		也.	孟子·萬章章句
②14		予	爲此	憫然		,	訓民正音解例本

2) 해석하기

① 왕은 **이상히 여기지** 마십시오.

② 나는 이 때문에 **불쌍히 여긴다.**

3) 사건의미와 문법 설명

모두 '〈인식자〉 주어(S) + [의동] 술어(V)' 구조이며, **의동[CONSIDER-BE]** 사건의미이다. 주어 ①의 '王'과 ②의 '予'는 사건을 주관적으로 판단하는 〈인식자〉이고, 술어 ①의 '異'와 ②의 '憫然'은 인식의 상태를 나타내며, '-라고 여기다'로 해석된다.

---

13 왕물이 - 王:왕, 勿:-마라, 異:이상하게 여기다
14 여위차민연 - 予:나, 爲此:이에 대해, 憫然:불쌍히 여기다

2. 'SVO' 문형과 해석공식

이는 필수성분에 목적어가 추가된 'SVO' 문형이다. 이 문형에 적용되는 사건의미에 따라 각각 '공식 [6]-[9]'로 나눌 수 있다.

공식 6 : 〈행위자〉S가 O를 V하다

이는 'SVO' 문형에 **활동[DO]** 사건의미가 적용되는 공식이다. 다음 표를 보자.

1) 도식 보기

연번	앞 성분	주어 S	부가 성분	술어 동사 V	술어 활동 경동사 v[DO]	목적어 O	뒷 성분	출전
①¹⁵		伯牙		絶		絃		列子·湯問篇
②¹⁶		ES_i	無	道		人之短		崔瑗·文選
		ES_i	無	說		己之長		
	施人_j¹⁷	ES_i	慎勿	念		EO_j		

---

15 백아절현 - 伯牙:백아(인명-춘추 시대의 거문고 명인), 絶:끊다, 絃:(거문고)줄
　　속뜻: 자신을 진정으로 알아주는 친구의 죽음을 슬퍼함.

16 무도인지단, 무설기지장, 시인신물념 - 無:-하지 마라, 道:말하다, 人之短:남의 단점, 說:말하다, 己之長:자신의 장점,
　　施人:남에게 베푼 것, 慎:삼가, 勿:-하지 마라, 念:생각하다

17 '施人_j'는 목적어 위치의 'EO_j'에서 이동하여 화제(Topic)화한 것이 확실하다. 따라서 원래 SVO 문형임을 알 수 있다.

2) 해석하기

① 백아가 거문고 줄을 **끊었다**.

② (너는) 남의 단점을 **험담하지** 마라.

(너는) 자신의 장점을 **자랑하지** 마라.

남에게 베푼 것은 (너는) 삼가 (그것을) **생각하지** 마라.

3) 사건의미와 문법 설명

모두 '⟨행위자⟩ 주어(S) + [활동] 술어(V) + ⟨지배 대상자⟩ 목적어(O)' 구조이며, **활동 [DO] 사건의미이다.**

주어 ①의 '伯牙'와 ②의 'ES$_i$'는 [+의지]의 행위자이고, 술어 ①의 '絶'과 ②의 '道/說/念'은 활동 사건을 나타내며, 목적어 ①의 '絃', ②의 '人之短/己之長/EO$_i$'는 술어의 ⟨지배 대상자⟩이다. ②의 'EO$_i$'는 '施人$_i$'이 화제화하여 문장 앞으로 이동한 후, 남은 자리이다.

○ [술어가 비명시적인 'S+EV+O' 문형]

이 문형(SVO)에도 동사 술어가 생략된 경우가 있다. 이 경우에 동사가 없는 것이 아니라 경제성의 원칙에 따라 발음되지 않았을 뿐이다. 다음 예를 보자.

1) 도식 보기

연번	앞성분	주어 S	부가성분	술어 동사 V	술어 활동경동사 v[DO]	목적어 O	뒷성분	출전
①[18]		ES	快刀	EV[19]		亂麻		北齊書·文宣帝紀
②[20]		ES	朝	EV		三		莊子·齊物論
		ES	暮	EV		四		

---

18 쾌도난마 - **快刀**:잘 드는 칼, **亂**:어지럽다, **麻**:삼

19 이 성어를 '**快刀斬亂麻**'라고도 한다. 여기서 생략된 활동 술어는 '**斬**'이라는 것을 알 수 있다.

20 조삼모사 - **朝**:아침, **三**:셋, **暮**:저녁, **四**:넷

2) 해석하기

① (사람이) 잘 드는 칼로 어지럽게 얽힌 삼 가닥을 **자르다**(EV).

② (사람이) 아침에 세 개를 **주고**(EV), (사람이) 저녁에는 네 개를 **주다**(EV).

3) 사건의미와 문법 설명

모두 '〈행위자〉 주어(S) + [활동] 술어(V) + 〈지배 대상자〉 목적어(O)' 구조이며, **활동 [DO]** 사건의미이다.

주어 ①과 ②의 'ES'는 [+의지]의 행위자이고, 술어 'EV'는 활동 사건을 나타내며, 목적어 ①의 '**亂麻**', ②의 '**三/四**'는 술어의 〈지배 대상자〉이다. 이중 [활동] 술어(V)'는 이 문형의 필수성분이다. 따라서 보이지 않더라도 반드시 활동 술어 'EV(자르다)'와 'EV(주다)'를 설정해야 한다.

| 공식 7 | : 〈경험자〉 S가 O를 V하다

이는 'SVO' 문형에 **변화결과[BECOME]** 사건의미를 구성하는 심리·인지 술어가 적용되는 공식이다. 다음 표를 보자.

1) 도식 보기

연번	앞성분	주어 S	부가성분	술어 동사 V	술어 변화결과 경동사 v[BECOME]	목적어 O	뒷성분	출전
①21		君子			喜	揚人善	,	靑城雜記
		小人			喜	揚人不善	.	
②22	動i	ES	必三		省	EOi	,	白氏長慶集
	言j	ES	必再		思	EOj	.	

---

21 군자희양인선, 소인희양인불선 - **君子**:군자, **喜**:좋아하다, **揚**:드러내다, **善**:착하다, **小人**:못난이

2) 해석하기

① 군자는 남들의 착한 것을 드러내는 것을 **좋아하고,**
   소인은 남들의 착하지 않은 것을 드러내는 것을 **좋아한다.**
② 행동에 대해서는 (네가) 반드시 (그것을) 세 번 살피고,
   말에 대해서는 (네가) 반드시 (그것을) 두 번 생각하라.

3) 사건의미와 문법 설명

모두 '〈경험자〉 주어(S)[23] + 심리·인지의 [변화결과] 술어(V) + 〈대상자〉 목적어(O)' 구조이며, **변화결과[BECOME]** 사건의미이다.

주어 ①의 '君子/小人', ②의 'ES'는 〈경험자〉이고, [+심리]/[+인지] 술어 ①의 '喜'와 ②의 '省/思'는 변화결과를 나타낸다. 목적어 ①의 '揚人善/揚人不善'과 ②의 'EO$_i$'는 술어의 〈지배대상자〉이다. ②에서 앞 성분 '動'과 '言'은 화제어(Topic)로 술어 뒤의 보이지 않는 목적어 위치에서 문장 앞으로 이동한 것이다. 따라서, 목적어의 자리가 비어있기는 하지만, 원래 구조에 근거하여 SVO 문형으로 처리한다.

---

22 동필삼성, 언필재사 - **動**: 행동, **必**:반드시, **三**:셋, **省**:살피다/반성하다, **言**:언행, **必**:반드시, **再**:둘, **思**:생각하다

23 이 술어문에서 주어는 '심리'나 '인지'의 〈경험자〉이다. 이런 주어는 술어에 대하여 [-의지]이다. 왜일까? 즉 '심리'나 '인지'의 행위는 주어의 의지대로 좌지우지되지 않기 때문이겠다. 또 목적어 차원에서 보더라도, 이 〈대상자〉는 (술어의 특성으로 인해) 주어가 의지를 개입시켜 좌지우지할 수 있는 〈대상자〉는 아니다. 이는 활동 사건의미의 〈지배 대상자〉와 다른 점이다.

: 〈원인자〉 S가 O를 V되게 하다

이는 'SVO' 문형에 **사동[CAUSE-BECOME]** 사건의미가 적용되는 공식이다.[24] 다음 표를 보자.

1) 도식 보기

연번	앞 성분	주어 S	부가 성분	술어 동사 V	술어 사동 경동사 v[CAU-BEC]	목적어 O	뒷 성분	출전
①[25]		一魚			混	全川		旬五志
②[26]	[文王ᵢ一怒而]	ESᵢ			安	天下之民	·	孟子·梁惠王章句

2) 해석하기

① 한 마리의 물고기가 시냇물 전체를 흐리게 만든다.[27]

② [문왕께서 한 번 화를 내시어] (문왕께서) 천하의 백성을 **편안하게 하셨습니다.**

3) 사건의미와 문법 설명

모두 '〈원인자〉 주어(S) + [사동] 술어(V) + 〈사동 대상자〉 목적어(O)'이며, 사동[CAUSE- BECOME] 사건의미이다.

주어 ①의 '一魚'와 ②의 'ESᵢ'는 사동 사건을 발생시키는 〈원인자〉이고, 술어 ①의 '混', ②의 '安'은 원인 사건의미와 결과 사건의미 두 가지를 모두 가짐으로써 '-게 하다'로 해석된다. 목적어 ①의 '全川'과 ②의 '天下之民'은 사동 사건을 경험하는 〈대상자〉이다.

---

24 사동 사건의미 구의 도출에 대한 자세한 설명은 본서 Ⅰ장의 3.4를 참조하라.

25 일어혼전천 - 一:하나, 魚:물고기, 混:흐리게 하다, 全:모두, 川:시내

26 문왕일노이안천하지민 - 文王:문왕, 一怒:한 번 노하다, 而:그래서, 安:편안하게 하다, 天下之民:천하의 백성

27 한국어에서 구조적으로 사동의미를 나타내는 방식은 '-게 하다'가 있다.

공식 9 : 〈인식자〉 S가 O를 V라고 여기다

이는 'SVO' 문형에 **의동[CONSIDER-BE]** 사건의미가 적용되는 공식이다.[28] 다음 표를 보자.

1) 도식 보기

연번	앞 성분	주어	부가 성분	술어		목적어	뒷 성분	출전
		S		동사	의동 경동사	O		
				V	v[CON-BE]			
①[29]		孔子			賢	之		孟子·離婁章句
②[30]		百姓			安	之		孟子·萬章章句

2) 해석하기

① 공자가 그를 **현명하다고 여겼다.**
② 백성들이 이것을 **편안히 여겼다.**

3) 사건의미와 문법 설명

모두 '〈인식자〉 주어(S) + [의동] 술어(V) + 보어(C)' 구조이며, **의동[CONSIDER-BE]** 사건의미이다.

주어 ①의 '孔子'와 ②의 '百姓'은 사건을 주관적으로 판단하는 〈인식자〉이고, 술어 ①의 '賢'과 ②의 '安'은 인식의 상태를 나타내며, '-라고 여기다'로 해석된다. 여기서 목적어 ①과 ②의 '之'는 모두 인식의 〈대상자〉이다.

---

28 의동 사건의미 구의 도출에 대한 자세한 설명은 본서 Ⅰ장의 3.5를 참조하라.

29 공자현지 - 孔子:공자, 賢:어질게 여기다, 之:그것

30 백성안지 - 百姓:백성, 安:편안히 여기다, 之:그것
앞의 [공식 8]에서 '安'은 사동 사건의미로, '편안하게 하다'로 해석된다. 이처럼 같은 단어라도 어떤 경동사가 적용되느냐에 따라 해석이 확연히 달라진다.

3. 'SVC' 문형과 해석공식

이는 필수성분에 보어(C)가 추가된 'SVC' 문형이다. 이 문형에 적용되는 사건의미에 따라 각각 '공식 [10]-[12]'로 나눌 수 있다.

<u>공식 10</u> : 〈묘사 대상자〉 S는 C가 V이다

이는 'SVC' 문형에 **상태[BE]** 사건의미가 적용되는 공식이다. 이는 술어와 보어의 병합 관계에 따라 다양하게 해석된다. 다음 표를 보자.

1) 도식 보기

연번	앞성분	주어 S	부가성분	술어 동사 V	술어 상태경동사 v[BE]	보어(C)	뒷성분	출전
①31		過恭		非		禮		程子
②32		仁者		無		敵		孟子·梁惠王章句
③33		過		猶		不及		論語·先進

2) 해석하기

① 지나친 겸손은 예의가 **아니다**.

② 어진 사람은 적이 **없다**.

---

31 과공비례 - 過:지나치다, 恭:공손, 非:아니다, 禮:예의

32 인자무적 - 仁者:인자, 無:없다, 敵:적

33 과유불급 - 過:지나치다, 猶:같다, 不及:미치지 못함

③ 지나침은 미치지 못함과 같다.

3) 사건의미와 문법 설명

모두 '〈묘사 대상자〉 주어(S) + [상태] 술어(V) + 보어(C)' 구조이며, 상태[BE] 사건의미이다.

주어 ①의 '過恭', ②의 '仁者', ③의 '過'는 〈묘사 대상자〉이고, 술어 ①의 '非', ②의 '無', ③의 '猶'는 상태 사건의미를 나타내며, 각각 '-아니다', '-없다', '-같다'로 해석된다. 보어 ①의 '禮', ②의 '敵', ③의 '不及'은 주어의 상태에 대해 보충 설명하며, 보조사 '-이/가'[34], '-와/과' 등을 첨가하여 해석한다.

| 공식 11 | : 〈변화 대상자〉 S가 C로 V되다

이는 'SVC' 문형에 **변화결과[BECOME]** 사건의미가 적용되는 공식이다. 다음 표를 보자.

1) 도식 보기

연번	앞 성분	주어 S	부가 성분	동사 V	변화결과 경동사 v[BECOME]	보어 C	뒷 성분	출전
①[35]		禍之			爲	福		淮南子
②[36]		千里之行			始	於足下		道德經

2) 해석하기

① 화가 복이 **되다**.

② 천리 길도 발밑에서 **시작된다**.

---

34 한국어 문법에서는 이러한 조사를 '보격 조사'라고 하며, 또 이러한 보어를 '주격 보어'라고 한다.

35 화지위복 - 禍:화, 之:-는, 爲:된다, 福:복

36 천리지행, 시어족하 - 千:천, 里:리/길이 단위, 之:-의, 行:감, 始:시작하다, 於:-에서, 足下:발아래

3) 사건의미와 문법 설명

모두 '〈변화 대상자〉 주어(S) + [변화결과] 술어(V) + 보어(C)' 구조이며, 변화결과 [BECOME] 사건의미이다.

주어 ①의 '禍之'와 ②의 '千里之行'은 〈변화 대상자〉이고, 술어 ①의 '爲'와 ②의 '始'는 변화 결과를 나타낸다. 보어 ①의 '福', ②의 '於足下'는 각각 술어 동사를 통해 도달하는 〈목표점 (Goal)〉과 변화를 시작하는 〈근원(Source)〉이다.

공식 12 : 〈인식자〉 S가 C라고 여기다

이는 'SVC' 문형에 **의동**[CONSIDER-BE] 사건의미가 적용되는 공식이다. 다음 표를 보자.

1) 도식 보기

연번	앞 성분	주어 S	부가 성분	술어 동사 V	술어 의동 경동사 v[CON-BE]	보어 C	뒷 성분	출전
①37		虎			以爲	然		戰國策
②38		民			以爲	小	,	孟子·梁惠王章句

2) 해석하기

① 호랑이가 그렇다고 **여겼다.**
② 백성이 작다고 **여겼다.**

3) 사건의미와 문법 설명

모두 '〈인식자〉 주어(S) + [의동] 술어(V) + 보어(C)' 구조이며, **의동**[CONSIDER-BE]

---

37 호이위연 - 虎:호랑이, 以爲:여기다, 然:그렇다
38 민이위소 - 民:백성, 以爲:여기다, 小:작다

사건의미이다.

　주어 ①의 '虎'와 ②의 '民'은 사건을 주관적으로 판단하는 〈인식자〉이고, 술어 ①과 ②의 '以爲'는 인식의 상태를 나타내며, '-라고 여기다'로 해석된다. 보어 ①의 '然', ②의 '小'는 모두 인식의 내용이다.

4. 'SVOC/SVCO' 문형과 해석공식

　　이는 필수성분에 목적어와 보어가 추가된 'SVOC' 문형이다. 고대 한어에서는 목적어와 보어가 지리바꿈이 가능하므로 'SVCO'로도 쓴다. 이 문형에 적용되는 사건의미에 따라 '공식 [13]-[14]'로 나뉜다.

공식 13 ： 〈행위자〉 S가 O를 C로 V하다

　　이는 'SVOC/SVCO' 문형에 **활동[DO]** 사건의미가 적용된 경우이다. 다음 표를 보자.

1) 도식 보기

연번	앞성분	주어 S	부가성분	술어 동사 V	술어 활동경동사 v[DO]	목적어 O	보어 C	뒷성분	출전
①39		齊景公			問	政	於孔子		**論語·顏淵**
②40	輕ᵢ	ES	當		矯	之ᵢ	以重	,	**泛虛停集**
	急ⱼ	ES	當		矯	之ⱼ	以緩	.	

2) 해석하기

　　① 제경공이 공자에게 정치를 묻다.

　　② 경솔함은 (사람이) 마땅히 신중함으로써 그것을 **교정해야** 하고,

---

39 제경공문정어공자 - 齊景公:제나라 왕 경공(인명), 問:묻다, 政:정치, 於:-에게, 孔子:공자

40 경당교지이중, 급당교지이완 - 輕:경솔함, 當:마땅히, 矯:교정하다, 之:그것, 以重:신중함으로써, 急:조급함,
　　　　以緩:느긋함으로써

조급함은 마땅히 (사람이) 느긋함으로써 그것을 교정해야 한다.

3) 사건의미와 문법 설명

모두 '〈행위자〉 주어(S) + [활동] 술어(V) + 〈지배 대상자〉 목적어(O) + 보어(C)' 구조이며, **활동[DO] 사건의미**이다.

주어 ①의 '齊景公'과 ②의 'ES'는 [+의지]의 〈행위자〉이고, 술어 ①의 '問'과 ②의 '矯'는 활동 사건을 나타내며, 목적어 ①의 '政', ②의 '之'는 술어의 〈지배 대상자〉이다. 보어 ①의 '於孔子'와 ②의 '以重/以緩'은 술어의 간접적인 대상자이거나, 방식 혹은 수단 등을 나타낸다. 보조사 '-에게', '-로써' 등을 첨가하여, 해석한다.

| 공식 14 | : 〈원인자〉 S는 O를 C로 V되게 하다

이는 'SVOC/SVCO' 문형에 **사동[CAUSE-BECOME]** 사건의미가 적용된 경우이다. 다음 표를 보자.

1) 도식 보기

연번	앞 성분	주어 S	부가 성분	술어 동사 V	술어 사동 경동사 v[CAU-BEC]	목적어 O	보어 C	뒷 성분	출전
①41		智者			成	之	於順時	,	桂苑筆耕集
		愚者			敗	之	於逆理	.	
②42	故	ES			移	陣	於右水營前洋	.	李忠武公全書

---

41 지자성지어순시, 우자패지어역리 - 智者:지혜로운 사람, 成:이루게 하다. 之:-의, 於:-에/-로, 順:따르다, 時:때, 愚者:어리석은 사람, 敗:망하게 하다, 逆:거스르다, 理:이치

42 고이진어우수영전양 - 故:그러므로, 移:옮기다. 陣:진, 於:-에, 右水營:우수영, 前洋:앞바다

2) 해석하기

① 지혜로운 사람은 때를 따르는 것으로 그것을 **성공케** 하나,
어리석은 자는 이치를 거스르는 것으로 그것을 **망하게 한다.**

② 그래서 (이순신은) 진을 우수영 앞바다로 **이동시켰다.**

3) 사건의미와 문법 설명

모두 '〈원인자〉 주어(S) + [사동] 술어(V) + 〈사동 대상자〉 목적어(O) + 보어(C)' 구조이며, **사동[CAUSE-BECOME]** 사건의미이다.

주어 ①의 '智者/愚者'와 ②의 'ES'는 사동 사건을 발생시키는 〈원인자〉이고, 술어 ①의 '成/敗'와 ②의 '移'는 원인 사건의미와 결과 사건의미 두 가지를 모두 가짐으로써 '-게 하다'로 해석된다. 목적어 ①의 '之'와 ②의 '陣'은 각각 사동 사건의 〈대상자〉이다. 보어 ①의 '於順時/於逆理'와 ②의 '於右水營前洋'은 각각 〈방식〉과 〈목표점〉을 나타내며, 보조사 '-로'를 첨가하여 해석한다.

5. 'SV₁O₁V₂(O₂/C)' 문형과 해석공식

이 문형은 'V₁'에 '使'나 '以'가, 'V₂'에는 '爲'가 빈번하게 사용된다. 이런 점에서 일종의 특수한 문형이라고도 할 수 있다.

> **공식 15** : 〈원인자〉 S가 O₁으로 하여금 O₂를(또는 C로) V하게 하다

이는 'SV₁O₁V₂(O₂/C)' 문형의 'V₁'이 **사동[CAUSE-BECOME]**으로 기능하는 경우이다. 다음 표를 보자.

1) 도식 보기

연번	앞성분	주어 S	부가성분	술어1 동사 V₁	사동경동사 CAU	목적어1 O₁	술어2 동사 V₂	변화결과경동사 BEC	목적어2/보어 O₂/C	뒷성분	출전
①43		湯		使		人	問		之	.	孟子·滕文公章句
②44		天	將	以		夫子	爲		木鐸		論語·八佾
③45		ES		勸		君	更 盡		一杯酒	,	王右丞集

③의 更은 부사어.

---

43 탕사인문지 - 湯:탕임금, 使:-게 하다, 人:사람, 問:묻다, 之:그것

44 천장이부자위목탁 - 天:하늘, 將:장차, 以:-게 하다, 夫子:선생님(공자), 爲:되다, 木鐸:목탁(세상 사람을 깨우쳐 바르게 인도할 만한 사람이나 기관을 비유)

45 권군갱진일배주 - 勸:권하다, 君:그대, 更:다시(부사어), 盡:다하다, 一杯酒:한 잔 술

2) 해석하기

① 탕임금은 사람으로 하여금 그것을 **묻게 하**였다.

② 하늘이 장차 선생님을 목탁으로 **삼으려**는구나.

③ (나는) 그대에게 이 술 한 잔 더 **비우시길 권**한다.

3) 사건의미와 문법 설명

모두 '〈원인자〉 주어(S) + 使 + 〈사동 대상자〉 목적어(O_1) + 술어(V) + 목적어(O_2)'이며, **사동[CAUSE-BECOME]** 사건의미이다.

주어 ①의 '湯', ②의 '天', ③의 'ES'는 사동 사건을 발생시키는 〈원인자〉이다. 술어₁ ①의 '使', ②의 '以', ③의 '勸'은 원인 사건의미를 나타내며, '-게 하다'로 해석된다. 술어₂ ①의 '問', ②의 '爲', ③의 '盡'은 변화결과 사건의미를 나타내며, '-되다'로 해석된다. 목적어 ①의 '之', ②의 '木鐸', ③의 '一杯酒'는 각각 술어₂의 변화 결과이다.

공식 16 : 〈인식자〉 S가 O_1을 C라고 여기다

이는 '$SV_1O_1V_2(O_2/C)$' 문형에서 'V_1'이 **의동[CONSIDER]**로 기능한다. 이는 특히 '**S以 OV爲C**'의 형식으로 나타나는 경우가 많다. 다음 표를 보자.

1) 도식 보기

연번	앞성분	주어 S	부가성분	술어₁ 동사 V_1	술어₁ 의동경동사 CON	목적어₁ O_1	술어₂ 동사 V_2	술어₂ 상태경동사 BE	목적어₂/보어 O_2/C	뒷성분	출전
①46		吾	必	以		仲子	爲		巨擘	焉.	孟子·滕文公章句
②47	衣	ES		以		新	爲		好	,	旬五志
	人	ES		以		舊	爲		好	.	

2) 해석하기

① 나는 반드시 중자를 **으뜸으로 여기겠다.**

② 옷은 (사람들이) 새 옷을 **좋은 것으로 여기고,**

　 사람은 (사람들이) 오래 알고 지낸 사람을 **좋은 것으로 여긴다.**

3) 사건의미와 문법 설명

모두 'SV₁OV₂C', 즉 '〈인식자〉 주어(S) + [의동] 술어(V/以) + 목적어(O) + 상태 술어(V/爲) + 보어(C)'이며, **의동[CONSIDER-BE]** 사건의미이다.

주어 ①의 '吾'와 ②의 'ES'는 사건을 주관적으로 판단하는 〈인식자〉이다. 여기서의 술어₁ ①의 '以'는 주관적 인식을 나타내며, '-여기다'로 해석된다. 여기서의 술어₂ ②의 '爲'는 인식 대상의 상태이며, '-이다'로 해석된다. 목적어₁ ①의 '仲子', ②의 '新/舊'는 인식의 〈대상자〉이고, 보어 ①의 '巨擘', ②의 '好'는 모두 〈인식 대상자〉이다.

---

46 오필이중자위거벽언 - 吾:나, 必:반드시, 以:여기다, 仲子:중자(인명), 爲:이다, 巨擘:으뜸, 焉:진술 어기조사
47 의이신위호,인이구위호 - 衣:옷, 以:여기다, 新:새 것, 爲:이다, 好:좋은 것, 人:사람, 舊:오래 사귄 사람

6. 해석공식과 문법 요소의 배합 관계

이상 Ⅱ장의 해석공식을 Ⅰ장에서 설명한 문형, 사건의미에 적용하여 표로 정리하면 다음과 같다.

(1) 문형과 사건의미 및 해석공식과의 배합관계

문형	사건의미	주어와 술어의 관계	해석공식	해당연번
SV	활동[DO]	〈행위자〉 주어 + [활동] 술어	[1]	
	상태[BE]	〈묘사 대상자〉 주어 + [상태] 술어	[2]	
	변화결과[BEC]	〈변화 대상자〉 주어 + [변화] 술어	[3]	
	사동[CAU-BEC]	〈원인자〉 주어 + [사동] 술어	[4]	
	의동[CON-BE]	〈인식자〉 주어 + [의동] 술어	[5]	
SVO	활동[DO]	〈행위자〉 주어 + [활동] 술어	[6]	
	변화결과[BEC]	〈경험자〉 주어 + [변화] 술어	[7]	
	사동[CAU-BEC]	〈원인자〉 주어 + [사동] 술어	[8]	
	의동[CON-BE]	〈인식자〉 주어 + [의동] 술어	[9]	
SVC	상태[BE]	〈묘사 대상자〉 주어 + [상태] 술어	[10]	
	변화결과[BEC]	〈변화 대상자〉 주어 + [변화] 술어	[11]	
	의동[CON-BE]	〈인식자〉 주어 + [의동] 술어	[12]	
SVOC	활동[DO]	〈행위자〉 주어 + [활동] 술어	[13]	
	사동[CAU-BEC]	〈원인자〉 주어 + [사동] 술어	[14]	
$SV_1O_1V_2(O_2/C)$	사동[CAU-BEC]	〈원인자〉 주어 + [사동] 술어	[15]	
	의동[CON-BE]	〈인식자〉 주어 + [의동] 술어	[16]	

위 표에서 보듯, 하나의 문형 속에는 여러 가지의 사건의미가 나타난다. 사건의미에 따라 주어 성분이 문장 가운데 보이는 의미 역할이 각각 다르며, 이에 따라 해석 방식이 달라진다. 이를 모으면 총 16개의 해석공식이 생긴다. 표의 '해당 연번'은 본서 Ⅲ장에서 비교적 긴 작품을 읽을 때, 텍스트 분석의 편의를 위하여 각 개별 문장에 붙인 번호이다.

다음은 본서에서 제시하는 16개의 한문해석 공식이다.

공식 1 : 〈행위자〉 S가 V(를) 하다

공식 2 : 〈묘사 대상자〉 S가 V하다

공식 3 : 〈대상자〉/〈경험자〉 S가 V하(게 되)다

공식 4 : 〈원인자〉 S가 V되게 하다

공식 5 : 〈인식자〉 S가 V라고 여기다

공식 6 : 〈행위자〉 S가 O를 V하다

공식 7 : 〈경험자〉 S가 O를 V하다

공식 8 : 〈원인자〉 S가 O를 V되게 하다

공식 9 : 〈인식자〉 S가 O를 V라고 여기다

공식 10 : 〈묘사 대상자〉 S는 C가 V이다

공식 11 : 〈변화 대상자〉 S가 C로 V되다

공식 12 : 〈인식자〉 S가 C라고 여기다

공식 13 : 〈행위자〉 S가 O를 C로 V하다

공식 14 : 〈원인자〉 S는 O를 C로 V되게 하다

공식 15 : 〈원인자〉 S가 O_1으로 하여금 O_2를(또는 C로) V하게 하다

공식 16 : 〈인식자〉 S가 O_1을 C라고 여기다

Ⅲ

해석공식으로
한문 텍스트 읽기

1. 경서(經書)와 제자서(諸子書) 텍스트 읽기

1.1. 인간의 본성과 인성의 함양

| 성선설 | | 성악설 | | 성무선악설 | | 점진적 자아실현 | | 호연지기 |

1) | 성선설 |

[1] 원문 읽기

人性之善也,	猶水之就下也.	人無有不善,	水無有不下.	今夫水搏而躍之,
rén xìng zhī shàn yě	yóu shuǐ zhī jiù xià yě	rén wú yǒu bú shàn	shuǐ wú yǒu bú xià	jīn fú shuǐ bó ér yuè zhī
인 성 지 선 야,	유 수 지 취 하 야.	인 무 유 불 선,	수 무 유 불 하.	금 부 수 박 이 약 지,

可使過顙,	激而行之,	可使在山,	是豈水之性哉?	『孟子·告子章句上』
kě shǐ guò sǎng	jī ér xíng zhī	kě shǐ zài shān	shì qǐ shuǐ zhī xìng zāi	
가 사 과 상,	격 이 행 지,	가 사 재 산,	시 기 수 지 성 재?	

[2] 도식 보기

연번	앞 성분	주어 (S)	부가 성분	술어(V-v) 활동	상태	변화결과	사동	의동	목적어 (O)	보어 (C)	뒷 성분
①[1]		人性之善也,			상태猶					水之就下	也.
②		人ᵢ	無		상태有					不善	,
③		水ⱼ	無		상태有					不下	.
④	今夫, 水ⱼ	ESᵢ		활동搏					EOⱼ		,
⑤	而₁	ESᵢ					사동躍		之ⱼ		,
⑥		ESᵢ	可				사동使		EOⱼ		변화過顙,
⑦		ESᵢ		활동激					EOⱼ		

연번	앞성분	주어(S)	부가성분	술어(V-v) 활동	상태	변화결과	사동	의동	목적어(O)	보어(C)	뒷성분
⑧	而$_1$	ES$_i$					㉚行		之$_j$		,
⑨		ES$_i$	可				㉚使		EO$_j$		㉕在山,
⑩		是	豈		㉑EV					水之性	哉?

[3] 단어와 어구

①性:성품/본성/성질, 之:-이(주격조사), 善:착하다, 也:-은(주격조사), 猶:같다, 之:-이(주격조사), 就:나가다, 下:아래, 也:(진술 어기조사) ②無:아니다 ④夫:(부사), 搏:치다 ⑤躍:뛰어 오르게 하다 ⑥使:-로 하여금 -하게 하다, 過:지나가다, 顙:이마 ⑦激:막다 ⑧行:가게 하다, 之:그것(지시 대명사) ⑨在:-에 있게 하다 ⑩是:이것(지시 대명사), 豈:어찌(의문 대명사), 之:-의(소유표시 조사), 哉:(의문 어기조사)

[4] 해석하기

① 사람의 본성이 선하다는 것은 물이 아래로 내려가는 것과 같습니다.

② 사람은 선하지 않은 사람이 있지 않으며,

③ 물은 낮은 데로 흘러가지 않는 것이 있지 않습니다.

④ 지금 물은, (당신이 그것을) 쳐서,

⑤ (당신이 물을) 뛰어 오르게 하면,

⑥ (당신이) (물을) 사람의 이마를 지나가게 할 수 있고,

⑦ (당신이) 물을 막아서

⑧ (당신이) (물을) (위로 거슬러) 가게 하면,

⑨ (그것이) 산에 있게 할 수도 있지만,

⑩ 이것이 어찌 물의 본성이겠습니까?

---

1 이 문장의 유형에 유의하자. 이 문장은 절(clause) 주어와 절 보어를 가진다. 주어 '人性之善也(인간의 본성이 선한 것)'는 절 주어이며, 상태 사건의미를 나타내는 술어 '猶'의 〈묘사 대상자〉이다. 또, 보어 '水之就下也(물이 아래로 흐르는 것)'도 술어동사 '猶(같다)'의 절 보어이다.

[5] 문법 설명

○ 문형과 사건의미

문형	사건의미	주어와 술어의 관계	해석공식	해당연번
SVO	활동 [DO]	〈행위자〉 주어 + [활동] 술어	[6]	④,⑦
	사동 [CAU-BEC]	〈원인자〉 주어 + [사동] 술어	[8]	⑤,⑧
SVC	상태 [BE]	〈묘사 대상자〉 주어 + [상태] 술어	[10]	①,②,③,⑩
$SV_1O_1V_2(O_2/C)$	사동 [CAU-BEC]	〈원인자〉 주어 + [사동] 술어	[15]	⑥,⑨

○ 문장성분

▮ 주어

- ④-⑨의 'ES_i': = '人$_i$'. 일반 사람.
- ① '人性之善也': 절 주어. 人性之$_s$+善$_v$+也.

```
┌─ '之': '人性'에 대한 주격조사.
└─ '也': '人性之善'에 대한 주격조사.
```

- ⑩ '是': 대명사 주어.

▮ 술어

- ⑨의 두 번째 술어 '在': 사동 구조에 쓰인 두 번째 동사이다.

  따라서 변화결과[BECOME] '있게 되다.'로 해석한다.

▮ 목적어

- ④,⑥,⑦,⑨의 'EO_j': = '水$_j$' = '之$_j$'.

▮ 보어

- ①의 '水之就下': 절 보어. 水之$_s$+就$_v$+下$_c$. 물이 낮은 곳으로 흘러가다.

▮ 기타

- ⑤,⑧의 접속사 '而$_1$': 순접 접속사.

  '而$_2$'는 역접, '而$_3$'은 양보, '而$_4$'는 점층, '而$_5$'는 조건을 표시.

- ⑥의 '可使過顙'과 ⑨의 '可使在山': '$SV_1O_1V_2(O_2/C)$' 문형. 이를 자세히 나타내면 다음 표와 같다.

연번	앞 성분	주어 (S)	부가 성분	술어 (V-v)$_1$	목적어 (O)$_1$	술어 (V-v)$_2$	목적어/ 보어 (O$_2$/C)	뒷 성분
⑥		ES$_i$	可	(사동)使	EO$_j$	(변화)過	顙	,
⑨		ES$_i$	可	(사동)使	EO$_j$	(변화)在	山	,

술어$_1$: 모두 사동표지 '使'를 사용한다.

술어$_2$: 모두 '변화결과[BECOME]'를 나타낸다.

술어$_1$+술어$_2$: ⑥과 ⑨의 술어는 두 개의 사건의미가 합쳐져 각각 '過(지나가게 되게 하다)'와 '在(있게 되게 하다)'의 사동 사건의미로 해석된다.

[6] 참고

▌ 맹자(孟子, B.C.372?-B.C.289)

이름은 맹가(孟軻). 중국 춘추전국시대 유가 학파의 철학자이자 교육자. 『孟子』는 사서(四書 - 論語, 孟子, 大學, 中庸) 중의 하나로, 맹자가 제후와 제자들과의 문답 내용을 모은 사상서이다. 모두 7장구(章句)이며, 각 장은 「양혜왕(梁惠王) 상·하」, 「공손축(公孫丑) 상·하」, 「등문공(藤文公) 상·하」, 「이루(離婁) 상·하」, 「만장(萬章) 상·하」, 「고자(告子) 상·하」, 「진심(盡心) 상·하」로 구성된다.

2) | 성악설 |

[1] 원문 읽기

人之性惡, 　其善者僞也. 　今人之性, 　生而有好利焉. 　順是,
rén zhī xìng è 　qí shànzhě wěi yě 　jīn rén zhī xìng 　shēng ér yǒuhào lì yān 　shùn shì
인 지 성 악, 　기 선 자 위 야. 　금 인 지 성, 　생 이 유 호 리 언, 　순 시,

故爭奪生而辭讓亡焉. 『荀子』
gù zhēngduóshēng ér cí ràngwángyān
고 쟁 투 생 이 사 양 망 언.

[2] 도식 보기

연번	앞 성분	주어 (S)	부가 성분	술어(V-v) 활동	상태	변화결과	사동	의동	목적어 (O)	보어 (C)	뒷 성분
①		人之性ᵢ			⑱態惡						,
②		其ᵢ善者			⑱態僞						也.
③	今人ⱼ之性,	ESⱼ				⑱化生					
④	而₁	ESⱼ			⑱態有					好利	焉.
⑤	順是,故	爭奪				⑱化生					
⑥	而₁	辭讓				⑱化亡					焉.

[3] 단어와 어구

①惡:악하다 ②其:그/그것(지시 대명사), 者:-것(불완전 대명사), 僞:거짓 ③生:태어나다 ④而:그래서(순접 접속사), 好: 좋아하다, 焉:(진술 어기조사) ⑤順:따르다, 故:까닭 爭:싸움/다투다, 奪:배앗다 ⑥辭:사양하다, 讓:사양하다, 亡:없어지다

[4] 해석하기

① 인간의 본성은 악하니,

② 그것이 선하다는 것은 거짓이다.

③ 오늘날 인간의 본성은 (사람이) 나면서부터

④ 그러면서 (사람이) 이익을 좋아한다.

⑤ 이것을 따르는 까닭에 싸움이 생기고

⑥ 그래서 사양함이 없어진다.

[5] 문법 설명

○ 문형과 사건의미

문형	사건의미	주어와 술어의 관계	해석 공식	해당 연번
SV	상태 [BE]	〈묘사 대상자〉 주어 + [상태] 술어	[2]	①,②
	변화결과 [BEC]	〈변화 대상자〉 주어 + [변화] 술어	[3]	③,⑤,⑥
SVC	상태 [BE]	〈묘사 대상자〉 주어 + [상태] 술어	[10]	④

○ 문장성분

▌ 주어

- ③,④의 'ES$_j$': = '人$_j$'. 일반 사람.
- ① '其善者': 절 주어. [其s+善v]+者.

▌ 보어

- ④ '好利': '好v+利o'의 구조이므로, 명사화시켜 해석해야 한다.
  여기서 '好v'는 4성이다.

▌ 기타

- ③ '今人之性': 화제. ③-④에서 공통적으로 진술하는 대상.

[6] 참고

▌ 순자(荀子, B.C.298-B.C.238)

이름은 순황(荀況). 중국 춘추전국시대 유가 학파의 철학자이자 교육자. 맹자의 성선설(性善說)에 대하여 성악설(性惡說)을 주장하였다. 『순자(荀子)』는 순황(荀況)의 언론(言論)을 모은 저작이다.

3) | 성무선악설 |

[1] 원문 읽기

(1) 人性之無分於善不善也， 猶水之無分於東西也. 『孟子·告子章句上』
rénxìng zhī wú fēn yú shàn bú shàn yě　yóushuǐ zhī wú fēn yú dòng xī yě
인 성 지 무 분 어 선 부 선 야, 유 수 지 무 분 어 동 서 야.

(2) 修其善則爲善人， 修其惡則爲惡人. 『法言』
xiū qí shàn zé wéi shàn rén　xiū qí è zé wéi è rén
수 기 선 칙 위 선 인, 수 기 악 칙 위 악 인.

[2] 도식 보기

연번		앞성분	주어(S)	부가성분	술어(V-v)					목적어(O)	보어(C)	뒷성분
					활동	상태	변화결과	사동	의동			
(1)	①²		人性之無分於善不善也,			鄃猶					水之無分於東西	也.
(2)	①		ES		鄃修					其善		
	②	則	ES		鄃爲						善人	,
	③		ES		鄃修					其惡		
	④	則	ES		鄃爲						惡人	.

[3] 단어와 어구

(1) ①分:나뉘다, 於:-에/-로(전치사), 也:(진술 어기조사)
(2) ①修:닦다, ②則:즉(순접 접속사) ④惡:악하다/나쁘다

[4] 해석하기

(1) ① 사람의 본성이 선불선으로 나뉘어짐이 없음은 물이 동과 서로 나뉘어짐이 없음과 같다.
(2) ① (그가) 자신의 선한 성품을 닦으면

---

2 Ⅲ장 1.1 성선설의 ①과 문장 구조가 매우 흡사하다.

② 그러면 (그는) 착한 사람이 되고,

③ (그가) 자신의 악한 성품을 닦으면

④ 그러면 (그는) 악한 사람이 된다.

[5] 문법 설명

● 문형과 사건의미

문형	사건의미	주어와 술어의 관계	해석 공식	해당 연번
SVO	**활동** [DO]	〈행위자〉 주어 + [활동] 술어	[6]	(2)①,(2)③
SVC	**상태** [BE]	〈묘사 대상자〉 주어 + [상태] 술어	[10]	(1)①
	변화결과 [BEC]	〈변화 대상자〉 주어 + [변화] 술어	[11]	(2)②,(2)④

● 문장성분

▌ 주어

  · (1)①의 '人性之無分於善不善也': 절 주어. 人性之s+無v+ [es+分v+於善不善c]c+也.

┌ '之': '人性'에 대한 주격조사.
└ '也': '人性之無分於善不善'에 대한 주격조사.

  · (2)①-④의 'ES': 일반 주어, 사람.

▌ 보어

  · (1)①의 '水之無分於東西': 절 보어. 水之s+無v+ [es+分v+於東西]c.

[6] 참고

▌ 『법언(法言)』

중국 전한 말기 양웅(揚雄, B.C.53-18)이 논어의 문답체를 본떠 지은 사상서이다. 총 13권이다.

4) | 점진적 자아실현 |

[1] 원문 읽기

子曰: "吾十有五而志於學, 三十而立, 四十而不惑, 五十而知天命,
zǐ yuē　　　wú shí yǒu wǔ ér zhì yú xué　　sān shí ér lì　　sì shí ér bú huò　　wǔ shí ér zhī tiānmìng
자 왈:　　오 십 유 오 이 지 어 학,　삼 십 이 립,　사 십 이 불 혹,　오 십 이 지 천 명,

六十而耳順, 七十而從心所欲不踰矩." 『論語·爲政』
liù shí ér ěr shùn　　qī shí ér cóng xīn suǒ yù bù yú jǔ
육 십 이 이 순,　칠 십 이 종 심 소 욕 불 유 구.

[2] 도식 보기

연번	앞성분	주어(S)	부가성분	술어(V-v) 활동	상태	변화결과	사동	의동	목적어(O)	보어(C)	뒷성분
①		子		활동曰							:
②	"	吾ᵢ				변화EV				十有五	
③	而₁	ESᵢ				변화志				於學	
④		ESᵢ				변화EV				三十	
⑤	而₁	ESᵢ				변화立					,
⑥		ESᵢ				변화EV				四十	
⑦	而₁	ESᵢ	不			변화惑					,
⑧		ESᵢ				변화EV				五十	
⑨	而₁	ESᵢ				변화知			天命		,
⑩		ESᵢ				변화EV				六十	
⑪	而₁	ESᵢ	耳			변화順					,
⑫		ESᵢ				변화EV				七十	
⑬	而₁	ESᵢ		활동從					心所欲		
⑭		ESᵢ	不			변화踰				矩	."

[3] 단어와 어구

②吾:나[공자], 十有五:열다섯 ③志:뜻을 두다 ⑤而立:30세 ⑦不惑:40세 ⑨知天命:50세 ⑪耳順:60세
⑬從:따르다, 所:-하는 바(불완전 명사) ⑭踰:어긋나다, 矩:법도

[4] 해석하기

① 공자께서 말씀하셨다.

② "나는 열다섯 살이 되어

③ 그래서 학문에 뜻을 두게 되었고,

④ (나는) 서른 살이 되어

⑤ 그래서 (나는) 자립하게 되었으며,

⑥ (나는) 마흔 살에 이르러

⑦ 그래서 (나는) 미혹되지 않았고,

⑧ (나는) 쉰 살이 되어

⑨ 그래서 (나는) 천명을 알게 되었으며,

⑩ (나는) 예순 살이 되어서는

⑪ 그래서 (나는) 귀에 들리는 대로 순응하게 되었고,

⑫ (나는) 일흔 살이 되어서는

⑬ 그래서 (나는) 마음이 하고 싶은 바를 따라 해도

⑭ (나는) 법도에서 어긋나지 않게 되었다."

[5] 문법 설명

○ 문형과 사건의미

문형	사건의미	주어와 술어의 관계	해석공식	해당 연번
SV	활동 [DO]	〈행위자〉 주어 + [활동] 술어	[1]	①
	변화결과 [BEC]	〈변화 대상자〉 주어 + [변화] 술어	[3]	⑤,⑦,⑪

문형	사건의미	주어와 술어의 관계	해석 공식	해당 연번
SVO	활동 [DO]	〈행위자〉 주어 + [활동] 술어	[6]	⑬
	변화결과 [BEC]	〈경험자〉 주어 + [변화] 술어	[7]	⑨
SVC	변화결과 [BEC]	〈변화 대상자〉 주어 + [변화] 술어	[11]	②,③,④,⑥,⑧,⑩,⑫,⑭

○ 문장성분

▌ 주어

- ③-⑭의 'ES$_i$': = '吾$_i$'.

▌ 술어

- ④,⑥,⑧,⑫의 'EV': 변화결과 사건의미 술어. '爲(되다)'류의 생략.
- ⑨의 '知': 인지의 변화결과 사건의미 술어.

▌ 보어

- ⑭의 '矩': 〈의거/근거〉 표시 전치사가 '-에서'가 생략된 형태.

▌ 기타

- ③,⑤,⑦,⑨,⑪,⑬의 '而$_1$': 순접 접속사.

[6] 참고

▌ 『논어(論語)』

사서오경(四書五經)의 하나로, 공자(孔子)와 제자들의 언행이 담긴 유가의 경전이다. 공자의 말과 행동, 공자와 제자 사이의 대화, 공자와 당시 사람들과의 대화, 제자들 간의 대화 등이 주 내용이다. 모두 20편으로, 각 편에서 시작되는 두 글자를 따서 편명(編名)으로 삼는다.

5) | 호연지기 |

[1] 원문 읽기

"敢問, 何謂浩然之氣?" 曰: "難言也. 其爲氣也, 至大至剛,
gǎnwèn   hé wèi hàorán zhī qì   yuē   nányán yě   qí wéi qì yě   zhì dà zhì gāng
감 문, 하 위 호 연 지 기?   왈: 난 언 야.   기 위 기 야,   지 대 지 강,

以直養而無害, 則塞於天地之間. 其爲氣也, 配義與道, 無是, 餒也."
yǐ zhí yǎng ér wú hài   zé sāi yú tiān dì zhī jiān   qí wéi qì yě   pèi yì yǔ dào   wú shì   něi yě
이 직·양 이 무 해,   즉 색 우 천 지 지 간.   기 위 기 야,   배 의 여 도,   무 시,   뇌 야.

『孟子·公孫丑章句上』

[2] 도식 보기

연번	앞 성분	주어 (S)	부가 성분	술어(V-v) 활동	술어(V-v) 상태	술어(V-v) 변화결과	술어(V-v) 사동	술어(V-v) 의동	목적어 (O)	보어 (C)	뒷 성분
①	"	ES$_i$	敢	활동問							,
②		ES$_j$	何$_k$	활동謂					EO$_k$	浩然之氣$_l$	?"
③		ES$_j$		활동曰							:
④	"	ES$_l$			상태難					言	也.
⑤		其$_l$			상태爲					氣	也,
⑥		ES$_l$	至		상태大						
⑦		ES$_l$	至		상태剛						
⑧		ES	以直	활동養					EO$_l$		
⑨	而$_l$	ES$_l$			상태無					害	,
⑩	則	ES$_l$				변화塞				於天地之間	.
⑪		其$_l$			상태爲					氣	也,
⑫		ES$_l$				변화配				義與道	,
⑬		ES			상태無					是$_l$	,
⑭		ES				변화餒					也."

[3] 단어와 어구

①敢:감히 ②浩然之氣:호연지기 ④難:어렵다, 也:(진술 어기조사) ⑤其:그것(지시 대명사), 爲:이다, 也:(진술 어기조사) ⑦剛:굳세다 ⑩塞:가득차다 ⑪配:짝하다, 也:(진술 어기조사) ⑬是:이것(지시 대명사) ⑭餒:굶주리게 되다, 也:(진술 어기조사)

[4] 해석하기

① "(제가) 감히 묻겠습니다.

② (선생께서는) 무엇을 호연지기라고 합니까?"

③ (맹자가) 말하였다.

④ "(호연시기란) 말하기가 어렵습니다.

⑤ 그것은 기입니다.

⑥ (그것은) 지극히 크고

⑦ (그것은) 지극히 강하니,

⑧ (사람들이) 정직함으로써 (호연지기를) 기르고

⑨ 그래서 (호연지기가) 해쳐짐이 없으면,

⑩ 그러면 (이 호연지기가) 천지 사이에 꽉 차게 됩니다.

⑪ (그러므로) 그것은 기이니,

⑫ (그것은) 의와 도에 짝하게 되고,

⑬ (사람들은) 이것(호연지기)이 없으면,

⑭ (사람들은) 굶주리게 됩니다."

[5] 문법 설명

○ 문형과 사건의미

문형	사건의미	주어와 술어의 관계	해석 공식	해당 연번
SV	활동 [DO]	〈행위자〉 주어 + [활동] 술어	[1]	①,③
	상태 [BE]	〈묘사 대상자〉 주어 + [상태] 술어	[2]	⑥,⑦
	변화결과 [BEC]	〈변화 대상자〉 주어 + [변화] 술어	[3]	⑭

문형	사건의미	주어와 술어의 관계	해석 공식	해당 연번
SVO	활동 [DO]	〈행위자〉 주어 + [활동] 술어	[6]	⑧
SVC	상태 [BE]	〈묘사 대상자〉 주어 + [상태] 술어	[10]	④,⑤,⑨,⑪,⑬
	변화결과 [BEC]	〈변화 대상자〉 주어 + [변화] 술어	[11]	⑩
	의동 [CON-BE]	〈인식자〉 주어 + [의동] 술어	[12]	⑫
SVOC	활동 [DO]	〈행위자〉 주어 + [활동] 술어	[13]	②

○ 문장성분

▍주어

- ①의 'ES$_i$': 질문자, 공손축(公孫丑).
- ②,③의 'ES$_j$': 답변자, 맹자(孟子).
- ④,⑥,⑦,⑨,⑩,⑫의 'ES$_l$': = '浩然之氣$_l$', = '其$_l$'. 호연지기.
- ⑧,⑬,⑭의 'ES': 일반 주어. 사람들.

▍목적어

- ②의 'EO$_k$'[3]: = '何$_k$'.
- ⑧의 'EO$_l$': = '浩然之氣$_l$' = '是$_l$'. 호연지기.

▍기타

- ⑦의 '以直' + 속 '以': 수단·방법 표시 전치사.

---

3 목적어가 생략된 자리. 의문 대명사 목적어 '何$_k$'가 술어 앞으로 이동하고 남은 빈자리이다.

1.2. 학습과 실천

│ 배움의 즐거움 │ │ 인생삼락 │ │ 우공이산 │ │ 백배 천배의 노력 │

1) │ 배움의 즐거움 │

[1] 원문 읽기

學而時習之, 不亦說乎? 有朋自遠訪來, 不亦樂乎? 人不知而不慍,
xué ér shí xí zhī　bú yì yuè hū　yǒupéng zì yuánfǎng lái　bú yì lè hū　rén bú zhī ér bú yùn
학 이 시 습 지,　불 역 열 호?　유 붕 자 원 방 래,　불 역 낙 호?　인 부 지 이 불 온,

不亦君子乎? 『論語·學而』
bú yì Jūn zǐ hū
불 역 군 자 호?

[2] 도식 보기

연변	앞성분	주어(S)	부가성분	술어(V-v) 활동	상태	변화결과	사동	의동	목적어(O)	보어(C)	뒷성분
①		ES_i		활동學							
②	而$_1$	ES_i	時	활동習					之		,
③		ES_i	不亦			변화說					乎?
④		ES_i			상태有				朋自遠方來		,
⑤		ES_i	不亦			변화樂					乎?
⑥		人	不			변화知[4]			EO_i		
⑦	而$_3$	ES_i	不			변화慍					,
⑧		ES_i	不亦		상태EV					君子$_i$	乎?

---

4 여기서 '知'는 인지 동사이므로 일반적으로 '변화결과'를 표시하지만, '알아주다/인정해주다'로 해석되므로, '활동' 사건이나 '사동'의 사건의미로 볼 수도 있다.

[3] 단어와 어구

②而:그리고(순접 접속사), 時:때때로, 習:익히다 ③亦:또한, 說[=悅]:기쁘다/유쾌하다, 乎:(의문 어기조사) ④朋:친구, 自:-부터(전치사), 遠:멀다, 訪:방문하다 ⑥知:알아주다 ⑦而:설령-일지라도(양보 표시 접속사), 慍:화내다 ⑧君子:군자[유가에서 말하는 이상적인 인간상 혹은 위정자]

[4] 해석하기

① (사람이) 배우고

② 그리고 (그가) 때때로 그것을 익히면,

③ (그가) 또한 기쁘게 되지 않겠는가?

④ (그에게) 친구가 멀리서부터 옴이 있으면,

⑤ (그가) 또한 즐겁게 되지 않겠는가?

⑥ 남들이 (자기를) 알아주지 않지만

⑦ 그렇더라도 그가 화내지 않으면,

⑧ (그가) 또한 군자가 아니겠는가?

[5] 문법 설명

○ 문형과 사건의미

문형	사건의미	주어와 술어의 관계	해석 공식	해당 연번
SV	활동 [DO]	〈행위자〉 주어 + [활동] 술어	[1]	①
	변화결과 [BEC]	〈변화 대상자〉 주어 + [변화] 술어	[3]	③,⑤,⑦
SVO	활동 [DO]	〈행위자〉 주어 + [활동] 술어	[6]	②
	변화결과 [BEC]	〈경험자〉 주어 + [변화] 술어	[7]	⑥
SVC	상태 [BE]	〈묘사 대상자〉 주어 + [상태] 술어	[10]	④,⑧

○ 문장성분

주어
- ①,②,③,④,⑤,⑦,⑧의 'ES$_i$': = '君子$_i$'. 일반 주어, 사람. 여기서는 '군자(인 사람)'.

술어
- ④의 '有': 'ES$_i$(군자)'에게 일어나는 상태 사건을 묘사한다.[5]
- ⑧의 'EV': 상태 사건의미 술어. '-이다' 혹은 '-답다'류의 생략.[6]

목적어
- ⑥의 'EO$_i$': = 'ES$_i$' = '君子$_i$'.

보어
- ④의 '朋自遠訪來': 술어 동사 '有'의 절 보어. 朋s+自遠訪adv+來v.
- ⑧의 '君子': 비명시적인 상태 사건의미 표시 술어 동사 '-이다(爲)/답다(如)' 등의 보어.

기타
- ④'朋自遠訪來'에서 '自': 전치사. 〈출발점(FROM)〉 표시.

2) | 인생삼락 |

[1] 원문 읽기

君子有三樂,	而王天下,	不與存焉.	父母俱存,	兄弟無故,	一樂也.
Jūn zǐ yǒusān lè	ér wàngtiān xià	bù yǔ cúnyān	fù mǔ jù cún	xiōng dì wú gù	yī lè yě
군 자 유 삼 락,	이 왕 천 하,	불 여 존 언.	부 모 구 존,	형 제 무 고,	일 락 야.

仰不愧於天,	俯不怍於人,	二樂也.	得天下英才而教育之,	三樂也.
yǎng bú kuì yú tiān	fǔ bú zuò yú rén	èr lè yě	dé tiān xià yīng cái ér jiào yù zhī	sān lè yě
앙 불 괴 어 천,	부 부 작 어 인,	이 락 야.	득 천 하 영 재 이 교 육 지,	삼 락 야.

『孟子·盡心章句上』

---

5 따라서 ④의 주어를 '有朋'으로 보는 해석은 적당하지 않다. '朋'은 절 보어 '朋(주어)+自遠方(부사어)+來(술어)' 속의 주어일 뿐이다.

6 전통문법에서는 명사 '君子'가 형용사 술어로 전성(轉性)된다고 본다.

[2] 도식 보기

연번	앞 성분	주어 (S)	부가 성분	술어(V-v)					목적어 (O)	보어 (C)	뒷 성분
				활동	상태	변화결과	사동	의동			
①		君子			㉝有				三樂		,
②	而₂	王天下,	不與		㉝存						焉.
③		父母俱存, 兄弟無故,			㉝EV					一樂	也.
④		仰不愧於天, 俯不怍於人,			㉝EV					二樂	也.
⑤		得天下英才而₁教育之,			㉝EV					三樂	也.

[3] 단어와 어구

①樂:즐거움 ②而:그러나(역접 접속사) 王:왕 노릇 하다, 與:-와/-에(전치사), 焉:어기조사 ③俱:함께, 無故:아무런 사고 없이 잘 있다 ④仰:우러러보다, 愧:부끄럽다, 俯:엎드리다, 怍:부끄럽다 ⑤而:그리고(순접 접속사), 英才:영재, 教育:교육하다

[4] 해석하기

① 군자에게는 세 가지 즐거움이 있는데,

② 그러나 천하에 왕 노릇 하는 것은 (세 가지 즐거움에) 존재하지 않는다.

③ 부모가 모두 생존해 계시고 형제가 무고한 것이 첫 번째 즐거움이다.

④ (군자가) 위로 보아 하늘에 부끄럽지 않고, (군자가) 아래로 굽어살펴 사람들에게 부끄럽지 않은 것이 두 번째 즐거움이다.

⑤ (군자가) 천하의 영재를 얻고, 그리고 (군자가) 그를 교육하는 것이 세 번째 즐거움이다.

[5] 문법 설명

⭕ 문형과 사건의미

문형	사건의미	주어와 술어의 관계	해석 공식	해당 연번
SV	상태 [BE]	〈묘사 대상자〉 주어 + [상태] 술어	[2]	②

문형	사건의미	주어와 술어의 관계	해석 공식	해당 연번
SVC	상태 [BE]	〈묘사 대상자〉 주어 + [상태] 술어	[10]	①,③,④,⑤

○ 문장성분

▌ 주어

- **②의 주어**: 절 주어. es+王v+天下c. 사동 사건의미로 '(어떤 사람이) 천하에서 왕 노릇 하다'를 나타낸다.

- **③,④,⑤의 주어**: 절 주어. 특히, 복문의 절 구조이다.

```
─ ③ [父母s+俱v+存c], [兄弟s+無v+故c].
─ ④ [es+仰不adv+愧v+於天c], [es+俯不adv+怍v+於人c].
─ ⑤ [es+得v+天下英才o]+而+[es+敎育v+之o].
```

▌ 술어

- **③,④,⑤의 'EV'**: 상태 사건의미 술어. '-이다'류의 생략.

▌ 기타

- **③,④,⑤ 문미의 '也'**: 어기조사. 상태 사건의미 술어인 'EV'와 밀접한 관계가 있으며, 진술의 어투를 나타낸다.

3) | 우공이산 |

[1] 원문 읽기

河曲智叟笑而止之曰: "甚矣, 汝之不惠! 以殘年餘力, 曾不能毁山之一毛,
Hé qū Zhì Sǒu xiào ér zhǐ zhī yuē   shèn yǐ   rǔ zhī bú huì   yǐ cánnián yú lì   céng bù néng huǐ shān zhī yì máo,
하 곡 지 수 소 이 지 지 왈: 심 의,   여 지 불 혜!   이 잔 년 여 력,   증 불 능 훼 산 지 일 모,

其如土石何?" 北山愚公長息曰: "〈중략〉雖我之死, 有子存焉.
qí rú tǔ shí hé   Běi shān Yú Gōng cháng xī yuē   suī wǒ zhī sǐ   yǒu zǐ cúnyān
기 여 토 석 하?   북 산 우 공 장 식 왈: 수 아 지 사,   유 자 존 언.

子又生孫, 孫又生子, 子又有子, 子又有孫, 子子孫孫無窮匱也.
zǐ yòu shēng sūn,   sūn yòu shēng zǐ,   zǐ yòu yǒu zǐ,   zǐ yòu yǒu sūn,   zǐ zǐ sūnsūn wú qióng kuì yě
자 우 생 손,   손 우 생 자,   자 우 유 자,   자 우 유 손,   자 자 손 손 무 궁 궤 야.

而山不加增, 何苦而不平?" 河曲智叟亡以應. 『列子』
ér shān bù jiā zēng, hé kǔ ér bù píng, Hé qū Zhì Sǒuwáng yǐ yìng
이 산 불 가 증, 하 고 이 불 평? 하 곡 지 수 망 이 응.

[2] 도식 보기

연번	앞성분	주어 (S)	부가성분	술어(V-v) 활동	상태	변화결과	사동	의동	목적어 (O)	보어 (C)	뒷성분
①		河曲智叟$_i$		笑							
②	而$_1$	ES$_i$					止		之$_j$		
③		ES$_i$		曰							：
④	"	ES$_k$			甚						矣, 汝$_j$之不惠$_k$!
⑤		ES$_j$	以殘年餘力, 曾不能	毀					山之一毛		,
⑥		ES$_j$	其				如		土石	何	?"
⑦		北山愚公$_j$	長	息							
⑧		ES$_j$		曰							：
⑨	"雖	我$_j$之				死					,
⑩		ES$_j$			有					子存	焉.
⑪		子	又	生					孫		,
⑫		孫	又	生					子		,
⑬		子	又		有					子	,
⑭		子	又		有					孫	,
⑮		子子孫孫			無					窮匱	也.
⑯	而$_2$	山	不			加				增	,
⑰		ES$_j$	何$_l$					苦	EO$_l$		
⑱	而$_1$	ES$_j$	不					平	EO$_l$		?"
⑲		河曲智叟				亡				以應	.

[3] 단어와 어구

①河曲:하곡[지명-중국 산시성 황하 연안에 위치한 지역], 智叟:지수[인명] ②而:그리고(순접 접속사) 止:멈추게 하다 ④甚:심하다, 矣:(진술 어기조사), 汝:너(인칭 대명사), 惠:지혜롭다 ⑤殘:남다, 餘力:남은 힘, 曾:일찍이, 毁:훼손하다, 毛:터럭 ⑥如:-같게 하다 ⑦北山:북산[지명], 愚公:우공[인명], 長:길게(부사), 息:탄식하다 ⑨雖:비록, 之:-이(주격조사) ⑪生:낳다, 孫:손자 ⑮而:그러나(역접 접속사), 窮:끝/궁함, 匱:자손의 대 ⑯加:더하다, 苦:고통스럽다고 여기다 ⑱而:그리고(순접 접속사), 平:공평하다고 여기다 ⑲亡:없어지다, 應:대답함

[4] 해석하기

① 하곡의 지수가 웃으면서

② 그리고 (하곡의 지수가) (우공을) 그만두게 하며

③ (하곡의 지수가) 말하였다.

④ "심하도다, 당신의 지혜롭지 못함이!

⑤ (당신은) 남은 일생과 여력으로 산의 터럭 하나를 허는 것도 못 할 것인데,

⑥ (당신이) 도대체 흙과 돌로 하여금 무엇이 되게 하겠는가?"

⑦ 북산의 우공이 길게 한숨을 쉬며

⑧ (북산의 우공이) 말하였다.

⑨ "〈중략〉 비록 내가 죽어도,

⑩ (나는) 자식이 존속된다오.

⑪ (그) 자식이 또 손자를 낳고,

⑫ (자식의) 손자가 또 자식을 낳으며,

⑬ (자식의 손자가 낳은) 자식은 또 자식이 있고,

⑭ (그 손자의 자식이 낳은) 자식은 또 손자가 있으니,

⑮ 자손의 대가 끝이 없소.

⑯ 그러나 산은 늘어남이 더해질 수 없으니,

⑰ (내가) 무엇을 수고스럽다 여기겠으며

⑱ 그리고 (내가) 무엇을 마땅하다고 여기지 않겠소?"라고 대답했다.

⑲ 하곡의 지수가 대답할 말을 잃어버렸다.

[5] 문법 설명

○ 문형과 사건의미

문형	사건의미	주어와 술어의 관계	해석 공식	해당 연번
SV	활동 [DO]	〈행위자〉 주어 + [활동] 술어	[1]	①,③,⑦,⑧
	상태 [BE]	〈묘사 대상자〉 주어 + [상태] 술어	[2]	④
	변화결과 [BEC]	〈변화 대상자〉 주어 + [변화] 술어	[3]	⑨
SVO	활동 [DO]	〈행위자〉 주어 + [활동] 술어	[6]	⑤,⑪,⑫
	사동 [CAU-BEC]	〈원인자〉 주어 + [사동] 술어	[8]	②
	의동 [CON-BE]	〈인식자〉 주어 + [의동] 술어	[9]	⑰,⑱
SVC	상태 [BE]	〈묘사 대상자〉 주어 + [상태] 술어	[10]	⑩,⑬,⑭,⑮
	변화결과 [BEC]	〈변화 대상자〉 주어 + [변화] 술어	[11]	⑯,⑲
SVOC	사동 [CAU-BEC]	〈원인자〉 주어 + [사동] 술어	[14]	⑥

○ 문장성분

▌ 주어

- ②,③의 'ES$_i$': = '河曲智叟$_i$'.
- ④,⑤,⑥,⑧,⑨,⑩,⑰,⑱의 'ES$_j$': = '汝$_j$' = '北山愚公$_j$' = '我$_j$'.

▌ 목적어

- ⑰,⑱의 'EO$_l$': = '何'. 의문 대명사 목적어 '何'가 술어 앞으로 이동 후 남은 자리이다.

▌ 보어

- ⑩의 '子存': 절 보어. 子s+存v. 자식이 존재하다.
- ⑲의 '以應': 전치사구 보어. 응대할 것/말.

- ④의 '汝之不惠$_k$': 주어 'ES$_k$'의 도치.
- ⑰,⑱의 의문문: 반문 의문문.

[6] 참고

▌ 열자(列子, B.C.450?-B.C.375?)

이름은 열어구(列禦寇). 중국 춘추전국시대 도가(道家)이다. 『열자(列子)』는 그가 서술한 것을 후학들이 기술한 철학서로, 총 8권 8편이다. 사자성어 중에서 많이 알려진 '우공이산(愚公移山)'이 여기에서 유래한다.

1.3. 인간관계와 태도

| 부모와 자녀 | | 스승과 제자 | | 군주와 백성 | | 받고 싶은 대로 대접하라 |
| 상선약수 |

1) | 부모와 자녀 |

[1] 원문 읽기

身體髮膚, 受之父母, 不敢毀傷, 孝之始也. 『孝經』
shēn tǐ fà fū shòu zhī fù mǔ bù gǎn huǐ shāng xiào zhī shǐ yě
신 체 발 부, 수 지 부 모, 불 감 훼 상, 효 지 시 야.

[2] 도식 보기

연번	앞 성분	주어 (S)	부가 성분	술어(V-v) 활동	상태	변화결과	사동	의동	목적어 (O)	보어 (C)	뒷 성분
①	身體髮膚$_i$,	ES$_j$		활동受					之$_i$	父母	,
②		ES$_j$	不敢	활동毀傷					EO$_i$		
③		ES$_k$			상태EV					孝之始	也.

[3] 단어와 어구

①體:몸, 髮:털/터럭, 膚:피부 ②傷:상하다 ③始:시작, 也:(진술 어기조사)

[4] 해석하기

① 몸과 팔다리와 머리카락과 피부는 (자녀가) 부모에게서 (그것을) 받았으니,

② (자녀는) 감히 (신체발부를) 훼손하여 다치게 하면 안 된다.

③ (이것이) 효의 시작이다.

[5] 문법 설명

○ 문형과 사건의미

문형	사건의미	주어와 술어의 관계	해석 공식	해당 연번
SVO	활동 [DO]	〈행위자〉 주어 + [활동] 술어	[6]	②
SVC	상태 [BE]	〈묘사 대상자〉 주어 + [상태] 술어	[10]	③
SVOC	활동 [DO]	〈행위자〉 주어 + [활동] 술어	[13]	①

○ 문장성분

▌ 주어

- ①,②의 'ES$_j$': 일반 주어, 사람/자녀.
- ③의 'ES$_k$': ②의 내용.

▌ 술어

- ③의 'EV': 상태 사건의미 술어. '-이다'류의 생략.

▌ 목적어

- ②의 'EO$_i$': = '之$_i$'='身體髮膚$_i$'.

▌ 기타

- ①의 '身體髮膚$_i$': 화제. ①과 ②의 진술 대상.

　　■ 『효경(孝經)』

　　유교의 13경 중 하나로, 주희(朱熹, 1130-1200)가 교정하고 동정(董鼎)이 주(註)를 달았다. 효의 원칙과 규범에 대해 설명한다.

2) | 스승과 제자 |

[1] 원문 읽기

子曰: "三人行, 必有我師焉. 擇其善者而從之, 其不善者而改之."
zǐ yuē　　sānrénxíng　bì yǒu wǒ shī yān　zé qí shànzhě ér cóng zhī　qí bú shànzhě ér gǎi zhī
자 왈:　삼 인 행,　필 유 아 사 언.　택 기 선 자 이 종 지,　기 불 선 자 이 개 지.

『論語·述而』

[2] 도식 보기

연번	앞 성분	주어 (S)	부가 성분	술어(V-v)					목적어 (O)	보어 (C)	뒷 성분
				활동	상태	변화결과	사동	의동			
①		子ⱼ		활동曰							:
②	"	三人ᵢ		활동行							,
③		ESᵢ	必		상태有					我ⱼ師	焉.
④		ESⱼ		활동擇					其善者		
⑤	而₁	ESⱼ		활동從					之		,
⑥		ESⱼ		활동EV					其不善者		
⑦	而₁	ESⱼ		활동改					之		."

[3] 단어와 어구

②行:가다/행동하다 ③師:스승 ④擇:선택하다 ⑦改:고치다

[4] 해석하기

  ① 공자께서 말씀하셨다.

  ② "세 사람이 함께 길을 가면,

  ③ (세 사람 중에는) 반드시 나의 스승이 있다.

  ④ (나는) 그 사람의 좋은 점을 고르고

  ⑤ 그리고 (나는) 그것을 따르고,

  ⑥ (나는) 그 사람의 좋지 않은 점을 고르고

  ⑦ 그리고 (나는) 그것을 바로잡는다."

[5] 문법 설명

○ 문형과 사건의미

문형	사건의미	주어와 술어의 관계	해석 공식	해당 연번
SV	활동 [DO]	〈행위자〉 주어 + [활동] 술어	[1]	①,②
SVO	활동 [DO]	〈행위자〉 주어 + [활동] 술어	[6]	④,⑤,⑥,⑦
SVC	상태 [BE]	〈묘사 대상자〉 주어 + [상태] 술어	[10]	③

○ 문장성분

▎주어

  • ③의 'ES_i': '세 명이 (함께) 행동하는 그곳'. 마치 영어의 허사 'there'와 흡사하다.

  • ④,⑤,⑥,⑦의 'ES_j': = '子$_j$' = '我$_j$'. 공자.

▎술어

  • ⑥의 'EV': = '擇'. ④에서 이미 제시되었으므로 생략.

▎목적어

  • ⑥의 '其不善者': 이 문장에서는 목적어만 보인다. 그러나 주어와 술어는 문장의 필수성분이므로, 'ES_i'와 'EV'가 반드시 있는 것으로 해석되어야 한다.

[1] 원문 읽기

君者舟也, 庶人者水也. 水則載舟, 水則覆舟. 『荀子』
jūn zhě zhōu yě　shùrén zhě shuǐ yě　shuǐ zé zài zhōu　shuǐ zé fù zhōu
군 자 주 야,　서 인 자 수 야.　수 즉 재 주,　수 즉 복 주.

[2] 도식 보기

연번	앞성분	주어(S)	부가성분	술어(V-v)					목적어(O)	보어(C)	뒷성분
				활동	상태	변화결과	사동	의동			
①		君者		(상태)EV						舟	也,
②		庶人者		(상태)EV						水	也.
③		水	則				(사동)載		舟		,
④		水	則				(사동)覆		舟		.

[3] 단어와 어구

①者:-사람/-것(불완전 대명사), 舟:배 ②庶人:백성 ③則:곧/즉, 載:띄우다 ④覆:뒤엎다

[4] 해석하기

① 임금은 배와 같고,

② 백성은 물과 같다.

③ 물은 배를 띄우기도 하고,

④ 물은 배를 뒤엎어지게도 한다.

[5] 문법 설명

◐ 문형과 사건의미

문형	사건의미	주어와 술어의 관계	해석 공식	해당 연번
SVO	사동 [CAU-BEC]	〈원인자〉 주어 + [사동] 술어	[8]	③,④
SVC	상태 [BE]	〈묘사 대상자〉 주어 + [상태] 술어	[10]	①,②

◐ 문장성분

▌주어

· ③,④의 '水': 〈원인자〉 주어. '水'는 [+ 의지]의 〈행위자〉가 될 수 없다.

▌술어

· ①,②의 'EV': 비명시적인 상태 사건의미 술어. '같다'류의 생략.

▌기타

· ③,④의 '則': '바로'. 현대 중국어 '就'와 같다.

4) | 받고 싶은 대로 대접하라 |

[1] 원문 읽기

己所不欲, 勿施於人. 『論語·衛靈公』
jǐ suǒ bú yù   wù shī yú rén

기 소 불 욕,   물 시 어 인.

[2] 도식 보기

연번	앞 성분	주어 (S)	부가 성분	술어(V-v)					목적어 (O)	보어 (C)	뒷 성분
				활동	상태	변화결과	사동	의동			
①	己所不欲ᵢ,	ES	勿				施		EOᵢ	於人	.

[3] 단어와 어구

①己:자기/본인, 所:-바/것/곳(불완전 대명사), 勿:-하지 마라, 施:시행하다/베풀다, 於:-에게(전치사)

[4] 해석하기

① 자기가 하고 싶지 않는 일에 대해서는, (본인이) 남에게 (본인이 하고 싶지 않은 일을) 하지 말아라.

[5] 문법 설명

○ 문형과 사건의미

문형	사건의미	주어와 술어의 관계	해석 공식	해당 연번
SVOC	활동 [DO]	〈행위자〉 주어 + [활동] 술어	[13]	①

○ 문장성분

▌ 주어

- 'ES': 일반 주어.

▌ 목적어

- 'EOᵢ': '己所不欲ᵢ'가 화제(Topic)화하여, 문장 앞으로 이동하고 남은 자리이다.

5) │ 상선약수 │

[1] 원문 읽기

上善若水.　水善利萬物而不爭,　處衆人之所惡,　故幾於道.　『道德經』
shàngshànruòshuǐ　shuǐshàn lì wàn wù ér bù zhēng　chǔzhòngrén zhī suǒ wù　gù jī yú dào
상 선 약 수 ,　수 선 이 만 물 이 부 쟁 ,　처 중 인 지 소 오 ,　고 기 어 도 .

연번	앞성분	주어(S)	부가성분	술어(V-v)					목적어(O)	보어(C)	뒷성분
				활동	상태	변화결과	사동	의동			
①		上善			상태若					水ᵢ	.
②		水ᵢ	善				사동利		萬物		
③	而₂	ESᵢ	不	활동爭							,
④		ESᵢ				변화處				衆人之所惡	,
⑤	故	ESᵢ			상태幾					於道	.

[3] 단어와 어구

①**上善**:최고의 선, **若**:같다 ②**利**:이롭게 하다, **萬物**:만물 ③**而**:그러나(역접 접속사), **爭**:다투다 ④**處**:머무르다, **衆人**:무리들/사람들, **惡**:싫어하다 ⑤**故**:그러므로, **幾**:가깝다, **於**:-에(전치사)

[4] 해석하기

① 최고의 선은 물과 같으니,

② 물은 만물이 잘 이롭게 되도록 하나

③ 그러나 (물은) 다투지 않으며,

④ (물은) 사람들이 싫어하는 곳에 머물게 되니,

⑤ 그러므로 (물은) 도에 가깝다.

[5] 문법 설명

○ 문형과 사건의미

문형	사건의미	주어와 술어의 관계	해석공식	해당연번
SV	활동 [DO]	〈행위자〉 주어 + [활동] 술어	[1]	③
SVO	사동 [CAU-BEC]	〈원인자〉 주어 + [사동] 술어	[8]	②

문형	사건의미	주어와 술어의 관계	해석 공식	해당 연번
SVC	상태 [BE]	〈묘사 대상자〉 주어 + [상태] 술어	[10]	①,⑤
	변화결과 [BEC]	〈변화 대상자〉 주어 + [변화] 술어	[11]	④

○ 문장성분

▌ 주어

• ③,④,⑤의 'ES$_i$': = '水$_i$'.

▌ 보어

• ④의 '衆人之所惡': '所'자구 보어. 衆人之s+[所+[es+惡v]].

많은 사람들이 싫어하는 곳.

[6] 참고

▌ 노자(老子, 생졸연대 미상)

이름은 이이(李耳). 중국 춘추전국시대 도가(道家)의 창시자로, 그의 언행을 적은 책을 『老子』 또는 『道德經』이라고 한다.

1.4. 사랑과 평화

│ 박애 │ │ 미생의 사랑 │ │ 무엇으로 사귀는가 │ │ 지피지기 │

1) │ 박애 │

[1] 원문 읽기

天下之人皆不相愛, 強必執弱, 富必侮貧, 貴必敖賤, 詐必欺愚. 『墨子』
tiān xià zhī rén jiē bù xiāng ài qiáng bì zhí ruò fù bì wǔ pín guì bì áo jiàn zhà bì qī yú
천 하 지 인 개 불 상 애, 강 필 집 약, 부 필 모 빈, 귀 필 오 천, 사 필 기 우.

[2] 도식 보기

연번	앞 성분	주어 (S)	부가 성분	술어(V-v)					목적어 (O)	보어 (C)	뒷 성분
				활동	상태	변화 결과	사동	의동			
①		天下之人	皆不相$_i$			(변화)愛			EO$_i$		,
②		强	必	(활동)執					弱		,
③		富	必	(활동)侮					貧		,
④		貴	必	(활동)敖					賤		,
⑤		詐	必	(활동)欺					愚		.

[3] 단어와 어구

①**皆**:모두 ②**强**:강한 사람, **執**:제압하다, **弱**:약한 사람 ③**富**:부유한 사람, **侮**:업신여기다, **貧**:가난한 사람 ④**貴**:귀한 사람, **敖**:오만하게 대하다, **賤**:비천한 사람 ⑤**詐**:간사한 사람, **欺**:속이다, **愚**:어리석은 사람

[4] 해석하기

① 세상 사람들이 모두 서로를 사랑하지 않으면,

② 강한 사람은 반드시 약한 사람을 제압하고,

③ 부유한 사람은 반드시 가난한 사람을 업신여기고,

④ 귀한 사람은 반드시 천한 사람을 오만하게 대하고,

⑤ 간사한 사람은 반드시 어리석은 사람들을 속인다.

[5] 문법 설명

○ 문형과 사건의미

문형	사건의미	주어와 술어의 관계	해석 공식	해당 연번
SVO	활동 [DO]	〈행위자〉 주어 + [활동] 술어	[6]	②,③,④,⑤
	변화결과 [BEC]	〈경험자〉 주어 + [변화] 술어	[7]	①

○ 문장성분

▌ 주어

- ②,③,④,⑤의 주어 '強', '富', '貴', '賤', '詐': 형용사. 그러나 문장의 사건의미가 모두 '활동[DO]' 사건의미이므로, [+의지]의 〈행위자〉인 '−인 사람'으로 해석한다.

▌ 목적어

- ①의 'EO$_i$': 심리 동사 '愛'의 대상자 '相$_i$'이 술어 앞으로 이동하고 남은 자리이다.[7]

[6] 참고

▌ 묵자(墨子, B.C.476-B.C.390)

이름은 묵적(墨翟). 중국 춘추전국시대 사람으로, 묵가(墨家)의 창시자이다. 『묵자(墨子)』는 묵적과 후학들의 설을 모은 책이다. 겸애설(兼愛說)은 묵가(墨家)의 대표적인 주장으로, '자신(自身)'을 사랑하듯이 '타인(他人)'을 사랑하고, '자가(自家)'와 '자국(自國)'을 사랑하듯이 '타가(他家)', '타국(他國)'에 대해서도 차별 없이 사랑할 것을 주장한다.

2) | 미생의 사랑 |

[1] 원문 읽기

尾生與女子期於梁下,	女子不來,	水至不去,	抱梁柱而死. 『莊子』
Wěishēng yǔ nǚ zǐ qī yú liáng xià	nǚ zǐ bù lái	shuǐ zhì bú qù	bàoliángzhù ér sǐ
미 생 여 여 자 기 어 양 하,	여 자 불 래,	수 지 불 거,	포 양 주 이 사.

---

[7] 고대 중국어에서 대명사 목적어는 술어 앞으로 이동하는 현상이 잦다. 의문문에서 의문 대명사 목적어는 술어 앞으로, 부정문에서 대명사 목적어는 술어 앞으로 이동한다. 이런 관점에서 'EO$_i$'에서 이동한 것으로 보이는 '相$_i$'은 대명사적 속성이 강하다 하겠다.

[2] 도식 보기

연번	앞성분	주어(S)	부가성분	술어(V-v) 활동	상태	변화결과	사동	의동	목적어(O)	보어(C)	뒷성분
①		尾生ᵢ	與女子	활동期					EO	於梁下	,
②		女子	不			변화來					,
③		水				변화至					
④		ESᵢ	不			변화去					,
⑤		ESᵢ		활동抱					梁柱		
⑥	而₁	ESᵢ				변화死					.

[3] 단어와 어구

①尾生:미생[인명], 與:-와(전치사), 期:기약하다/약속하다, 梁:다리/교량 ③至:이르다/닥치다 ④去:떠나다 ⑤抱:안다, 梁柱:기둥 ⑥而:그리고(순접 접속사)

[4] 해석하기

① 미생이 어떤 여자와 다리 아래서 (만남을) 기약했는데,

② 그 여자가 오지 않자,

③ 물이 (불어나) 닥쳐도

④ (미생이는) 떠나지 않고,

⑤ (미생이는) 다리 기둥을 껴안고 있다가

⑥ 그리하여 (미생이는) 죽었다.

[5] 문법 설명

○ 문형과 사건의미

문형	사건의미	주어와 술어의 관계	해석공식	해당연번
SV	변화결과 [BEC]	〈변화 대상자〉 주어 + [변화] 술어	[3]	②,③,④,⑥

문형	사건의미	주어와 술어의 관계	해석 공식	해당 연번
SVO	활동 [DO]	〈행위자〉 주어 + [활동] 술어	[6]	⑤
SVOC	활동 [DO]	〈행위자〉 주어 + [활동] 술어	[13]	①

○ 문장성분

▌ 주어

- ④,⑤,⑥의 'ES$_i$': = '尾生$_i$'. 미생.

▌ 목적어

- ①의 'EO': 술어 동사 '期(기약하다)'의 의미 특성상 '만남'.

▌ 술어

- ②,③,④의 술어 '來', '至', '去': 비대격동사. 이들은 목적격을 주지 못하는 동사로 '왕래발착(往來發著)'의 의미이다.

[6] 참고

▌ 장자(莊子, B.C.369?-B.C.286?)

이름은 장주(莊周). 중국 춘추전국시대 도가(道家)이다. 『장자(莊子)』는 내편(內編) 7, 외편(外編) 15, 잡편(雜編) 11로 모두 33편이다. 『莊子·齊物論篇』에 등장하는 '호접지몽(胡蝶之夢)'은 '물아일체(物我一體)'의 경지 또는 '인생의 무상함'을 비유하는 말로 유명하다.

3) │ 무엇으로 사귀는가 │

[1] 원문 읽기

曾子曰: "君子以文會友, 以友輔仁." 『論語·顏淵』
Zēng Zǐ yuē   Jūn zǐ yǐ wén huì yǒu   yǐ yǒu fǔ rén
증 자 왈: 군 자 이 문 회 우,   이 우 보 인."

[2] 도식 보기

연번	앞 성분	주어 (S)	부가 성분	술어(V-v)					목적어 (O)	보어 (C)	뒷 성분
				활동	상태	변화결과	사동	의동			
①		曾子		활동曰							:
②	"	君子ᵢ	以文			변화會				友	,
③		ESᵢ	以友	활동輔					仁		."

[3] 단어와 어구

①**曾子**:증자[인명-공자의 제자] ②**以**:-로써(전치사), **會友**:친구와 모이다 ③**輔**:돕다/보충하다

[4] 해석하기

① 증자가 말하였다.

② "군자는 글로써 친구와 모이고,

③ (군자는) 친구로써 인을 돕는다."

[5] 문법 설명

⭕ 문형과 사건의미

문형	사건의미	주어와 술어의 관계	해석 공식	해당 연번
SV	활동 [DO]	〈행위자〉 주어 + [활동] 술어	[1]	①
SVO	활동 [DO]	〈행위자〉 주어 + [활동] 술어	[6]	③
SVC	변화결과 [BEC]	〈변화 대상자〉 주어 + [변화] 술어	[11]	②

⭕ 문장성분

▌주어

• ③의 'ESᵢ': = '君子ᵢ'.

4) | 지피지기 |

[1] 원문 읽기

知彼知己,	百戰不殆.	不知彼而知己,	一勝一負.	不知彼不知己,	每戰必敗.
zhī bǐ zhī jǐ	bǎi zhàn bú dài	bù zhī bǐ ér zhī jǐ	yí shèng yí fù	bù zhī bǐ bù zhī jǐ	měi zhàn bì bài
지 피 지 기,	백 전 불 태.	부 지 피 이 지 기,	일 승 일 부.	부 지 피 부 지 기,	매 전 필 패.

『孫子』

[2] 도식 보기

연번	앞 성분	주어 (S)	부가 성분	술어(V-v) 활동	술어(V-v) 상태	술어(V-v) 변화결과	술어(V-v) 사동	술어(V-v) 의동	목적어 (O)	보어 (C)	뒷 성분
①		ES_i				㉾知			彼		
②		ES_i				㉾知			己		,
③		ES_i	百	㉾戰							
④		ES_i	不		㉾殆						.
⑤		ES_j	不			㉾知			彼		
⑥	而_2	ES_j				㉾知			己		,
⑦		ES_j	一	㉾勝							
⑧		ES_j	一			㉾負					.
⑨		ES_k	不			㉾知			彼		
⑩		ES_k	不			㉾知			己		,
⑪		ES_k	每	㉾戰							
⑫		ES_k	必			㉾敗					.

[3] 단어와 어구

①彼:적/상대방 ③百戰:백 번 싸우다 ④不殆:위험하지 않다 ⑥而:그러나(역접 접속사) ⑦勝:이기다 ⑧負:지다 ⑪每:매번 ⑫敗:패하다

[4] 해석하기

① (어떤 사람이) 상대를 알고

② (그 사람이) 자기를 알면,

③ (그 사람은) 백 번 싸워도

④ (그 사람은) 위태롭지 않다.

⑤ (어떤 사람이) 상대를 알지 못하나

⑥ 그러나 (그 사람이) 자기를 알면,

⑦ (그 사람은) 한 번 이기고

⑧ (그 사람은) 한 번 진다.

⑨ (어떤 사람이) 상대를 알지 못하고

⑩ (그 사람이) 자기도 알지 못하면,

⑪ (그 사람은) 매번 싸우더라도

⑫ (그 사람은) 반드시 지게 된다.

[5] 문법 설명

○ 문형과 사건의미

문형	사건의미	주어와 술어의 관계	해석 공식	해당 연번
SV	활동 [DO]	〈행위자〉 주어 + [활동] 술어	[1]	③,⑦,⑪
	상태 [BE]	〈묘사 대상자〉 주어 + [상태] 술어	[2]	④
	변화결과 [BEC]	〈변화 대상자〉 주어 + [변화] 술어	[3]	⑧,⑫
SVO	변화결과 [BEC]	〈경험자〉 주어 + [변화] 술어	[7]	①,②,⑤,⑥,⑨,⑩

○ 문장성분

▌주어

- ①-④의 'ES$_i$': = '知彼知己(상대를 알고 자기를 아는 사람)'.

- ⑤-⑧의 'ES$_j$': = '不知彼而知己(상대를 모르나 자기를 아는 사람)'.

- ⑨-⑫의 'ES$_k$': = '不知彼不知己(상대도 모르고 자기도 모르는 사람)'.

[6] 참고

▌ 손자(孫子, B.C.545?-B.C.470?)

  이름은 손무(孫武). 중국 춘추전국시대의 병법가이자 정치가로, 병서(兵書)인 『손자(孫子)』를 지었다. 모두 13편이다. 병법 칠서(七書)인 『무경칠서(武經七書)』 중에서도 가장 뛰어난 병서로 평가받으며, 오기(吳起)의 『오자(吳子)』와 함께 『손오병법(孫吳兵法)』으로 불린다.

2. 역사서 텍스트 읽기

2.1. 흥망성쇠 이야기

| 먼저 자신을 이겨라 | | 태산처럼 하해처럼 | | 배에 새겨 무엇하리 | | 호가호위 |

1) | 먼저 자신을 이겨라 |

[1] 원문 읽기

欲勝人者必先自勝,　欲論人者必先自論,　欲知人者必先自知. 『呂氏春秋』
yù shèng rén zhě bì xiān zì shèng　yù lùn rén zhě bì xiān zì lùn　yù zhī rén zhě bì xiān zì zhī
욕 승 인 자 필 선 자 승,　욕 론 인 자 필 선 자 론,　욕 지 인 자 필 선 자 지.

[2] 도식 보기

연번	앞 성분	주어 (S)	부가 성분	술어 (V-v)₁	목적어 (O)	술어 (V-v)₂	목적어/ 보어 (O₂/C)	뒷 성분
①		欲勝人者ᵢ	必	🈂先	自ᵢ	🈯勝		,
②		欲論人者ⱼ	必	🈂先	自ⱼ	🈯論		,
③		欲知人者ₖ	必	🈂先	自ₖ	🈯知		.

[3] 단어와 어구

①欲:-하려 하다(조동사), 勝:이기게 되다 ②先:먼저 되게 하다, 自:자기/자신, 論:논평 되다 ③知:알게 되다

[4] 해석하기

　① 남을 이기고자 하는 사람은 반드시 자기를 이기는 것을 먼저 되게 하고,

② 남을 논하고자 하는 사람은 반드시 자기를 논하는 것을 먼저 되게 하고,

③ 남을 알고자 하는 사람은 반드시 자기를 아는 것을 먼저 되게 해야 한다.

[5] 문법 설명

○ 문형과 사건의미

문형	사건의미	주어와 술어의 관계	해석 공식	해당 연번
$SV_1O_1V_2(O_2/C)$	사동 [CAU-BEC]	〈원인자〉 주어 + [사동] 술어	[15]	①,②,③

○ 문장성분

▌ 주어

- ①,②,③의 주어: 모두 관형어 절 구조. [es+[欲+[勝v+人o]]]+者.

  '欲勝人'이 관형어로, '者'를 수식한다.

▌ 술어

- ①,②,③의 '先': 사동 사건의미 술어[8]. 〈원인자〉가 〈대상자〉를 먼저가 되게 하다'.

▌ 목적어

- ①,②,③의 '自': 대명사 목적어. 각각의 주어를 가리킨다.

[6] 참고

▌ 『여씨춘추(呂氏春秋)』

진(秦)나라의 정치가 여불위(呂不韋, ?-B.C.235) 편찬. 총 26권이며, 『여람(呂覽)』이라고도 한다. 도가(道家) 사상을 중심으로 편찬되었으나, 유가(儒家), 법가(法家), 명가(名家), 묵가(墨家), 농가(農家), 병가(兵家), 음양가(陰陽家) 등을 비롯한 각 가(家)의 사상도 기록되어 있다.

---

8 2.1 2)'태산처럼 하해처럼'의 ②,④와 같은 문형이다.

2) | 태산처럼 하해처럼 |

[1] 원문 읽기

太山不讓土壤, 故能成其大. 河海不擇細流, 故能就其深. 『史記』
tài shān bú ràng tǔ rǎng   gù néng chéng qí dà   hé hǎi bù zé xì liú   gù néng jiù qí shēn
태 산 불 양 토 양,   고 능 성 기 대.   하 해 불 택 세 류,   고 능 취 기 심.

[2] 도식 보기

연번	앞 성분	주어 (S)	부가 성분	술어(V-v) 활동	상태	변화 결과	사동	의동	목적어 (O)	보어 (C)	뒷 성분
①		太山$_i$	不	활동讓					土壤		,
②	故	ES$_i$	能			사동成			其$_i$		변화大.
③		河海$_j$	不	활동擇					細流		,
④	故	ES$_j$	能			사동就			其$_j$		변화深.

[3] 단어와 어구

①太山[泰山]:태산[중국 산동성 소재], 讓:사양하다 ②成:이루어지게 하다 ③河海:하해, 細流:가는 물줄기 ④就:성취하게 하다

[4] 해석하기

① 태산은 한 줌 흙을 사양하지 않으니,

② 그러므로 (태산은) 자기 자신이 크게 되게 할 수 있다.

③ 하해는 가는 물줄기를 가리지 않으니,

④ 그러므로 (하해는) 자기 자신이 깊게 되게 할 수 있는 것이다.

[5] 문법 설명

○ 문형과 사건의미

문형	사건의미	주어와 술어의 관계	해석 공식	해당 연번
SVO	활동 [DO]	〈행위자〉 주어 + [활동] 술어	[6]	①,③
$SV_1O_1V_2(O_2/C)$	사동 [CAU-BEC]	〈원인자〉 주어 + [사동] 술어	[15]	②,④

○ 문장성분

▌ 목적어

• ②,④의 '其': 대명사 목적어. 각각의 주어를 가리킨다.

▌ 기타

• ②의 '故能成其大'과 ④의 '故能成其大': '$SV_1O_1V_2(O_2/C)$' 문형. 이를 표로 나타내면 다음과 같다.

연번	앞 성분	주어 (S)	부가 성분	술어 $(V\text{-}v)_1$	목적어 (O)	술어 $(V\text{-}v)_2$	목적어/보어 (O_2/C)	뒷 성분
②	故	ES_i	能	사동成	$其_i$	변화大		.
④	故	ES_j	能	사동就	$其_j$	변화深		.

[6] 참고

▌ 『사기(史記)』

　전한(前漢) 사마천(司馬遷, B.C.145?-B.C.86?) 저술. 상고시대의 오제(五帝)-한(漢)나라 무제(武帝) 태초(太初) 년간(B.C.104-B.C.101)의 역사 기록이다. 『사기(史記)』는 「본기(本紀)」, 「표(表)」, 「서(書)」, 「세가(世家)」, 「열전(列傳)」의 다섯 부문으로 구성된다.

3) | 배에 새겨 무엇하리 |

[1] 원문 읽기

楚人有涉江者，　其劍自舟中墜於水，　遽契其舟曰：　"是吾劍之所從墜."
Chǔrényǒushèjiāngzhě　qí jiàn zì zhōuzhōngzhuì yú shuǐ　jù qì qí zhōuyuē　shì wú jiàn zhī suǒcóngzhuì
초 인 유 섭 강 자，　기 검 자 주 중 추 어 수，　거 계 기 주 왈：　시 오 검 지 소 종 추.

舟止，　從其所契者入水求之.『呂氏春秋』
zhōu zhǐ　cóng qí suǒ qì zhě rù shuǐqiú zhī
주 지，　종 기 소 계 자 입 수 구 지.

[2] 도식 보기

연번	앞 성분	주어 (S)	부가 성분	술어(V-v) 활동	상태	변화결과	사동	의동	목적어 (O)	보어 (C)	뒷 성분
①		楚人ᵢ			상태有					涉江者	,
②		其劍	自舟中			변화墜				於水	,
③		ESᵢ	遽契其舟	활동曰							:
④	"	是			상태EV					吾劍之所從墜	."
⑤		舟				변화止					,
⑥		ESᵢ		활동從					其所契者		
⑦		ESᵢ				변화入				水	
⑧		ESᵢ		활동求					之		.

[3] 단어와 어구

①楚人:초나라 사람, 涉江:강을 건너다 ②劍:검/칼, 墜:떨어지다 ③遽:근거하다, 契:새기다 ④是:이곳(지시 대명사) ⑤止:정박하다 ⑥者:-곳/것(불완전 대명사) ⑧求:찾다

[4] 해석하기

① 초나라 사람 중에 강을 건너는 사람이 있었는데,

② 자신의 칼이 배 안에서부터 물에 떨어지자,

③ (그가) 급히 그 배에 새기면서 말하였다.

④ "이곳은 내 칼이 떨어진 곳이다."

⑤ 배가 멈추자,

⑥ (그는) 그 새긴 곳을 따라,

⑦ (그는) 물에 들어가

⑧ (그는) 그것을 찾았다.

[5] 문법 설명

○ 문형과 사건의미

문형	사건의미	주어와 술어의 관계	해석 공식	해당 연번
SV	활동 [DO]	〈행위자〉 주어 + [활동] 술어	[1]	③
	변화결과 [BEC]	〈변화 대상자〉 주어 + [변화] 술어	[3]	⑤
SVO	활동 [DO]	〈행위자〉 주어 + [활동] 술어	[6]	⑥,⑧
SVC	상태 [BE]	〈묘사 대상자〉 주어 + [상태] 술어	[10]	①,④
	변화결과 [BEC]	〈변화 대상자〉 주어 + [변화] 술어	[11]	②,⑦

○ 문장성분

▍주어

- ③,⑥,⑦,⑧의 'ES$_i$': = '楚人$_i$'. 초나라 사람.

▍술어

- ④의 'EV': 상태 사건의미 표시 술어. '-이다'류의 생략.

▍보어

- ④의 '吾劍之所從墜': '所'자구 보어. 吾劍之s+[所^9+[es+從墜v]]. '내 칼이 떨어진 곳'. '之'는 주격조사, -이.

[6] 참고

▌ 각주구검(刻舟求劍)

'배에 표시를 새겨서 칼을 찾다'는 뜻. 어리석고 융통성이 없음을 비유한다. 춘추전국시대의 초나라 사람이 강에서 배를 타고 가다가 물 속에 검을 잃어버렸는데, 잃어버린 자리를 배에 표시하고, 나중에 그 표시를 따라 찾으려 했다는 고사에서 유래한다.

4) | 호가호위 |

[1] 원문 읽기

虎求百獸而食之.　得狐.　狐曰: "子無敢食我也.　天帝使我長百獸,
hǔ qiú bǎi shòu ér shí zhī　dé hú　hú yuē　zǐ wú gǎn shí wǒ yě　Tiān dì shǐ wǒ zhǎng bǎi shòu
호 구 백 수 이 식 지.　득 호.　호 왈:　자 무 감 식 아 야.　천 제 사 아 장 백 수,

今子食我,　是逆天帝命也.　子以我爲不信,　吾爲子先行,　子隨我後,
jīn zǐ shí wǒ　shì nì Tiān dì mìng yě　zǐ yǐ wǒ wéi bú xìn　wú wéi zǐ xiānxíng　zǐ suí wǒ hòu
금 자 식 아,　시 역 천 제 명 야.　자 이 아 위 불 신,　오 위 자 선 행,　자 수 아 후,

觀百獸之見我而敢不走乎?"　虎以爲然,　故遂與之行,　獸見之皆走.
guān bǎi shòu zhī jiàn wǒ ér gǎn bù zǒu hū　hǔ yǐ wéi rán　gù suì yǔ zhī xíng　shòujiàn zhī jiē zǒu
관 백 수 지 견 아 이 감 부 주 호?　호 이 위 연,　고 수 여 지 행,　수 견 지 개 주.

虎不知獸畏己而走也,　以爲畏狐也. 『戰國策』
hǔ bù zhī shòu wèi jǐ ér zǒu yě　yǐ wéi wèi hú yě
호 부 지 수 외 기 이 주 야,　이 위 외 호 야.

[2] 도식 보기

연번	앞 성분	주어 (S)	부가 성분	술어(V-v)					목적어 (O)	보어 (C)	뒷 성분
				활동	상태	변화 결과	사동	의동			
①		虎ᵢ		활동求					百獸		
②	而₁	ESᵢ		활동食					之		.

---

9 '所'는 동사구를 명사화시키는 기능어(불완전 대명사)이다. -것/기/곳.

연번	앞성분	주어(S)	부가성분	활동	상태	변화결과	사동	의동	목적어(O)	보어(C)	뒷성분
③		ES_i				변화得			$狐_j$		.
④		$狐_j$		활동曰							:
⑤	"	$子_i$	無敢	활동食					$我_j$		也.
⑥		天帝					사동使		$我_j$		변화長百獸,
⑦	今	$子_i$		활동食					$我_j$		,
⑧	是	ES_i		활동逆					天帝命		也.
⑨		$子_i$						의동以	$我_j$		상태爲不信,
⑩		$吾_j$	爲子先	활동行							,
⑪		$子_i$		활동隨					我後		,
⑫		ES_i		활동觀					$百獸之見我_j而_1敢不走$		乎?"
⑬		虎						의동以爲		然	,
⑭	故	ES_i	$遂與之_j$	활동行							,
⑮		$獸_k$		활동見					之		
⑯		ES_k	皆			변화走					,
⑰		虎	不			변화知			$獸_k畏己_i而_1走$		也,
⑱		ES_i						의동以爲		畏狐	也.

[3] 단어와 어구

①**百獸**:온갖 짐승 ②**之**:그것(지시 대명사[온갖 짐승]) ③**狐**:여우 ⑤**子**:그대/당신(인칭 대명사), **無**:하지 마라/-하면 안 된다 ⑥**天帝**:하느님, **使**:-로 하여금 -하게 하다, **長**:우두머리가 되게 하다 ⑧**逆**:거스르다 ⑨**以A爲B**:A를 B라고 여기다 ⑩**爲**:-대신(전치사) ⑪**隨**:뒤따르다 ⑫**觀**:보다, **之**:이/가(주격조사) **乎**:(의문 어기조사) ⑬**以爲**:여기다, **然**:그렇다 ⑭**遂**:드디어/마침내 **與**:-와(전치사) **之**:그것(지시 대명사[여우]) ⑮**獸**:짐승들 **之**:그것(지시 대명사) ⑰**畏**:두려워하다, **也**:(진술 어기조사)

[4] 해석하기

① 호랑이는 온갖 짐승을 잡아서

② 그리고 (호랑이는) 그것들을 먹는다.

③ (호랑이가) 여우를 잡았다.

④ 여우가 말하였다.

⑤ "그대(호랑이)는 감히 나를 잡아먹으면 안 된다.

⑥ 하느님이 나로 하여금 모든 짐승의 우두머리가 되게 했으니,

⑦ 지금 그대가 나를 잡아먹는다면,

⑧ 이것은 하느님의 명을 거역하는 것이다.

⑨ 그대가 나의 말을 못 믿을 것으로 여긴다면,

⑩ 내가 그대를 위해 먼저 가고,

⑪ 그대가 내 뒤를 따라오며,

⑫ 모든 짐승이 나를 보고 두려워 달아나지 않은가를 보라."

⑬ 호랑이가 그렇다고 여겨,

⑭ 그래서 (호랑이가) 여우를 따라서 가니,

⑮ 짐승들이 이 광경을 보고

⑯ (그들이) 모두 달아나는데,

⑰ 호랑이는 짐승들이 자신을 무서워하며 달아났다는 것을 알지 못하고,

⑱ (호랑이는) (짐승들이) 여우를 무서워하는 것이라고 여겼다.

[5] 문법 설명

◉ 문형과 사건의미

문형	사건의미	주어와 술어의 관계	해석 공식	해당 연번
SV	활동 [DO]	〈행위자〉 주어 + [활동] 술어	[1]	④, ⑩, ⑭
	변화결과 [BEC]	〈변화 대상자〉 주어 + [변화] 술어	[3]	⑯
SVO	활동 [DO]	〈행위자〉 주어 + [활동] 술어	[6]	①, ②, ⑤, ⑦ ⑧, ⑪, ⑫, ⑮

문형	사건의미	주어와 술어의 관계	해석 공식	해당 연번
	변화결과 [BEC]	〈경험자〉 주어 + [변화] 술어	[7]	③,⑰
SVC	의동 [CON-BE]	〈인식자〉 주어 + [의동] 술어	[12]	⑬,⑱
SV$_1$O$_1$V$_2$(O$_2$/C)	사동 [CAU-BEC]	〈원인자〉 주어 + [사동] 술어	[15]	⑥
	의동 [CON-BE]	〈인식자〉 주어 + [의동] 술어	[16]	⑨

○ 문장성분

▮ 주어

- ②,③,⑧,⑫,⑭,⑱의 'ES$_i$': = '虎$_i$' = '子$_i$' = '己$_i$'. 호랑이.
- ④의 '狐$_j$': = '我$_j$' = '吾$_j$' = '之$_j$'. 여우.
- ⑯의 'ES$_k$': = '獸$_k$'. 짐승.

▮ 술어

- ⑨의 '以爲': 의동 사건의미 술어. '以'와 '爲'를 갈라서 쓴 경우로, 'SV$_1$O$_1$V$_2$(O$_2$/C)' 문형이다.
- ⑬,⑱의 '以爲': 의동 사건의미 술어. '以'와 '爲'를 합쳐서 쓴 경우로, 'SVC' 문형이다.

▮ 목적어

- ⑫,⑰의 목적어: 절 목적어. 복문 절 구조이다.

   ⑫ [百獸之s+見v+我o]+而+[es+敢不adv+走v]
   ⑰ [獸s+畏v+己o]+而+[es+走v+也]

- ⑮의 '之': ⑭의 '故遂與之行(호랑이가 여우를 따라간다)' 문장 전체를 가리킨다.
- ⑰의 '獸畏己而走': 복문의 절 목적어. [獸s+畏v+己o]+而+[es+走v].

▮ 보어

- ⑱의 '畏狐': 절 보어. es+畏v+狐o. 동물들이 여우를 두려워하다.

▮ 기타

- ⑥의 '天帝使我長百獸'와 ⑨의 '子以我爲不信': 'SV$_1$O$_1$V$_2$(O$_2$/C)' 문형. 이를 표로 나타내면 다음과 같다.

연번	앞 성분	주어 (S)	부가 성분	술어 (V-v)₁	목적어 (O₁)	술어 (V-v)₂	목적어/보어 (O₂/C)	뒷 성분
⑥		天帝		使[사동]	我ⱼ	長[변화]	百獸	,
⑨		子ᵢ		以[의동]	我ⱼ	爲[상태]	不信	,

각각의 사건의미 표현에 유의하자.

⎾── ⑥의 '使[CAUSE]-長[BECOME]: 우두머리가 되게 하다.
⎿── ⑨의 '以[CONSIDER]-爲[BE]: 상태로 여기다.

[6] 참고

▌ 호가호위(狐假虎威)

사자성어로, '가호위호(假虎威狐)' 또는 '가호위(假虎威)'라고도 한다. 남의 권세를 빌려 허세를 부림을 비유한다.

▌『전국책(戰國策)』

전한 시대의 유향(劉向)이 전국시기의 진(秦), 초(楚), 제(齊), 위(魏), 연(燕), 한(韓), 송(宋), 위(衛), 중산(中山)등의 12국책(十二國策)으로 분류하여 엮은 역사서이다. 『국책(國策)』이라고도 한다. 여러 제후국의 정치, 군사, 외교 등의 책략에 대해 기술한다.

2.2. 인재를 알아보는 눈

| 관포지교 | | 천리마를 알아보는 사람 |

1) | 관포지교 |

[1] 원문 읽기

管仲曰： "吾始困時， 嘗與鮑叔賈， 分財利多自與， 鮑叔不以我爲貪，
GuǎnZhòngyuē　　wú shǐ kùn shí　　cháng yǔ BàoShū gǔ　　fēn cái lì duō zì yǔ　　BàoShū bú yǐ wǒ wéi tān
관중왈：　　오시곤시，　　상여포숙고，　　분재리다자여，　　포숙불이아위탐，

知我貪也． 吾嘗爲鮑叔謀事而更窮困， 鮑叔不以我爲愚，
zhī wǒ pín yě　　wú cháng wéi BàoShūmóu shì ér gèngqióngkùn　　BàoShū bù yǐ wǒ wéi yú
지아빈야．　　오상위포숙모사이갱궁곤，　　포숙불이아위우，

知時有利不利也． 吾嘗三仕三見逐於君， 鮑叔不以我爲不肖，
zhī shí yǒu lì bú lì yě　　wú chángsān shì sānjiànzhú yú jūn　　BàoShū bù yǐ wǒ wéi bú xiào
지시유이불리야．　오상삼사삼견수어군，　포숙불이아위불초，

知我不遭時也． 吾嘗三戰三走， 鮑叔不以我爲怯， 知我有老母也．
zhī wǒ bù zāo shí yě　　wú chángsānzhànsānzǒu　　BàoShū bù yǐ wǒ wéi qiè　　zhī wǒ yǒulǎo mǔ yě
지아부조시야．　오상삼점삼주，　포숙불이아위겁，　지아유노모야．

〈중략〉 生我者父母， 知我者鮑子也．" 『史記』
shēng wǒ zhě fù mǔ　　zhī wǒ zhěBào Zǐ yě
생아자부모，　지아자포자야．

[2] 도식 보기

연번	앞 성분	주어 (S)	부가 성분	술어(V-v)					목적어 (O)	보어 (C)	뒷 성분
				활동	상태	변화결과	사동	의동			
①		管仲ᵢ						활동曰			：
②	"吾ᵢ始困時，	ESᵢ	嘗與鮑叔ⱼ					활동賈			，
③	分財利	ESᵢ					사동多		自ᵢ		변화與
④		鮑叔ⱼ	不					의동以	我ᵢ		상태爲貪，

연번	앞 성분	주어 (S)	부가 성분	술어(V-v) 활동	상태	변화결과	사동	의동	목적어 (O)	보어 (C)	뒷 성분
⑤		ES_j				(변화)知			我$_i$貧		也.
⑥		吾$_i$	嘗爲鮑叔$_j$	(활동)謀					事		
⑦	而2	ES_i	更				(사동)窮困10		EO_j		,
⑧		鮑叔$_j$	不					(의동)以	我$_i$		(상태)爲愚,
⑨		ES_j				(변화)知			時有利不利		也.
⑩		吾$_i$	嘗三			(변화)仕					
⑪		ES_i	三			(변화)見			逐於君		,
⑫		鮑叔$_j$	不					(의동)以	我$_i$		(상태)爲不肖,
⑬		ES_j				(변화)知			我$_i$不遭時		也.
⑭		吾$_i$	嘗三	(활동)戰							
⑮		ES_i	三	(활동)走							,
⑯		鮑叔$_j$	不					(의동)以	我$_i$		(상태)爲怯,
⑰		ES_j				(변화)知			我$_i$有老母		也.
⑱		生我$_i$者			(상태)EV					父母	,
⑲		知我$_i$者			(상태)EV					鮑子$_j$	也."

[3] 단어와 어구

①管仲:관중[인명] ②始:처음, 困時:곤란할 때, 嘗:일찍이, 與:-와(전치사), 鮑叔:포숙[인명], 賈:장사하다 ③分:나누다, 財利:재물과 이익, 多:많게 하다, 自:자기/본인(인칭 대명사), 與:주다 ④以:-라고 여기다, 爲:-하다, 貪:욕심내다 ⑥謀事:일을 도모하다 ⑦更:더욱, 窮困:곤궁하다 ⑧愚:어리석다 ⑩仕:벼슬길에 나가다 ⑪見:당하다, 逐於君:임금에게서 쫓겨나다 ⑫不肖:[빼어난 사람을] 닮지 못하다 ⑬遭時:때를 만나다 ⑭戰:전장에 나가다 ⑮走:달아나다 ⑯怯:겁이 많다 ⑰知:알다, 鮑子:포숙아[인명-鮑叔牙]

---

10 술어 '困窮'은 인간의 상태를 나타내는 술어이므로, ⑥의 '事'는 주어가 될 수 없다. 즉, 이 문장은 문맥상 사동 사건의미로 해석되어야 하는데, 주어와 목적어가 모두 보이지 않으므로, 환원시켜 해석해야 한다.

[4] 해석하기

① 관중이 말하였다.

② "내가 처음 곤궁했을 때, (내가) 일찍이 포숙과 더불어 장사를 하였는데,

③ 재물과 이익을 나눌 때, (내가) 나 자신에게 주어짐이 많게 하였고,

④ (그러나) 포숙이 나를 욕심낸다고 여기지 않았는데,

⑤ (포숙이) 나의 가난함을 알았기 때문이다.

⑥ 내가 일찍이 포숙을 위하여 일을 도모하였는데,

⑦ 그러나 (내가) (포숙으로 하여금) 더욱 곤궁하게 하였으나,

⑧ (그러나) 포숙이 나를 어리석다고 여기지 않았으니,

⑨ (포숙이) 때에는 유리함과 불리함이 있다는 것을 알았기 때문이었다.

⑩ 내가 일찍이 세 번 벼슬살이를 하였으나,

⑪ (내가) 세 번 군주에게 쫓겨남을 당했는데,

⑫ (그러나) 포숙이 나를 똑똑치 못하다고 여기지 않은 것은,

⑬ (포숙이) 내가 때를 만나지 못했음을 알았기 때문이다.

⑭ 내가 일찍이 세 번 전쟁하여

⑮ (내가) (전쟁에서) 세 번 도주했으나,

⑯ (그러나) 포숙은 나를 비겁하다고 여기지 않았는데,

⑰ (포숙이) 나에게는 늙은 어머니가 계시다는 것을 알았기 때문이다.

〈중략〉

⑱ 나를 낳아 준 사람은 부모요,

⑲ 나를 알아준 이는 포숙이다."

[5] 문법 설명

⭘ 문형과 사건의미

문형	사건의미	주어와 술어의 관계	해석 공식	해당 연번
SV	활동 [DO]	〈행위자〉 주어 + [활동] 술어	[1]	①,②,⑭,⑮
	변화결과 [BEC]	〈변화 대상자〉 주어 + [변화] 술어	[3]	⑩

문형	사건의미	주어와 술어의 관계	해석 공식	해당 연번
SVO	활동 [DO]	〈행위자〉 주어 + [활동] 술어	[6]	⑥
	변화결과 [BEC]	〈경험자〉 주어 + [변화] 술어	[7]	⑤,⑨, ⑪,⑬,⑰
	사동 [CAU-BEC]	〈원인자〉 주어 + [사동] 술어	[8]	⑦
SVC	상태 [BE]	〈묘사 대상자〉 주어 + [상태] 술어	[10]	⑱,⑲
$SV_1O_1V_2(O_2/C)$	사동 [CAU-BEC]	〈원인자〉 주어 + [사동] 술어	[15]	③
	의동 [CON-BE]	〈인식자〉 주어 + [의동] 술어	[16]	④,⑧,⑫,⑯

○ 문장성분

▌주어

- ②,③,⑦,⑪,⑮의 'ES_i': = '管仲$_i$' = 自$_i$' = 我$_i$'.

    모두 같은 대상을 가리키지만, 문장에서의 의미역은 각각 다르다.

    ┌─ ②,⑮는 〈행위자〉 주어.
    ├─ ③,⑦은 〈원인자〉 주어.
    └─ ⑪은 〈경험자〉 주어.[11]

- ⑤,⑨,⑬,⑰의 'ES_j': = '鮑叔$_j$' = 鮑子$_j$'.

▌술어

- ⑱,⑲의 'EV': 상태 사건의미 술어. '-이다'류의 생략.
- ③의 '多'와 '與': 사동 사건의미 술어. 多[CAUSE]+與[BECOME]의 구조.
- ⑪의 '見': 변화결과 사건의미 술어. 당하다.

---

11 이 비명시적인 주어는 '逐於君(임금에게 쫓겨남)'을 당하는 사람이다. 즉, 변화결과 사건의미의 주어인 〈경험자〉 '管仲' 이다.

▪ 목적어

- ⑦의 'EO$_j$': = '鮑叔$_j$' = 鮑子$_j$'.

- **절 목적어 구조**

  이들은 모두 인지 동사 '知'의 절 목적어이다.

  ```
  ┌─ ⑤ 我s+貧v
  ├─ ⑨ 時s+有v+利不利c
  ├─ ⑬ 我s+不adv+遭v+時o
  └─ ⑰ 我s+有v+老母c
  ```

▪ 기타

- ②의 '吾始困時': 절 부사어. [吾s+始adv+困v]+時. '내가 처음에 곤궁하였을 때에'.

- ③의 '分財利, 多自與': 'SV$_1$O$_1$V$_2$(O$_2$/C)' 문형. '사동' 사건의미로, 이를 표로 나타내면 다음과 같다.

연번	앞 성분	주어 (S)	부가 성분	술어 (V-v)$_1$	목적어 (O$_1$)	술어 (V-v)$_2$	목적어/ 보어 (O$_2$/C)	뒷 성분
③	分財利,	ES$_i$		사동多	自$_i$	변화與		,

이 사동 사건의미 구의 구조는 III장 2.1의 1)①,②,③ 및 2)②,④와 유사하다.

- ④의 '鮑叔不以我爲貪', ⑧의 '鮑叔不以我爲愚', ⑫의 '鮑叔不以我爲不肖', ⑯의 '鮑叔不以我爲怯': 'SV$_1$O$_1$V$_2$(O$_2$/C)' 문형. 특히 '以'와 '爲'를 사용하여, '의동' 사건의미를 나타내는 비교적 특수한 형식이다. 이를 표로 나타내면 다음과 같다.

연번	앞 성분	주어 (S)	부가 성분	술어 (V-v)$_1$	목적어 (O$_1$)	술어 (V-v)$_2$	목적어/ 보어 (O$_2$/C)	뒷 성분
④		鮑叔$_j$	不	의동以	我$_i$	상태爲	貪	,
⑧		鮑叔$_j$	不	의동以	我$_i$	상태爲	愚	,
⑫		鮑叔$_j$	不	의동以	我$_i$	상태爲	不肖	,
⑯		鮑叔$_j$	不	의동以	我$_i$	상태爲	怯	,

[6] 참고

■ 관포지교(管鮑之交)

　　관중(管仲)과 포숙아(鮑叔牙)의 사귐. 상황이 변하더라도 영원히 변하지 않는 친구 사이의 두터운 우정을 비유한다.

2) | 천리마를 알아보는 사람 |

[1] 원문 읽기

世有伯樂,　　然後有千里馬,　　千里馬常有,　　而伯樂不常有.　　故雖有名馬,
shì yǒu Bó Lè　　rán hòu yǒu qiān lǐ mǎ　　qiān lǐ mǎ cháng yǒu　　ér Bó Lè bù cháng yǒu　　gù suī yǒu míng mǎ
세유백락,　　연후유천리마,　　천리마상유,　　이백락불상유.　　고수유명마,

祇辱於奴隸人之手,　　駢死於槽櫪之間,　　不以千里稱也.　　馬之千里者,
zhǐ rǔ yú nú lì rén zhī shǒu　　pián sǐ yú cáo lì zhī jiān　　bù yǐ qiān lǐ chēng yě　　mǎ zhī qiān lǐ zhě
지욕어노예인지수,　　변사어조력지간,　　불이천리칭야.　　마지천리자,

一食或盡粟一石,　　食馬者,　　不知其能千里而食也,　　是馬也,　　雖有千里之能,
yì shí huò jìn sù yí dàn　　sì mǎ zhě　　bu zhī qí néng qiān lǐ ér sì yě　　shì mǎ yě　　suī yǒu qiān lǐ zhī néng
일식혹진속일석,　　사마자,　　부지기능천리이사야,　　시마야,　　수유천리지능,

食不飽,　　力不足,　　才美不外見.　　且欲與常馬等不可得,　　安求其能千里也?
shí bù bǎo　　lì bù zú　　cái měi bú wài xiàn　　qiě yù yǔ cháng mǎ děng bù kě dé　　ān qiú qí néng qiān lǐ yě
식불포,　　역부족,　　재미불외현.　　차욕여상마등불가득,　　안구기능천리야?

策之不以其道,　　食之不能盡其材,　　鳴之不能通其意.　　執策而臨之曰:
cè zhī bù yǐ qí dào　　sì zhī bù néng jìn qí cái　　míng zhī bù néng tōng qí yì　　zhí cè ér lín zhī yuē
책지불이기도,　　사지불능진기재,　　명지불능통기의.　　집책이임지왈:

"天下無馬."　　嗚呼!　　其眞無馬邪?　　其眞不知馬也?　　『昌黎先生集』
tiān xià wú mǎ　　wū hū　　qí zhēn wú mǎ yé　　qí zhēn bù zhī mǎ yě
천하무마.　　오호!　　기진무마야?　　기진부지마야?

[2] 도식 보기

연번	앞성분	주어(S)	부가성분	술어(V-v) 활동	상태	변화결과	사동	의동	목적어(O)	보어(C)	뒷성분
①		世ᵢ			有					伯樂	,
②	然後	ESᵢ				有				千里馬ⱼ	,
③		千里馬ⱼ	常		有						,
④	而₂	伯樂	不常		有						.
⑤	故雖	ESᵢ			有					名馬ⱼ	,
⑥		ESⱼ	祇			辱				於奴隷人之手	,
⑦		ESⱼ	騈			死				於槽櫪間	,
⑧		ESⱼ	不以千里			稱					也.
⑨	馬之千里者ⱼ,	ESⱼ	一	食							
⑩	或	ESⱼ					盡		粟一石		,
⑪	食馬者ₖ,	ESₖ	不			知			其能千里		
⑫	而₂	ESₖ					食		EOⱼ		也,
⑬	是馬ⱼ也,	ESⱼ	雖		有					千里之能	,
⑭		食	不		飽						,
⑮		力	不		足						,
⑯		才美	不外			見					.
⑰	且	ESₖ	欲				與		常馬ₗ	等ECⱼ	
⑱		ESₖ	不可			得			EOₘ		,
⑲		ESₖ	安	求					其能千里		也?
⑳		ESₖ		策					之ⱼ		
㉑		ESₖ	不				以		其道		,
㉒		ESₖ					食		之ⱼ		

| 연번 | 앞성분 | 주어(S) | 부가성분 | 술어(V-v) | | | | | 목적어(O) | 보어(C) | 뒷성분 |
				활동	상태	변화결과	사동	의동			
㉓		ES$_k$	不能				사동盡		其$_j$材		,
㉔		ES$_k$					사동鳴		之$_j$		
㉕		ES$_k$	不能				사동通		其$_j$意		.
㉖		ES$_k$	執策而$_1$臨之$_j$	활동曰							:
㉗	"	天下			상태無					馬	."
㉘	嗚呼!	其	眞		상태無					馬	邪?
㉙		其	眞不			변화知			馬		也?

[3] 단어와 어구

①世:세상 ②然後:그런 후에, 千里馬:천리마 ③常有:항상 있다 ④而:그러나(역접 접속사), 伯樂:백락[인명], 不常有:항상 있는 것은 아니다 ⑤雖:비록, 名馬:명마 ⑥秖:단지, 辱:욕되다/욕보다, 於:-에서(전치사), 奴隸:노예 ⑦駢:나란히, 槽櫪:마구간 ⑧稱:불리다 ⑨食[식]:먹다 ⑩粟:곡식, 石:섬(수량 단위로 쓰일 때, 중국어 독음은 'dàn') ⑪食[사]:먹이다 ⑫而:그러나(역접 접속사), 食[사]:먹이다 ⑭食[식]:먹다, 飽:배부르다 ⑯見[현]:드러나다 ⑰且:또한(접속사), 等:같아지다 ⑲安:어찌 ⑳策:채찍질하다 ㉑以:하게 하다 ㉒食[사]:먹이다 ㉓材:재능/재량 ㉔鳴:울게 하다 ㉕通:통하게 하다 ㉖執:집다/들다, 策:채찍, 臨:다가가다, 之:그것(지시 대명사 千里馬) ㉘嗚呼:슬프도다[작자의 탄식], 眞:진실로, 邪:(의문 어기조사) ㉙知:알아보다

[4] 해석하기

① 세상에는 백락이 있어야,

② 그러한 뒤에 (세상에는) 천리마가 있게 되니,

③ 천리마는 항상 있으되,

④ 그러나 백락이 항상 있는 것은 아니다.

⑤ 그러므로 비록 명마라도,

⑥ 다만 노예의 손에 욕을 당하고,

⑦ 마구간에서 (보통 말과) 나란히 죽으면,

⑧ 천리마로 불리지 못한다.

⑨ 말 중에 (하루에) 천 리를 가는 놈은, (그 말이) 한 번 먹을 때에,

⑩ 또 (그 말이) 곡식 한 섬을 다 없어지게 하는데,

⑪ 말을 먹이는 사람은, (그가) 그 말이 천 리를 갈 수 있음을 모르지만

⑫ 그러나 (그가) (그 말을) 먹이는 것이다,

⑬ 이 말은 말이지, (이 말이) 비록 천 리를 가는 능력이 있더라도,

⑭ (이 말은 말이지,) 먹는 것이 배부르지 못하면,

⑮ (이 말은 말이지,) 힘이 부족하여,

⑯ (이 말은 말이지,) 재능과 미관이 밖으로 드러나지 않는다.

⑰ 또한 (말을 먹이는 사람이) 보통 말을 (천리마와) 같아지게 하려 해도,

⑱ (그 사람은) (천리마와 같아지게 함을) 얻을 수 없으니,

⑲ (그가) 어찌 그 보통 말이 천 리 가기를 구하겠는가?

⑳ (그가) 말을 채찍질하나

㉑ (그는) 천리마를 다스리는 도리가 되게 하지 않고,

㉒ (그가) 말을 먹이나

㉓ (그는) 천리마의 재능을 다할 수 있게 하지 못하고,

㉔ (그가) 천리마를 울게 하나

㉕ (그는) 천리마의 뜻이 통하게 할 수 없다.

㉖ (도리어) (그가) 채찍을 들고 그 말에게 가서 말하길,

㉗ "세상에는 말이 없다."라고 한다.

㉘ 오호라! 진실로 말이 없다는 것인가?

㉙ 진실로 말을 알아보지 못한다는 것인가?

[5] 문법 설명

○ 문형과 사건의미

문형	사건의미	주어와 술어의 관계	해석 공식	해당 연번
SV	활동 [DO]	〈행위자〉 주어 + [활동] 술어	[1]	⑨,㉖
	상태 [BE]	〈묘사 대상자〉 주어 + [상태] 술어	[2]	③,④,⑭,⑮
	변화결과 [BEC]	〈변화 대상자〉 주어 + [변화] 술어	[3]	⑧,⑯
SVO	활동 [DO]	〈행위자〉 주어 + [활동] 술어	[6]	⑲,⑳
	변화결과 [BEC]	〈경험자〉 주어 + [변화] 술어	[7]	⑪,⑱,㉙
	사동 [CAU-BEC]	〈원인자〉 주어 + [사동] 술어	[8]	⑩,⑫,㉑, ㉒,㉓,㉔,㉕
SVC	상태 [BE]	〈묘사 대상자〉 주어 + [상태] 술어	[10]	①,⑤, ⑬,㉗,㉘
	변화결과 [BEC]	〈변화 대상자〉 주어 + [변화] 술어	[11]	②,⑥,⑦
$SV_1O_1V_2(O_2/C)$	사동 [CAU-BEC]	〈원인자〉 주어 + [사동] 술어	[15]	⑰

○ 문장성분

▮ 주어

- ②,⑤의 'ES_i': = '世$_i$'.
- ⑥-⑩,⑬의 'ES_j': = '千里馬$_j$' = '名馬$_j$' = '是馬$_j$'.
- ⑪,⑫,⑰-㉖의 'ES_k': = '食馬者$_k$'.

▮ 술어

- **사동 술어 동사의 해석:** 접사나 형태를 사용하여 해석한다. 즉, '-이/-히/-리/-기/-우/-구/-추'등의 사동 접사나, '-게 하다'의 형식을 사용한다.

  ┌ ⑩盡:다하게 하다12 ⑫食(사): 먹이다13 ⑰與: 더불어 하게 하다
  └ ㉑以: 하게 하다 ㉒食(사): 먹이다 ㉔鳴(명): 울리다 ㉕通: 통하게 하다

▌ 목적어

- ⑫,⑰의 'EO_j': = '千里馬$_j$' = '名馬$_j$' = '是馬$_j$'.
- ⑱의 'EO_m': 지시 대상은 ⑰의 내용 전체. 즉, '且欲與常馬等(보통 말로 하여금 천리마와 같게 되게 함)'을 가리킨다.
- ㉑,㉓,㉕의 '其$_j$': 지시 대명사. 천리마.

▌ 보어

- ⑥의 '於奴隸人之手'와 ⑦의 '於槽櫪間': 모두 전치사구 보어. 원점(AT)의 〈장소〉 표시.
- ⑰의 'EC_j': = '千里馬$_j$' = '名馬$_j$' = '是馬$_j$'.

▌ 기타

- ⑬의 '是馬$_j$也': = 화제. ⑬-⑯의 진술 대상. '也'는 화제 보조사.
- ⑲의 '其$_l$': = '常馬$_l$'.
- ㉖의 '執策而臨之': 복문의 부사어 절.

  [es+執v+策o]+而+[es+臨v+之c]의 구조로, '而'은 순접 접속사.

- ①,③,④,⑤,⑬과 ②의 '有': 같은 '有'라도 논리에 따라서 사건의미가 달라진다.

  ┌─ ①,③,④,⑤,⑬: 조건절. 상태 사건의미 술어 '있다'.
  └─ ②: 결과절. 변화결과 사건의미 술어 '있게 되다'.

- ⑳-㉑,㉒-㉓,㉔-㉕의 논리 관계: 역접 혹은 양보 관계. 두 절 간의 관계가 긴밀하여, 마치 현대 중국어의 긴축 복문[14]과 흡사하다.
- ㉘의 '嗚呼': 복합 감탄사.
- ⑰의 '且欲與常馬等'[15]: '$SV_1O_1V_2(O_2/C)$' 문형. 이를 표로 나타내면 다음과 같다.

---

12 변화 사건의미일 경우, 곡식 한 섬(粟一石)은 변화 대상자이므로, 보어의 위치가 아니라 주어의 위치에 와야한다. 결국 사동 사건의미로 해석하는 것이 적절하다.

13 사동 사건의미로, 중국어 독음은 사(si)이다.

14 서로 다른 주어를 가지는 두 개의 절을 마치 하나의 단문처럼 축약시킨 복문을 말한다. 현대 중국어에서의 예는 다음과 같다. (你)不說(,我)也知道.

15 이 문장 구조는 'ES_k+與常馬PP+等V(CAUSE)+EO_j'로 분석하는 경우, EO_j(천리마)가 사역의 〈대상자〉이자, 等의 〈경험자〉가 되기 때문에, 논리적인 모순이 생긴다.

연번	앞 성분	주어 (S)	부가 성분	술어 (V-v)₁	목적어 (O₁)	술어 (V-v)₂	목적어/ 보어 (O₂/C)	뒷 성분
⑰	且	ES$_k$	欲	㊐與	常馬$_l$	㊀等	EC$_j$	,

[6] 참고

▌『한유(韓愈, 768-824)』

당나라 문학가이자 정치가. 자(字)는 퇴지(退之)이며, '한문공(韓文公)' 또는 '한창려(韓昌黎)'로도 불린다. 당송팔대가에 속하며, 문인 이한(李漢)이 그의 시문 700여 편을 모아 『창려선생집(昌黎先生集)』을 간행하였다. 본문은 한유의 『잡설(雜說)』 네 편(「용설(龍說)」, 「의설(醫說)」, 「최산군전(崔山君傳)」, 「마설(馬說)」) 중 하나이다.

2.3. 한국사 이야기

│ 단군 신화 │ │ 고구려 주몽 │ │ 서희의 담판 외교 │ │ 역사의 붓 │ │ 12척의 배 │

1) │ 단군조선 │

[1] 원문 읽기(1)

昔有桓因庶子桓雄, 數意天下, 貪求人世. 父知子意, 下視三危太伯,
xī yǒu Huán Yīn shù zǐ Huán Xióng, shuò yì tiān xià, tān qiú rén shì. fù zhī zǐ yì, xià shì sān wēi Tài bó
석 유 환 인 서 자 환 웅, 삭 의 천 하, 탐 구 인 세. 부 지 자 의, 하 시 삼 위 태 백,

可以弘益人間. 〈중략〉 雄率徒三千, 降於太白山頂神壇樹下,
kě yǐ hóng yì rénjiān Xióngshuài tú sānqiān jiàng yú Tài bái shāndǐngshén tán shù xià
가 이 홍 익 인 간. 웅 솔 도 삼 천, 강 어 태 백 산 정 신 단 수 하,

謂之神市, 是謂桓雄天王也. 『三國遺事』
wèi zhī shén shì shì wèi Huán Xióngtiānwáng yě
위 지 신 시, 시 위 환 웅 천 왕 야.

[2] 도식 보기

연번	앞성분	주어 (S)	부가성분	술어(V-v) 활동	상태	변화결과	사동	의동	목적어 (O)	보어 (C)	뒷성분
①		昔			상有					桓因ⱼ庶子桓雄ᵢ	,
②		ESᵢ	數			변意			天下		,
③		ESᵢ	貪			변求			人世		.
④		父ⱼ				변知			子意		,
⑤		ESⱼ	下			변視			三危太伯ₖ		,
⑥		ESₖ	可以弘				사益		人間		.
⑦		雄ᵢ				변率			徒三千		,
⑧		ESᵢ				변降				於太白山頂神壇樹下ₗ	,
⑨		ESₘ				변謂			之ₗ	神市	,
⑩		是ᵢ				변謂				桓雄天王	也.

[3] 단어와 어구

①昔:옛날, 桓因:환인[신화 속 인물], 庶[庶]子:서자, 桓雄:환웅[신화 속 인물] ②數[삭]:자주, 意:뜻을 두다 ③貪:탐내다 ④意:뜻/의지 ⑤三危太伯:삼위태백[지명] ⑥弘益:널리 이롭게 하다 ⑦率:거느리다, 徒:무리 ⑧降:내리다, 太白山:태백산[지명], 頂:정상, 神:신령스럽다, 壇樹:박달나무 ⑨神市:신령스러운 도시

[4] 해석하기

① 옛날에 환인의 서자 환웅이 있었는데,

② (그가) 자주 천하에 뜻을 두어,

③ (그는) 사람이 사는 세상을 탐하여 구하였다.

④ 아버지는 아들의 뜻을 알고,

⑤ (아버지가) 삼위태백을 내려다 보니,

⑥ (삼위태백은) 널리 인간 세상을 이롭게 할만하였다.

〈중략〉

⑦ 환웅은 무리 삼천 명을 거느리고,

⑧ (환웅은) 태백산 꼭대기의 신단수 밑에 내려왔는데,

⑨ (사람들은) 그곳을 신시라고 불렀고,

⑩ 이분은 환웅 천왕이라 일컬어진다.

[5] 문법 설명

○ 문형과 사건의미

문형	사건의미	주어와 술어의 관계	해석 공식	해당 연번
SVO	활동 [DO]	〈행위자〉 주어 + [활동] 술어	[6]	③,⑤,⑦
	변화결과 [BEC]	〈경험자〉 주어 + [변화] 술어	[7]	④
	사동 [CAU-BEC]	〈원인자〉 주어 + [사동] 술어	[8]	⑥
SVC	상태 [BE]	〈묘사 대상자〉 주어 + [상태] 술어	[10]	①
	변화결과 [BEC]	〈변화 대상자〉 주어 + [변화] 술어	[11]	②,⑧,⑩
SVOC	활동 [DO]	〈행위자〉 주어 + [활동] 술어	[13]	⑨

○ 문장성분

▌ 주어

- ①의 '昔': 시간명사 주어.
- ②,③,⑧의 'ES$_i$': = '桓雄$_i$' = '子$_i$' = '雄$_i$' = '是$_i$'.
- ⑤의 'ES$_j$': = '桓因$_j$' = '父$_j$'.
- ⑥의 'ES$_k$': = '三危太伯$_k$'.
- ⑨의 'ES$_m$': = 일반 주어. 사람들.

▌ 술어

- ⑥의 '益': 사동 사건의미 술어. 이익되게 하다.
- ⑨의 '謂(-을 말하다)'와 주어: 주어 'S$_m$(사람들)'은 〈행위자〉.
- ⑩의 '謂(-라고 불리다)'와 주어: 주어 '是$_i$'는 〈대상자〉.

■ 보어

• ⑧의 '**於太白山頂神壇樹下**': 전치사구 장소 보어. 주어 '**桓雄**'의 〈목표점〉.

[6] 참고

■ 『삼국유사(三國遺事)』

고려후기 승려 일연(一然, 1206-1289) 저술. '신라·고구려·백제' 삼국의 유사(遺事)를 서술한 역사서이다. 김부식(金富軾, 1075-1151) 등이 편찬한 『삼국사기(三國史記)』와 함께 한국고대사의 귀중한 역사 자료이다. 삼국사기는 정사(正史)인 반면, 『삼국유사(三國遺事)』는 일연 혼자서 기록한 야사(野史)로, 특히 고조선(古朝鮮)과 단군신화(檀君神話)에 대해 서술한 점이 특징이다.

■ 『삼위태백(三危太伯)』

환인(桓因)이 널리 인간 세상을 구제하고자 하는 아들 환웅(桓雄)의 의지 실현을 위해 선택한 장소. 그 지역에 대해서는 여러 설이 있다.

[1] 원문 읽기(2)

東方初無君長,	有神人降於檀木下,	國人立爲君,	是爲檀君,	國號朝鮮.
Dōngfāngchū wú jūnzhǎng	yǒushénrénjiàng yú tán mù xià	guórén lì wéi jūn	shì wéi TánJūn	guóhàoCháoxiān
동 방 초 무 군 장,	유 신 인 강 우 단 목 하,	국 인 입 위 군,	시 위 단 군,	국 호 조 선.

『東國通鑑』

[2] 도식 보기

연번	앞 성분	주어 (S)	부가 성분	술어(V-v) 활동	상태	변화결과	사동	의동	목적어 (O)	보어 (C)	뒷 성분
①		東方ᵢ	初	⦿無						君長	,
②		ESᵢ		⦿有						神人ⱼ降於檀木下	,
③		國人		⦿立					EOⱼ	⦿爲君,	

연번	앞성분	주어(S)	부가성분	술어(V-v) 활동	상태	변화결과	사동	의동	목적어(O)	보어(C)	뒷성분
④		是ⱼ			⑳爲					檀君ⱼ	,
⑤		國號			⑳EV					朝鮮	.

[3] 단어와 어구

①**東方**:동쪽 지역[옛날 한반도를 이르던 이름의 하나], **君長**:군장/임금 ②**神人**:신령한 사람, **於**:~에(전치사) ③**國人**:그 나라 사람들, **立**:세우다, **君**:임금 ④**檀君**:단군[신화 속 인물] ⑤**國號**:나라 이름, **朝鮮**:조선[고조선]

[4] 해석하기

① 동방에 처음에는 임금이 없었는데,

② (동방에) 신령한 사람이 박달나무 아래에 내려옴이 있어,

③ 나라 사람들이 (그를) 임금이 되도록 세웠으니,

④ 이분이 단군이며,

⑤ 나라 이름은 조선이다.

[5] 문법 설명

○ 문형과 사건의미

문형	사건의미	주어와 술어의 관계	해석공식	해당연번
SVC	상태 [BE]	〈묘사 대상자〉 주어 + [상태] 술어	[10]	①,②,④,⑤
SV₁O₁V₂(O₂/C)	사동 [CAU-BEC]	〈원인자〉 주어 + [사동] 술어	[15]	③

○ 문장성분

▌주어

　• ②의 'ES$_i$': = '東方$_i$'. 장소 주어.

▌ 목적어
- ③의 ‘EO_j’: = ‘神人ⱼ’ = ‘檀君ⱼ’.

▌ 술어
- ③의 ‘立’: 사동 사건의미 술어. 세우다.
- ⑤의 ‘EV’: 상태 사건의미 술어. ‘-이다’류의 생략.

▌ 보어
- ②의 ‘神人降於檀木樹下’: 절 보어. 神人s+降v+於檀木樹下c.
  신령한 사람이 박달나무 아래로 내려오다.

▌ 기타
- ③의 ‘國人立爲君’: ‘$SV_1O_1V_2(O_2/C)$’ 문형. 이를 표로 나타내면 다음과 같다.

연번	앞 성분	주어 (S)	부가 성분	술어 $(V\text{-}v)_1$	목적어 (O_1)	술어 $(V\text{-}v)_2$	목적어/ 보어 (O_2/C)	뒷 성분
③		國人		㉠동立	EO_j	㉥화爲	君	.

[6] 참고

▌『동국통감(東國通鑑)』

서거정(徐居正, 1420-1488) 등이 왕명을 받아 고대부터 고려 말까지의 역사를 편찬한 역사서. 총 56권 28책이며, 1485년(성종 16)에 완성되었다.

2) | 주몽 이야기 |

[1] 원문 읽기

告水曰：“我是天帝子河伯孫， 今日逃遁， 追者垂及， 奈何？”
gào shuǐ yuē　 wǒ shì Tiān dì zǐ Hé Bó sūn　 jīn rì táo dùn　 zhuī zhě chuí jí　 nài hé
고 수 왈:　 아 시 천 제 자 하 백 손.　 금 일 도 둔,　 추 자 수 급,　 내 하?

於是魚鼈成橋， 得渡， 而橋解， 追騎不得渡. 『三國遺事』
yú shì yú biē chéng qiáo　 dé dù　 ér qiáo jiě　 zhuī qí bù dé dù
어 시 어 별 성 교,　 득 도,　 이 교 해,　 추 기 부 득 도.

[2] 도식 보기

연번	앞 성분	주어 (S)	부가 성분	술어(V-v)					목적어 (O)	보어 (C)	뒷 성분
				활동	상태	변화결과	사동	의동			
①		ES$_i$	告水	(활동)日							:
②	"	我$_i$			(상태)是					天帝子$_i$	
③		ES$_i$			(상태)EV					河伯孫$_i$	,
④		ES$_i$	今日			(변화)逃遁					,
⑤		追者	垂			(변화)及					,
⑥		ES$_i$		(활동)EV					奈何		?"
⑦	於是	魚鱉					(사동)成		橋		,
⑧		ES$_i$	得	(활동)渡							,
⑨	而$_2$	橋				(변화)解					,
⑩		追騎	不得	(활동)渡							.

[3] 단어와 어구

①告:알리다 ②是:이다 ③河伯:하백[신화 속 물의 신], 孫:손자 ④逃遁:도망치다 ⑤追者:추격자, 垂:곧, 及:도달하다/이르다 ⑥奈何:어찌할까(의문사) ⑦於是:이에, 魚鱉:물고기와 자라, 成橋:다리를 만들다 ⑧得渡:건널 수 있게 되다 ⑨而:그러나(역접 접속사), 解:해체되다 ⑩追騎:추격하는 기마부대, 不得渡:건널 수 없게 되다

[4] 해석하기

① (주몽이) 물에게 고하여 말했다.

② "나는 천제의 아들이고

③ (나는) 하백의 손자이나,

④ (내가) 오늘 도망가는데,

⑤ 추격하는 이들이 곧 당도하니,

⑥ (나는) 어떻게 해야 한단 말인가?"

⑦ 이에 물고기와 자라들이 다리를 만들어 주어,

⑧ (주몽과 일행은) 건널 수 있었으나,

⑨ 그러나 다리가 해체되자,

⑩ 추격하던 기마병들은 건널 수 없었다.

[5] 문법 설명

◯ 문형과 사건의미

문형	사건의미	주어와 술어의 관계	해석 공식	해당 연번
SV	활동 [DO]	〈행위자〉 주어 + [활동] 술어	[1]	①,⑧,⑩
	변화결과 [BEC]	〈변화 대상자〉 주어 + [변화] 술어	[3]	④,⑤,⑨
SVO	활동 [DO]	〈행위자〉 주어 + [활동] 술어	[6]	⑥
	사동 [CAU-BEC]	〈원인자〉 주어 + [사동] 술어	[8]	⑦
SVC	상태 [BE]	〈묘사 대상자〉 주어 + [상태] 술어	[10]	②,③

◯ 문장성분

▌ 주어

- 'ES$_i$': = '朱蒙' = '天帝子$_i$' = '我$_i$' = '河伯孫$_i$'.

▌ 술어

- ③의 'EV': 상태 사건의미 술어. '-이다' 류의 생략.
- ⑥의 'EV': 활동 사건의미 술어. '-을 하다' 류의 생략.
- ⑦의 '成': 사동 사건의미 술어. '-이 만들어지게 하다'.

▌ 기타

- ⑧의 '得渡'의 '得': 양태 조동사. '-할 수 있다'.

[6] 참고

▌ 주몽(朱蒙, B.C.58 - B.C.19)

　　고구려의 시조인 동명성왕(東明聖王). 성은 고씨(高氏), 이름은 주몽(朱蒙)이다. 『삼국사기(三國史記)』와 『삼국유사(三國遺事)』에 따르면, 그는 어릴 때부터 화살을 잘 쏘았는데, 부여에서는 활을 잘 쏘는 것을 주몽(朱蒙)이라고 해서, 이를 이름으로 삼았다(扶餘俗語, 善射爲朱蒙, 故以名云.)고 기록되어 있다.

3) | 서희의 담판 외교 |

[1] 원문 읽기

遜寧語熙曰: "汝國興新羅地, 高句麗之地我所有也, 而汝侵蝕之.〈중략〉"
XùnNíng yǔ Xī yuē　rǔ guóxìngXīn luó dì　Gāogōu lí zhī dì wǒ suǒyǒu yě　ér rǔ qīn shí zhī
손 녕 어 희 왈:　여 국 흥 신 라 지,　고 구 려 지 지 아 소 유 야,　이 여 침 식 지."

熙曰: "非也. 我國卽高句麗之舊也. 故號高麗, 都平壤. 若論地界,
Xī yuē　fēi yě　wǒ guó jí Gāogōu lí zhī jiù yě　gù hàoGāo lí　dōuPíngrǎng　ruòlùn dì jiè
희 왈:　비 야.　아 국 즉 고 구 려 지 구 야.　고 호 고 려, 도 평 양.　약 론 지 계,

上國之東京, 皆在我境, 何得謂之侵蝕乎? 且鴨綠江內外, 亦我境內."
shàngguó zhī Dōngjīng　jiē zài wǒ jìng　hé dé wèi zhī qīn shí hū　qiě Yā lù jiāng nèi wài　yì wǒ jìng nèi
상 국 지 동 경,　개 재 아 경,　하 득 위 지 침 식 호?　차 압 록 강 내 외,　역 아 경 내."

『高麗史』

[2] 도식 보기

연번	앞 성분	주어 (S)	부가 성분	술어(V-v) 활동	술어(V-v) 상태	술어(V-v) 변화결과	술어(V-v) 사동	술어(V-v) 의동	목적어 (O)	보어 (C)	뒷 성분
①		遜寧ᵢ	語熙			◉日					:
②	"	汝ⱼ國				◉興				新羅地	,
③	高句麗之地ₖ	我ᵢ			◉EV					所有	也,
④	而₂	汝ⱼ	侵	◉蝕					之ₖ		."

연번	앞성분	주어 (S)	부가성분	술어(V-v) 활동	상태	변화결과	사동	의동	목적어 (O)	보어 (C)	뒷성분
⑤		熙ⱼ		활동日							:
⑥	"	ESᵢ			상태非						也.
⑦		我國ᵢ	卽			변화EV				高句麗之舊	也.
⑧	故	ESᵢ				변화號				高麗ᵢ	,
⑨		ESᵢ				변화都				平壤	.
⑩		ESⱼ	若	활동論					地界		,
⑪		上國之東京,	皆		상태在					我境	,
⑫	何得	ESᵢ		활동謂					之	侵蝕	乎?
⑬	且	鴨綠江內外,	亦		상태EV					我境內	."

[3] 단어와 어구

①遜寧:소손녕[인명-고려를 침입한 거란의 장쉬], 熙:서희[인명-고려의 외교관] ②汝:너/너희(인칭 대명사), 興:일어나다, 新羅地:신라 땅 ③高句麗之地:고구려 땅, 所有:소유 ④侵蝕:침범하여 먹다 ⑥非:아니다 ⑦舊:옛 땅 ⑧號:이름하다/불리다 ⑨都:도읍하다/수도삼다, 平壤:평양[지명] ⑩若:만약, 地界:땅의 경계 ⑪上國:그대 나라[거란], 東京:동경[지명-거란의 수도] ⑬鴨綠江:압록강, 內外:안팎, 亦:역시

[4] 해석하기

① 소손녕이 서희에게 말하여 일렀다.

② "그대 나라는 신라 땅에서 일어났고,

③ 고구려 땅은 우리의 소유인데,

④ 그러나 그대들이 침범하였다. 〈중략〉"

⑤ 서희가 말하기를,

⑥ "(그대가) 틀렸다.

⑦ 우리나라는 곧 고구려의 옛 땅에서 일어났다.

⑧ 그러므로 (우리나라는) 국호를 고려라 불리고,

⑨ (우리나라는) 평양(서경)에 도읍하였다.

⑩ (내가) 만일 국토의 경계로 말자면,

⑪ 상국(거란)의 동경은 전부 우리 지역 안에 있는데,

⑫ 어찌 (당신은) 이것을 (영토를) 침범한 것이라 말하는가?

⑬ 또 압록강 안과 바깥도 우리의 영토이다."

[5] 문법 설명

○ 문형과 사건의미

문형	사건의미	주어와 술어의 관계	해석 공식	해당 연번
SV	활동 [DO]	〈행위자〉 주어 + [활동] 술어	[1]	①,⑤
	상태 [BE]	〈묘사 대상자〉 주어 + [상태] 술어	[2]	⑥
SVO	활동 [DO]	〈행위자〉 주어 + [활동] 술어	[6]	④,⑩
SVC	상태 [BE]	〈묘사 대상자〉 주어 + [상태] 술어	[10]	③,⑪,⑬
	변화결과 [BEC]	〈변화 대상자〉 주어 + [변화] 술어	[11]	②,⑦,⑧,⑨
SVOC	활동 [DO]	〈행위자〉 주어 + [활동] 술어	[13]	⑫

○ 문장성분

▐ 주어

- ⑥,⑫의 'ES$_i$': = '遜寧$_i$' = '我$_i$'.
- ②,④의 '汝$_j$': = ⑤의 '熙$_j$'.
- ⑧,⑨의 'ES$_i$': = '我國$_i$' = '高麗$_i$'.
- ⑩의 'ES$_j$': = '我' = '熙$_j$'.
- ⑪의 '上國之東京,'와 ⑬의 '鴨綠江內外,': 장소 주어. 여기서는 화제가 아니라 주어이다.

▐ 술어

- ③,⑬의 'EV': 상태 사건의미 술어. '-이다'류의 생략.

- ⑦의 'EV': 변화 사건의미 술어. '興(일어나다)'이 생략.[16]

▌보어
- ②의 '新羅地': 전치사 '於'가 생략된 보어. '신라 땅에서'.

▌기타
- ③의 '高句麗之地ₖ': 화제어. ③,④의 진술 대상이다.

[6] 참고

▌『고려사(高麗史)』

　　조선 초기 김종서(金宗瑞, 1390-1453)와 정인지(鄭麟趾, 1396-1478) 등이 세종의 교지를 받아 편찬한 역사서. 고려시대의 정치·경제·사회·문화·인물 등에 관한 내용을 기전체(紀傳體)로 기록하였다. 「세가(世家)」, 「지(志)」, 「열전(列傳)」, 「연표(年表)」, 「목록(目錄)」 등 총 139권 75책이다.

4) | 역사의 붓 |

[1] 원문 읽기

上笑曰:	"此予燕處,	勿入,	可也."	又語麟生曰:	"史筆宜直書,
shàng xiào yuē	cǐ yú yān chù	wù rù	kě yě	yòu yǔ Lín Shēng yuē	shǐ bǐ yí zhí shū
상 소 왈:	차 여 연 처,	물 입,	가 야.	우 어 인 생 왈:	사 필 의 직 서,

雖在殿外,	豈不得聞予言?"	麟生對曰:	"臣如不直,	上有皇天.
suī zài diàn wài	qǐ bù dé wén yú yán	Lín Shēng duì yuē	chén rú bù zhí	shàng yǒu Huáng tiān
수 재 전 외,	기 부 득 문 여 언?	인 생 대 왈:	신 여 부 직,	상 유 황 천.

『朝鮮王朝實錄』

---

16 주어는 〈변화 대상자〉이고, 보어는 주어가 변화한 〈근원(Source)〉을 의미한다. 따라서 ②에서 이미 언급한 술어 '興'이 생략된 자리임을 알 수 있다.

[2] 도식 보기

연번	앞성분	주어(S)	부가성분	술어(V-v) 활동	상태	변화결과	사동	의동	목적어(O)	보어(C)	뒷성분
①		上$_i$	笑	(활)曰							:
②	"	此$_j$			(상)EV					予燕處$_j$	,
③		勿入,			(상)可						也."
④		ES$_i$	又語麟生$_k$	(활)曰							:
⑤	"史筆$_l$	ES$_k$	宜直	(활)書					EO$_l$		,
⑥		ES$_k$	雖		(상)在					殿外	,
⑦		ES$_k$	豈不得	(활)聞					予$_i$言		?"
⑧		麟生$_k$	對	(활)曰							:
⑨	"	臣$_k$	如不				(사)直		EO$_l$		,
⑩		上			(상)有					皇天	."

[3] 단어와 어구

①上:임금/상감 ②此:이곳(지시 대명사), 予:나(인칭 대명사), 燕處:잔치/편히 쉬는 곳 ③勿:-하지 마라 ④麟生:인생[인명-조선시대의 사관] ⑤史筆:역사를 기록하는 필법/역사의 기록, 宜:의당/마땅히, 書:쓰다 ⑥殿外:궁전 밖 ⑦得:가능하다, 聞:듣다 ⑧對:대면하다/마주하다 ⑨臣:신하, 如:만일 ⑩上:위, 皇天:하느님

[4] 해석하기

① 임금이 웃으며 말하였다.

② "이곳은 내가 편히 쉬는 곳이니,

③ (그대는) (이곳에) 들어오지 않는 것이 좋겠소."

④ 또 인생에게 말하였다.

⑤ "역사의 기록은 (그대가) (그것을) 곧게 써야하나,

⑥ (그대가) 비록 편전 밖에 있더라도,

⑦ 어찌 내 말을 듣지 못하겠는가?"

⑧ 인생이 대답하여 말했다.

⑨ "신이 만약 (역사의 기록을) 곧게 하지 않는다면,

⑩ 위에 하늘이 있습니다."

[5] 문법 설명

⚪ 문형과 사건의미

문형	사건의미	주어와 술어의 관계	해석 공식	해당 연번
SV	활동 [DO]	〈행위자〉 주이 + [활동] 술어	[1]	①,④,⑧
	상태 [BE]	〈묘사 대상자〉 주어 + [상태] 술어	[2]	③
SVO	활동 [DO]	〈행위자〉 주어 + [활동] 술어	[6]	⑤,⑦
	사동 [CAU-BEC]	〈원인자〉 주어 + [사동] 술어	[8]	⑨
SVC	상태 [BE]	〈묘사 대상자〉 주어 + [상태] 술어	[10]	②,⑥,⑩

⚪ 문장성분

▌주어

- ①의 '上$_i$(상감)': ≠ ⑩의 '上(위-장소 주어)'.
- ③의 '勿入': 절 주어. es+勿adv+入v+ec. '그대는 여기(燕處)에 들어오지 마라'.
- ④의 'ES$_i$': = '上$_i$' = '予$_i$'.
- ⑤,⑥,⑦의 'ES$_k$': = '麟生$_k$'.

▌술어

- ②의 'EV': 상태 사건의미 술어. '-이다'류의 생략.

▌목적어

- ⑤,⑨의 'EO$_i$': = '史筆$_i$'. 사필(역사를 기록하는 일).
   ⑤에서 '史筆$_i$'은 문장 앞으로 이동하여 화제가 되었다.

[6] 참고

▌『조선왕조실록(朝鮮王朝實錄)』

조선시대 역대 임금들의 실록(實錄)에 대한 통칭. 『태조강헌대왕실록(太祖康獻大王實錄)』부터 『철종대왕실록(哲宗大王實錄)』까지 472년간에 걸친 역대 조정에서 25대 임금들이 교체될 때마다 편찬한 것이 축적되어 이루어진 것으로, 총 28종이다. 실록(實錄)은 황제나 국왕과 관련하여 조정에서 일어나거나 보고되는 일들을 연월일 순서에 따라 편년체(編年體)로 기록한 것이다.

▌雖有環館, 燕處則超然.(수유영관, 연처즉초연)

노자 도덕경 26장. '아무리 호화스러운 구경거리가 있을지라도 편안한 곳에서 초연하다.'는 뜻이다. 따라서 연처(燕處)는 '편안한 곳', '쉬는 곳'으로 해석된다.

5) | 12척의 배 |

[1] 원문 읽기

自壬辰至于五六年間,　賊不敢直突於兩湖者,　以舟師之扼其路也.
zì Rénchén zhì yú wǔ liù niánjiān　zéi bù gǎn zhí tū yú liǎng hú zhě　yǐ zhōu shī zhī è qí lù yě
자 임 진 지 우 오 륙 년 간,　적 불 감 직 돌 어 양 호 자,　이 주 사 지 액 기 로 야.

今臣戰船,　尙有十二,　出死力拒戰,　則猶可爲也.　今若全廢舟師,
jīn chénzhànchuán　shàngyǒu shí èr　chū sǐ lì jù zhàn　zé yóu kě wéi yě　jīn ruòquán fèi zhōu shī
금 신 전 선,　상 유 십 이,　출 사 력 거 전,　즉 유 가 위 야. 금 약 전 폐 주 사,

則是賊之所以爲幸,　而由湖右達於漢水,　此臣之所恐也.　戰船雖寡,
zé shì zéi zhī suǒ yǐ wéixìng　ér yóu hú yòu dá yú Hànshuǐ　cǐ chén zhī suǒkǒng yě　zhànchuán suī guǎ
즉 시 적 지 소 이 위 행, 이 유 호 우 달 어 한 수,　차 신 지 소 공 야. 전 선 수 과,

微臣不死,　則賊不敢侮我矣.　『李忠武公全書』
wēichén bù sǐ　zé zéi bù gǎnwǔ wǒ yǐ
미 신 불 사,　즉 적 불 감 모 아 의.

[2] 도식 보기

연번	앞 성분	주어 (S)	부가 성분	활동	상태	변화결과	사동	의동	목적어 (O)	보어 (C)	뒷 성분
①	自壬辰至于五六年間,	賊不敢直突於兩湖者,			㉠EV					以舟師之扼其路	也.
②	今臣₁戰船,	ES$_i$	尙		㉠有					十二$_j$	,
③		ES$_j$		활出					死力		
④		ES$_j$	拒	활戰							,
⑤	則	ES$_j$	猶可	활爲							也.
⑥	今若	ES$_k$	全	활廢					舟師		,
⑦	則	是			㉠EV					賊$_l$之所以爲幸	,
⑧	而₁	ES$_l$	由湖右			변達				於漢水	,
⑨	此	臣之			㉠EV					所恐	也.
⑩		戰船	雖		㉠寡						,
⑪		微臣	不			변死					,
⑫	則	賊$_l$	不敢			변侮			我		矣.

[3] 단어와 어구

①自:-로부터(전치사), 壬辰:임신년[육십갑자에 따른 년도 단위], 至:이르다, 于:-에(전치사), 突:돌진하다, 兩湖: 전라도와 충청도, 者:-것(불완전 대명사), 以:이유/원인, 舟師:수군, 之:-이(주격조사), 扼:틀어 쥐다 ②戰船:전함, 尙:아직 ③出:내다, 死力:죽을 힘 ④拒:막다, 戰:싸우다 ⑤猶:오히려, 爲:일을 하다 ⑥廢:없애다 ⑦是:이것(지시 대명사), 賊:도둑/적, 爲幸:다행으로 여기다 ⑧由:-로부터(전치사), 湖右:충청북도, 達:도달하다, 漢水:한강 ⑨所恐:두려운 바 ⑩寡:적다 ⑪微:미미하다[신하가 임금에 대해 자신을 낮춰 부르는 말] ⑫侮:모욕하다, 我:우리(인칭 대명사-복수 용법)

[4] 해석하기

① 임진년으로부터 오륙 년간에 이르기까지, 적들이 감히 전라도와 충청도로 바로 쳐들어 오지 못하는 것은, 수군이 그 길을 막고 있기 때문입니다.

② 지금 신에게 전함은, (신은) 아직 열두 척이 있으니,

③ (12척의 전함이) 죽을 힘을 내어

④ (12척의 전함이) 적을 막아서 싸운다면,

⑤ (12척의 전함은) 오히려 할 수 있습니다.

⑥ 지금 만약 (나라에서) 수군을 전부 없애면,

⑦ 이는 적이 다행으로 여길 것이어서,

⑧ 그래서 (적이) 충청북도를 통하여 한강에 이를 것이니,

⑨ 이것은 신이 두려워하는 바입니다.

⑩ 전함이 비록 적으나,

⑪ 미천한 신이 죽지 않았으니,

⑫ 적이 감히 우리를 모욕하지 못할 것입니다.

[5] 문법 설명

⭕ 문형과 사건의미

문형	사건의미	주어와 술어의 관계	해석 공식	해당 연번
SV	활동 [DO]	〈행위자〉 주어 + [활동] 술어	[1]	④,⑤
	상태 [BE]	〈묘사 대상자〉 주어 + [상태] 술어	[2]	⑩
	변화결과 [BEC]	〈변화 대상자〉 주어 + [변화] 술어	[3]	⑪
SVO	활동 [DO]	〈행위자〉 주어 + [활동] 술어	[6]	③,⑥
	변화결과 [BEC]	〈경험자〉 주어 + [변화] 술어	[7]	⑫
SVC	상태 [BE]	〈묘사 대상자〉 주어 + [상태] 술어	[10]	①,②,⑦,⑨
	변화결과 [BEC]	〈변화 대상자〉 주어 + [변화] 술어	[11]	⑧

⭕ 문장성분

▮ 주어

- ①의 '賊不敢直突於兩湖者,': = 관형어 절이 있는 명사구 주어.

- ②의 'ES$_i$': = '臣'. 신하.

- ③,④,⑤의 'ES$_j$': = ②의 '十二'. 12척의 전함.[17]
- ⑥의 'ES$_k$': 왕/국가.
- ⑧의 'ES$_l$': = '賊'. 적.

▌술어
- ①의 'EV': 상태 사건의미 술어. '-이다'류의 생략.
- ③의 '出'의 사건의미: 활동 사건의미 술어. 일반적으로 변화결과 사건의미로 잘 쓰이지만, 주어와 목적어 간의 논항 관계를 볼 때, 활동 사건의미를 나타낸다.
- ⑦,⑨의 'EV': 상태 사건의미 술어. '-이다'류의 생략.
- ⑫의 '侮': 심리 동사. 변화결과 사건의미 술어.
  '사동'의 사건의미로 해석할 경우, '모욕되게 하다'로 해석된다.

▌보어
- ①의 '以舟師之扼其路': 절이 있는 보어. 以+[舟師之s+扼v+其路o].
- ⑦의 '賊之所以爲幸': '所'자구 보어. 賊之s+[所+[es+以爲v+幸c]].
  '적이 다행으로 여기는 바'.

▌기타
- ①의 '自壬辰至于五六年間,': 화제. 시간을 나타낸다.
- ②의 '今臣戰船,': 화제. ③,④,⑤의 진술 대상.
- ⑦의 보어 부분과 ⑨의 주어 부분에 쓰인 '之': 주격조사.
- ⑨의 '此': 화제. '臣之所恐也'의 진술 대상.
  지시 대명사로, ⑥,⑦,⑧의 내용을 가리킨다.

[6] 참고
▌이순신(李舜臣, 1545-1598)

임진왜란을 승리로 이끈 조선시대 무신으로, 시호인 충무(忠武)를 따서 충무공 이순신이라고 한다. 그가 왜란 때 쓴 「임진일기(壬辰日記)」와 「정유일기(丁酉日記)」 등을 묶은 『난중일기(亂中日記)』와 그의 유고집인 『이충무공전서(李忠武公全書)』가 전한다.

---

17 단체나 기관의 의미로, 〈행위자〉 주어의 기능을 할 수 있다.

3. 산문 텍스트 읽기

3.1. 언어와 행위

| 훈민정음 | | 아들에게 주는 편지 | | 제주 부자 만덕의 덕행 |

1) | 훈민정음 |

[1] 원문 읽기

國之語音, 異乎中國, 與文字不相流通, 故愚民有所欲言,
guó zhī yǔ yīn   yì hū Zhōngguó   yǔ wén zì bù xiāng liú tōng   gù yú mín yǒu suǒ yù yán
국 지 어 음, 이 호 중 국, 여 문 자 불 상 유 통. 고 우 민 유 소 욕 언,

而終不得伸其情者多矣. 予爲此憫然, 新制二十八字,
ér zhōng bù dé shēn qí qíng zhě duō yǐ   yú wéi cǐ mǐn rán   xīn zhì èr shí bā zì
이 종 부 득 신 기 정 자 다 의. 여 위 차 민 연, 신 제 이 십 팔 자,

欲使人人易習, 便於日用耳. 『訓民正音解例本』
yù shǐ rén rén yì xí   biàn yú rì yòng ěr
욕 사 인 인 이 습, 편 어 일 용 이.

[2] 도식 보기

연번	앞 성분	주어 (S)	부가 성분	술어(V-v) 활동	상태	변화결과	사동	의동	목적어 (O)	보어 (C)	뒷 성분
①		國之語音$_i$,			상태異					乎·中國	,
②		ES$_i$	與文字不相			변화流通					,
③	故	愚民$_1$			상태有					所欲言	,

연번	앞성분	주어(S)	부가성분	술어(V-v) 활동	술어(V-v) 상태	술어(V-v) 변화결과	술어(V-v) 사동	술어(V-v) 의동	목적어(O)	보어(C)	뒷성분
④	而₂	終不得伸其情者			상태多						矣.
⑤		予ⱼ	爲此					의동憫然			,
⑥		ESⱼ	新	활동制					二十八字		,
⑦		ESⱼ	欲ₖ				사동使		人人ₗ		변화易習,
⑧		ESⱼ					사동便		EOₗ	於日用	耳.

[3] 단어와 어구

①國之語音:우리나라의 말소리, 異:다르다, 乎:-과(전치사) ②與:-로(전치사), 文字:문자[여기서는 '한자'], 流通:통하다 ③愚民:어리석은 백성들, 所欲言:말하고 싶은 바 ④而:그러나(역접 접속사), 終:마침내, 不得:할 수 없다, 伸:펼치다, 其情:자신의 뜻, 者:사람, 矣:(진술 어기조사) ⑤予:나(인칭 대명사), 爲此:이 때문에/이를 위해, 憫然:안타깝게 여기다 ⑥新制:새로 만들다 ⑦欲使:-하게 하려 하다, 易:쉽게 되게 하다, 習:익힘/습득 ⑧便:편하게 하다, 於:-에(전치사), 日用:일용[나날이 씀], 耳:-뿐이다(축소 진술 어기조사)

[4] 해석하기

① 나라의 말소리가 중국과 달라서,

② (그것이) 문자(한자의 음과)와 서로 통하지 않는다.

③ 그래서 어리석은 백성들이 말하고 싶은 바가 있으나,

④ 그러나 마침내 자기의 뜻을 말로 펼칠 수 없는 자가 많다.

⑤ 나는 이 때문에 연민을 느껴,

⑥ (내가) 새로 28자를 만드니,

⑦ (나는) 사람마다 습득하는데 쉽게 (되게) 하여,

⑧ (나는) (사람들로 하여금) 일상의 쓰임에 편하게 되길 바랄 뿐이로다.

[5] 문법 설명

⭕ 문형과 사건의미

문형	사건의미	주어와 술어의 관계	해석 공식	해당 연번
SV	상태 [BE]	〈묘사 대상자〉 주어 + [상태] 술어	[2]	④
	변화결과 [BEC]	〈변화 대상자〉 주어 + [변화] 술어	[3]	②
	의동 [CON-BE]	〈인식자〉 주어 + [의동] 술어	[5]	⑤
SVO	활동 [DO]	〈행위자〉 주어 + [활동] 술어	[6]	⑥
SVC	상태 [BE]	〈묘사 대상자〉 주어 + [상태] 술어	[10]	①,③
SVOC	사동 [CAU-BEC]	〈원인자〉 주어 + [사동] 술어	[14]	⑧
$SV_1O_1V_2(O_2/C)$	사동 [CAU-BEC]	〈원인자〉 주어 + [사동] 술어	[15]	⑦

⭕ 문장성분

▌ 주어

- ②의 'ES_i': = '國之語音$_i$'. 나라의 말소리.
- ⑥,⑦,⑧의 'ES_j': = '予$_j$'. 나(세종대왕).

▌ 술어

- ②의 '流通': 변화결과 사건의미 술어. '流'를 부사어로 처리할 수도 있다.
- ⑧의 '便': 사동 사건의미 술어. 발음되지 않는 목적어 EO_l로 하여금 '편하게 되게 하다'의 의미.

▌ 목적어

- ⑧의 'EO_l': = '愚民$_l$' = 人人$_l$. 백성들.

▌ 보어

- ①의 '乎中國': 전치사구 보어. '乎(-와/과)'는 비교표시 전치사이다.

▌기타

- ⑦의 '欲': 문맥상 ⑧의 내용까지 영향을 주는 양태 조동사이다. 따라서 ⑦과 ⑧의 'ES$_j$'는 모두 이 양태사와 관련이 있다.
- ⑦의 '欲使人人易習': 'SV$_1$O$_1$V$_2$(O$_2$/C)' 문형. 이를 표로 나타내면 다음과 같다.

연번	앞 성분	주어 (S)	부가 성분	술어 (V-v)$_1$	목적어 (O$_1$)	술어 (V-v)$_2$	목적어/ 보어 (O$_2$/C)	뒷 성분
⑦		ES$_j$	欲$_k$	㊌使	人人$_l$	㊌易	習	,

[6] 참고

▌『훈민정음해례본(訓民正音解例本)』

　　1443년(세종 25)에 창제된 훈민정음에 대한 문자 해설서. 글자를 만든 원리와 사용법 등에 대해 풀이한다. 해례본(解例本)은 한글의 제자원리(制字原理)가 인체의 발음기관을 상형화하여 만든 언어임을 밝힌다. 세종대왕이 훈민정음 창제 취지에 대해 밝힌 '어제서문(禦製序文)', 세종이 자음자와 모음자의 음가와 운용 방법을 설명한 '예의(例義)', 정인지(鄭麟趾, 1396-1478)·성삼문(成三問, 1418-1456) 등의 집현전 학자들이 훈민정음을 해설한 '해례(解例)', 정인지의 '서(序)' 등이 실려 있다. 『훈민정음해례본』은 국보 70호로 지정되었으며, 유네스코 세계 기록 유산으로 등재되었다.

2) | 아들에게 주는 편지 |

[1] 원문 읽기

○ **答淵兒**(아들 학연에게 답하여)

天下有兩大衡,　一是非之衡,　一利害之衡也.　於此兩大衡,　生出四大級.
tiān xià yǒu liǎng dà héng　yī shì fēi zhī héng　yí lì hài zhī héng yě　yú cǐ liǎng dà héng　shēng chū sì dà jí
천 하 유 양 대 형,　일 시 비 지 형,　일 이 해 지 형 야.　어 차 양 대 형,　생 출 사 대 급.

凡守是而獲利者太上也;　其次守是而取害也;　其次趨非而獲利也;
fán shǒu shì ér huò lì zhě tài shàng yě　qí cì shǒu shì ér qù hài yě　qí cì qù fēi ér huò lì yě
범 수 시 이 획 이 자 태 상 야;　기 차 수 시 이 취 해 야;　기 차 추 비 이 획 이 야;

最下者趨非而取害也. 〈중략〉　吾生而還故土命也,
zuì xià zhě qū fēi ér qǔ hài yě　　wú shēng ér huán gù tǔ mìng yě
최 하 자 추 비 이 취 해 야.　　오 생 이 환 고 토 명 야,

吾生而不能還故土亦命也.　雖然不修人事,　但待天命,　誠亦非理.
wú shēng ér bù néng huán gù tǔ yì mìng yě　suī rán bù xiū rén shì　dàn dài tiānmìng　chéng yì fēi lǐ
오 생 이 불 능 환 고 토 역 명 야.　수 연 불 수 인 사,　단 대 천 명,　성 역 비 리.

汝則修人事旣盡,　修人事旣盡而終不能歸,　則是亦命耳. 『與猶堂全書』
rǔ zé xiū rén shì jì jìn　xiū rén shì jì jìn ér zhōng bù néng guī　zé shì yì mìng ěr
여 즉 수 인 사 기 진,　수 인 사 기 진 이 종 불 능 귀,　즉 시 역 명 이.

[2] 도식 보기

연번	앞성분	주어(S)	부가성분	술어(V-v) 활동	상태	변화결과	사동	의동	목적어(O)	보어(C)	뒷성분
①		天下			상태有					兩大衡	,
②		一			상태EV					是非之衡	,
③		一			상태EV					利害之衡	也.
④		於此兩大衡,				변화生出				四大級	.
⑤	凡	守是而₁獲利者			상태EV					太上	也;
⑥		其次			상태EV					守是而₂取害	也;
⑦		其次			상태EV					趨非而₂獲利	也;
⑧		最下者			상태EV					趨非而₁取害	也.
⑨		吾ⱼ生而₁還故土			상태EV					命	也,
⑩		吾ⱼ生而₂不能還故土	亦		상태EV					命	也.
⑪	雖然	ESᵢ	不	활동修					人事		,
⑫	但	待天命,	誠亦		상태非					理	.
⑬		汝則修人事	旣			변화盡					,
⑭		修人事	旣			변화盡					

연번	앞성분	주어 (S)	부가성분	술어(V-v) 활동	상태	변화결과	사동	의동	목적어 (O)	보어 (C)	뒷성분
⑮	而₃	ESⱼ	終不能			(변화)歸					,
⑯	則	是	亦		(상태)EV					命	耳.

[3] 단어와 어구

①天下:세상, 大衡:큰 저울 ②是非:옳고 그름 ③利害:이득과 손해 ④於:-에서(전치사), 生出:생겨나다, 大級:높은 등급 ⑤凡:무릇, 守:지키다, 是:올바름, 而:하면서(순접 접속사), 獲利:이익을 얻다, 太上:최고[등급] ⑥次:다음, 而:그러나(역접 접속사), 取害:손해를 보다 ⑦而:그러나(역접 접속사) ⑧趨非:나쁜 것을 좇다, 而:하면서(순접 접속사) ⑨生:살다, 還故土:고향에 돌아가다, 命:운명 ⑪雖然:비록(역접 접속사), 修人事:사람이 해야 할 일을 하다 ⑫但:다만, 待天命:천명을 기다리다, 誠:진실로, 非:아니다 ⑬既:이미 ⑭盡:다하다 ⑮而:설령-일지라도(양보 접속사), 終: 마침내/결국(부사어), 歸:돌아가다 ⑯則:(순접 접속사), 是:이것(지시 대명사), 亦:역시, 耳:-일 따름이다(축소 진술 어기조사)

[4] 해석하기

① 세상에는 두 개의 큰 저울이 있는데,

② 하나는 옳고 그름의 저울이고,

③ (다른) 하나는 이익과 손해의 저울이니,

④ 이 두 큰 저울에서 네 개의 큰 등급이 생겨난다.

⑤ 무릇 옳음을 지키면서, 이익을 획득하는 것이 최고의 등급이고,

⑥ 그 다음은 무릇 옳음을 지키나 손해를 입는 것이고,

⑦ 그 다음은 그름을 좇으나 이익을 얻는 것이고,

⑧ 최하의 것이 그름을 좇고 손해를 입는 것이다.

〈중략〉

⑨ 내가 살아서 고향에 돌아가는 것은 운명이지만,

⑩ 내가 살아서 고향에 돌아가지 못하는 것 역시 운명이다.

⑪ 비록 (사람이) 인간적으로 해야 할 일을 하지 않으며,

⑫ 다만 (사람이) 천명을 기다리는 것은 진실로 역시 이치가 아니다.

⑬ 너는 인간적으로 해야 할 일을 이미 다 했고,

⑭ (네가) 인간적으로 해야 할 일을 이미 다 했지만,

⑮ 설령 (내가) 돌아갈 수 없다 하더라도,

⑯ 이것 역시 운명이란다.

[5] 문법 설명

◯ 문형과 사건의미

문형	사건의미	주어와 술어의 관계	해석 공식	해당 연번
SV	변화결과 [BEC]	〈변화 대상자〉 주어 + [변화] 술어	[3]	⑬,⑭,⑮
SVO	활동 [DO]	〈행위자〉 주어 + [활동] 술어	[6]	⑪
SVC	상태 [BE]	〈묘사 대상자〉 주어 + [상태] 술어	[10]	①,②,③,⑤,⑥ ⑦,⑧,⑨,⑩,⑫,⑯
	변화결과 [BEC]	〈변화 대상자〉 주어 + [변화] 술어	[11]	④

◯ 문장성분

▌ 주어

- **⑪의 'ES$_i$'**: = 일반 주어, 사람.
- **⑬의 '汝則修人事'**: 절 주어. '汝'는 대명사. 너(정약용의 아들).
- **⑮의 'ES$_j$'**: = '吾$_j$'. 정약용.
- **⑤,⑨,⑩,⑬,⑭**: 절 주어. 각각의 해당 주어는 다음 구조와 같다.

  ⑤ [[es+守v+是o]+而+[es+獲v+利o]]+者
    → 두 개의 절이 불완전 대명사 '者'를 수식. '-하는 것'.
  ⑨ [吾s+生v]+而+[es+還v+故土c]
  ⑩ [吾s+生v]+而+[es+不能adv+還v+故土c]
  ⑬ 汝s+則adv+修v+人事o
  ⑭ es+修v+人事o

▌ 술어

- **②,③,⑥,⑦,⑧,⑨,⑩,⑯의 'EV'**: 상태 사건의미 술어. '-이다'류의 생략.

보어

- ⑥의 '守是而取害', ⑦의 '趨非而獲利', ⑧의 '趨非而取害': 복문의 절 보어.

기타

- ⑤,⑧,⑨의 접속사 '而₁': 순접 접속사.
- ⑥,⑦,⑩의 접속사 '而₂': 역접 접속사.
- ⑮의 '而₃': 양보 접속사. 설령 ─라 할지라도.

[6] 참고

정약용(丁若鏞, 1762-1836)

소선 후기의 유학자이자 실학자. 호(號)는 다산(茶山), 삼미(三眉), 여유당(與猶堂)이다. 저서로는 『여유당전서(與猶堂全書)』를 비롯하여, 『경세유표(經世遺表)』, 『목민심서(牧民心書)』, 『흠흠신서(欽欽新書)』, 『이담속찬(耳談續纂)』 등이 있다. 실학사상을 집대성하고, 방대한 저술 활동을 한 조선 후기의 대표적 지성으로 평가된다.

3) | 제주부자 만덕의 덕행 |

[1] 원문 읽기

萬德捐千金貿米,　陸地諸郡縣棹夫以時至.　萬德取十之一,　以活親族,
Wàn Dé juānqiān jīn mào mǐ　lù dì zhū jùn xiàn zhào fū yǐ shí zhì　Wàn Dé qǔ shí zhī yī　yǐ huó qīn zú
만 덕 연 첨 금 무 미,　육 지 제 군 현 도 부 이 시 지.　만 덕 취 십 지 일,　이 활 친 족,

其餘盡輸之官.　浮黃者聞之,　集官庭如雲.　官劑其緩急,　分與之有差.
qí yú jìn shū zhī guān　fú huángzhě wén zhī　jí guāntíng rú yún　guān jì qí huǎn jí　fēn yǔ zhī yǒuchā
기 여 진 수 지 관.　부 황 자 문 지,　집 관 정 여 운.　관 제 기 완 급,　분 여 지 유 차.

男若女出而頌萬德之恩.　咸以爲活我者萬德.　『樊巖集』
nán ruò nǚ chū ér sòng Wàn Dé zhī ēn.　xián yǐ wéi huó wǒ zhě Wàn Dé
남 약 여 출 이 송 만 덕 지 은.　함 이 위 활 아 자 만 덕.

연번	앞성분	주어(S)	부가성분	술어(V-v) 활동	상태	변화결과	사동	의동	목적어(O)	보어(C)	뒷성분
①		萬德$_i$		활동捐					千金$_j$		
②		ES$_i$		활동貿					EO$_j$	米	,
③		陸地諸郡縣棹夫	以時			변화至					.
④		萬德		활동取					十之一$_k$		,
⑤		ES$_i$					사동以		EO$_k$		변화活親族,
⑥	其餘$_n$	ES$_i$	盡	활동輪					之$_n$	官	
⑦		浮黃者$_l$		활동聞					之		
⑧		集官庭			상태如					雲	.
⑨		官		활동劑					其緩急		,
⑩		分與之			상태有					差	.
⑪		男若女$_m$				변화出					
⑫	而$_l$	ES$_m$		활동頌					萬德之恩		.
⑬		ES$_m$	咸					의동以爲		活我者萬德	.

[3] 단어와 어구

①萬德:만덕[인명], 捐:내다/출연하다 ②貿米:쌀로 바꾸다 ③諸:여러, 郡縣:군현[옛 행정 단위], 棹夫:선부[뱃사람], 以時:때에 맞게 ⑤以:-로 하여금 -하게 하다, 活親族:친족을 살리다 ⑥其餘:그 나머지, 輪:보내다, 官:관청 ⑦浮黃者:얼굴이 누렇게 뜬 사람들 ⑧官庭:관청 마당 ⑨劑:구제하다, 緩急:완급[느슨하고 급함] ⑩與:주다, 有差:차이가 있다 ⑪若:-과(접속사) ⑫頌:찬송하다 ⑬咸:모두

[4] 해석하기

① 만덕이 천금을 내어

② (만덕이) (그것을) 쌀로 바꾸니,

③ 육지의 여러 군현의 선부들이 때에 맞추어 도착하였다.

④ 만덕이 십분의 일을 가져다가,

⑤ (만덕은) (십분의 일로 하여금) 친족을 살리고,

⑥ 그 나머지는 (그녀가) 다 그것을 관청으로 보냈다.

⑦ (굶주려) 누렇게 뜬 사람들이 이 소식을 듣고,

⑧ (부황자가) 관청의 뜰에 모인 것이 구름 같더라.

⑨ 관청에서는 (백성들의) 완급에 따라,

⑩ (관청에서) 그들에게 나누어주는 것이 차이가 있었다.

⑪ 남자들과 여자들이 나와

⑫ 그리고 (그들이) 만덕의 은혜를 칭송하였다.

⑬ (그들은) 모두 우리를 살린 사람은 만덕이라고 여겼다.

[5] 문법 설명

○ 문형과 사건의미

문형	사건의미	주어와 술어의 관계	해석 공식	해당 연번
SV	변화결과 [BEC]	〈변화 대상자〉 주어 + [변화] 술어	[3]	③,⑪
SVO	활동 [DO]	〈행위자〉 주어 + [활동] 술어	[6]	①,④, ⑦,⑨,⑫
SVC	상태 [BE]	〈묘사 대상자〉 주어 + [상태] 술어	[10]	⑧,⑩
	의동 [CON-BE]	〈인식자〉 주어 + [의동] 술어	[12]	⑬
SVOC	활동 [DO]	〈행위자〉 주어 + [활동] 술어	[13]	②,⑥
$SV_1O_1V_2(O_2/C)$	사동 [CAU-BEC]	〈원인자〉 주어 + [사동] 술어	[15]	⑤

○ 문장성분

▌주어

- ②,⑤,⑥의 'ES_i': = '萬德$_i$'. 만덕.
- ⑧의 '集官庭': = 절 주어. es(浮黃者)+集v+官庭c.

- ⑩의 '分與之': 절 주어. es(官)+分+與v+之o.
- ⑫,⑬의 'ESm': = '男若女m'.

목적어

- ②의 'EOj':= '千金j'.
- ⑤의 'EOk': = '十之一k'.

보어

- ⑧의 '雲': 비유 대상자.
- ⑬의 '活我者萬德': 절 보어. [[活我]+者]s+ev+萬德.

  주어 '活我者'는 절 구조의 '活我(나를 살리다: 사동 사건의미)'가 '者'를 수식하는 구조이다. 'ev'는 상태 사건의미 술어 '-이다'류의 생략.

기타

- ⑥의 '其餘n': 화제. 목적어 '之n'에서 이동.
- ⑥의 '以活親族': 'SV₁O₁V₂(O₂/C)' 문형. 이를 표로 나타내면 다음과 같다.

연번	앞 성분	주어 (S)	부가 성분	술어 (V-v)₁	목적어 (O₁)	술어 (V-v)₂	목적어/ 보어 (O₂/C)	뒷 성분
⑤		ESi		사동以	EOj	변화活	親族	,

이 구조 속의 '以': '使'와 흡사한 사동 경동사.

[6] 참고

『번암집(樊巖集)』

조선 후기 학자 채제공(蔡濟恭, 1720-1799)의 시문집. 그의 호는 번암(樊巖)또는 번옹(樊翁)이다. 채제공은 정조 때 우의정과 영의정을 지냈으며, 정조의 탕평책(蕩平策)을 추진한 핵심적인 인물로 평가된다.

3.2. 학문과 스승

| 공부란 무엇인가 | | 스승이란 |

1) | 공부란 무엇인가 |

[1] 원문 읽기

仁， 人心也， 義， 人路也. 舍其路而弗由， 放其心而不知求， 哀哉.
rén　rén xīn yě　　yì　rén lù yě　shě qí lù ér fú yóu　　fàng qí xīn ér bù zhī qiú　āi zāi
인, 인심야, 의, 인로야. 사기로이불유, 방기심이부지구, 애재.

人有鷄犬放， 則知求之， 有放心而不知求. 學問之道無他，
rén yǒu jī quán fàng　zé zhī qiú zhī　yǒu fàng xīn ér bù zhī qiú　xuéwèn zhī dào wú tā
인유계견방, 즉지구지, 유방심이부지구. 학문지도무타,

求其放心而已矣. 『孟子·告子章句上』
qiú qí fàng xīn ér yǐ yǐ
구기방심이이의.

[2] 도식 보기

연번	앞 성분	주어 (S)	부가 성분	술어(V-v) 활동	상태	변화 결과	사동	의동	목적어 (O)	보어 (C)	뒷 성분
①		仁,			상태EV					人ᵢ心	也,
②		義,			상태EV					人ᵢ路	也.
③		ESᵢ		활동舍					其路ⱼ		
④	而₁	ESᵢ	弗	활동由					EOⱼ		,
⑤		ESᵢ				변화放			其心		
⑥	而₁	ESᵢ	不			변화知			求		,
⑦		ESₖ				변화哀					哉.
⑧		人ᵢ			상태有				鷄犬放		,
⑨	則	ESᵢ				변화知			求之		,

연번	앞성분	주어 (S)	부가성분	술어(V-v)					목적어 (O)	보어 (C)	뒷성분
				활동	상태	변화결과	사동	의동			
⑩		ES$_i$			상태有					放心	
⑪	而2	ES$_i$	不			변화知			求		.
⑫		學問之道$_l$			상태無					他	,
⑬		ES$_l$			상태EV					求其放心	而已矣.

[3] 단어와 어구

①也:(진술 어기조사) ②義:올바름, 人路:사람의 길 ③舍:버리다 ④而:그리고(순접 접속사), 弗:아니다, 由:따르다 ⑤放:떠나다/잃어버리다 ⑥而:그리고(순접 접속사) ⑦哀:슬프다, 哉:(감탄 어기조사) ⑧鷄犬: 닭과 개 ⑨則:(순접 접속사) ⑪而:그러나(역접 접속사) ⑬放心:마음을 잃어버리다, 而已矣:-일 뿐이로다 (축소 진술 어기조사)

[4] 해석하기

① 인은 사람의 마음이요,

② 의는 사람의 길이다.

③ (사람이) 그 길을 버리고

④ 그리고 (사람이) (그 길을) 따르지 않으며,

⑤ (사람이) 그 마음을 잃어버리고

⑥ 그리고 (사람이) 찾을 줄 알지 못하니,

⑦ (나는) 슬프도다.

⑧ 사람은 개나 닭이 없어지면,

⑨ 그러면 그것을 찾을 줄 알지만,

⑩ (사람이) 마음을 잃어버림이 있어도

⑪ 그러나 (그는) 그것을 찾을 줄을 모른다.

⑫ 학문의 길은 다른 것이 없고,

⑬ (학문의 길은) 그 잃어버린 마음을 찾는 것일 뿐이로다.

[5] 문법 설명

○ 문형과 사건의미

문형	사건의미	주어와 술어의 관계	해석 공식	해당 연번
SV	변화결과 [BEC]	〈변화 대상자〉 주어 + [변화] 술어	[3]	⑦
SVO	활동 [DO]	〈행위자〉 주어 + [활동] 술어	[6]	③,④
	변화결과 [BEC]	〈경험자〉 주어 + [변화] 술어	[7]	⑤,⑥,⑨,⑪
SVC	상태 [BE]	〈묘사 대상자〉 주어 + [상태] 술어	[10]	①,②,⑧,⑩,⑫,⑬

○ 문장성분

▍주어

- ③,④,⑤,⑥,⑨,⑩,⑪,⑬의 'ES$_i$': = '人$_i$'.

  모두 같은 대상을 가리키지만, 문장에서의 의미역과
  술어가 각각 다르다.

  ┌── ③,④,⑤: 〈행위자〉 주어 + [활동] 술어
  ├── ⑤,⑥,⑨,⑪ : 〈경험자〉 주어 + [변화결과] 술어
  └── ⑩: 〈대상자〉 주어 + [상태] 술어

- ⑦의 'ES$_k$': 저자(맹자).
- ⑬의 'ES$_i$': = '學問之道$_i$'.

▍술어

- ①,②,⑬의 'EV': 상태 사건의미 술어. '-이다'류의 생략. 이 경우 술어 동사의 생략은
  문미의 '也'와 밀접한 관계가 있다.

▍목적어

- ④의 'EO$_j$': = '其路$_j$'. 그 길(=의[義]).
- ⑨의 '之': = '鷄犬'. 닭과 개.

▍보어

- ⑧의 '鷄犬放': 절 보어. 鷄犬s+放v. '〈변화 대상자(鷄犬)〉가 놓쳐지다/없어지다'.

- ⑩의 '放心': 절 보어. es+放v+心o. 사람이 마음을 잃어버리다.
- ⑬의 '求其放心': 절 보어. es+求v+其放心o. 사람이 마음을 잃어버리다.

▌ 기타

- ④,⑥,⑪의 '而': 접속사.

```
┌── ④,⑥의 '而₁': 순접.
└── ⑪의 '而₂': 역접.
```

- ⑬의 뒷 성분 '而已矣': 복합 어기조사. 3개의 어기조사가 합쳐져서 화자의 축소 지향적 어투를 나타낸다.

2) | 스승이란 |

[1] 원문 읽기

古之學者必有師.　師者,　所以傳道授業解惑也.　人非生而知之者,
gù zhī xuézhě bì yǒu shī　shī zhě　suǒ yǐ chuándàoshòu yè jiě huò yě　rén fēi shēng ér zhī zhī zhě
고 지 학 자 필 유 사,　사 자,　소 이 전 도 수 업 해 혹 야.　인 비 생 이 지 지 자,

孰能無惑?　惑而不從師,　其爲惑也,　終不解矣.　生乎吾前,
shú néng wú huò　huò ér bù cóng shī　qí wéi huò yě　zhōng bù jiě yǐ　shēng hū wú qián
숙 능 무 혹?　혹 이 부 종 사,　기 위 혹 야?　종 불 해 의.　생 호 오 전,

其聞道也固先乎吾,　吾從而師之;　生乎吾後,　其聞道也亦先乎吾,
qí wéndào yě gù xiān hū wú　wú cóng ér shī zhī　shēng hū wú hòu　qí wéndào yě yì xiān hū wú
기 문 도 야 고 선 호 오,　오 종 이 사 지;　생 호 오 후,　기 문 도 야 역 선 호 오,

吾從而師之.　吾師道也,　夫庸知其年之先後生於吾乎?　是故無貴無賤,
wú cóng ér shī zhī　wú shī dào yě　fú yōng zhī qí nián zhī xiānhòushēng yú wú hū　shì gù wú guì wú jiàn
오 종 이 사 지.　오 사 도 야,　부 용 지 기 년 지 선 후 생 어 오 호?　시 고 무 귀 무 천,

無長無少,　道之所存,　師之所存也.　『古文眞寶』
wú zhǎng wú shào　dào zhī suǒcún　shī zhī suǒcún yě
무 장 무 소,　도 지 소 존,　사 지 소 존 야.

[2] 도식 보기

연번	앞성분	주어(S)	부가성분	술어(V-v)					목적어(O)	보어(C)	뒷성분
				활동	상태	변화결과	사동	의동			
①		古之學者	必		상태有					師	.
②		師者,			상태EV					所以傳道授業解惑	也.
③		人i			상태非					生而1知之者	,
④		孰	能		상태無					惑	?
⑤		ESi			상태EV					惑	
⑥	而2	ESi	不	활동從					師		,
⑦	其爲惑j也,	ESi	終不	활동解					EOj		矣.
⑧		ESk				변화生				乎吾前	,
⑨		其k聞道也	固		상태先					乎吾	,
⑩		吾l		활동從					EOk		
⑪	而1	ESl					사동師		之k		;
⑫		ESm				변화生				乎吾後	,
⑬		其m聞道也	亦		상태先					乎吾	,
⑭		吾l		활동從					EOm		
⑮	而1	ESl					사동師		之m		.
⑯		吾l					사동師		道		也,
⑰	夫	ESl	庸			변화知			其年之先後生於吾		乎?
⑱	是故	ESn			상태無					貴	
⑲		ESn			상태無					賤	,
⑳		ESn			상태無					長	
㉑		ESn			상태無					少	,
㉒		道之所存,			상태EV					師之所存	也.

[3] 단어와 어구

①學者:배우는 사람 ②師者:스승, 所以:까닭, 傳道:도를 전하다, 授業:학업을 전수하다, 解惑:의혹을 풀다, 也:(진술 어기조사) ③非:아니다, 生而知之者:태어나면서부터 아는 존재[출전-논어], 者:-하는 사람/-하는 존재(불완전 대명사) ④孰:누구(의문 대명사), 惑:의혹 ⑥而:그러나(역접 접속사), 從:따르다 ⑦其:그것(지시 대명사), 也:-은/는(화제 표시어), 解:해결하다 ⑧生:태어나다, 乎:-에(시간이나 장소 표시 전치사) ⑨其聞道:그가 도를 들은 것, 也:-이/가(주격조사), 固:진실로, 先:앞서다 ⑪而:그래서/그리고(순접 접속사) 師:스승으로 삼다 ⑫吾後:내 뒤[시간적 개념] ⑬也:-이/가(주격조사) ⑯師道:도를 스승으로 삼다, 也:(진술 어기조사) ⑰夫:무릇, 庸:어찌, 其年之先後:그 사람 나이의 선후가, 生:태어나다, 乎:-인가(의문 어기조사) ⑲賤:천함 ⑳長:연장자 ㉑少:젊은이 ㉒之:-이/가(주격조사), 所:-곳/-하는 바(불완전 명사)

[4] 해석하기

① 옛날의 학자들에게는 반드시 스승이 있었는데,

② 스승은, 도를 전하고 학업을 전수하여 의혹을 풀어주기 때문이다.

③ 사람은 나면서부터 아는 존재가 아니니,

④ 누군들 의혹이 없을 수 있겠는가?

⑤ (사람이) 의혹이 있어도

⑥ 그러나 (그가) 스승을 따르지 않는다면,

⑦ 그 의혹이 되는 것은, (그가) 결국 (그것을) 해결할 수 없다.

⑧ (어떤 사람이) 나의 앞에 태어나,

⑨ 도를 들은 것이 진실로 나보다 앞선다면,

⑩ 나는 (그 사람을) 좇으며

⑪ 그리고 (나는) 그를 스승으로 삼는다.

⑫ (또 어떤 사람이) 내 뒤에 태어났어도,

⑬ 그가 도를 들은 것이 역시 (그가) 나보다 앞선다면,

⑭ 나는 (그 사람을) 좇으며

⑮ 그리고 (나는) 그를 스승으로 삼는다.

⑯ 나는 도를 스승으로 삼나니,

⑰ 그의 나이가 나보다 먼저 혹은 나중에 태어난 것인지 어찌 알아야 하겠는가?

⑱ 이런 까닭에 (도를 스승으로 삼는 것은) 귀함도 없고

⑲ (도를 스승으로 삼는 것은) 천함도 없고,

⑳ (도를 스승으로 삼는 것은) 나이가 많음도 없고

㉑ (도를 스승으로 삼는 것은) 나이가 적음도 없으니,

㉒ 도가 존재하는 곳이 스승이 있는 곳이다.

[5] 문법 설명

○ 문형과 사건의미

문형	사건의미	주어와 술어의 관계	해석 공식	해당 연번
SVO	활동 [DO]	〈행위자〉 주어 + [활동] 술어	[6]	⑥,⑦,⑩,⑭
	변화결과 [BEC]	〈변화 대상자〉 주어 + [변화] 술어	[7]	⑰
	사동 [CAU-BEC]	〈원인자〉 주어 + [사동] 술어	[8]	⑪,⑮,⑯
SVC	상태 [BE]	〈묘사 대상자〉 주어 + [상태] 술어	[10]	①,②,③,④,⑤,⑨ ⑬,⑱,⑲,⑳,㉑,㉒
	변화결과 [BEC]	〈변화 대상자〉 주어 + [변화] 술어	[11]	⑧,⑫

○ 문장성분

▮ 주어

- ⑤,⑥,⑦의 'ES$_i$': = '人$_i$'. 일반 주어. 사람들.
- ⑧,⑫의 'ES$_k$': = '其$_k$' = '之$_k$'. 어떤 사람.
- ⑨,⑬의 '其聞道也': 절 주어. 其s+聞v+道o+也. '也'는 주격조사, -이/가.
- ⑪,⑮,⑰의 'ES$_l$': = '吾$_l$'.
- ⑫의 ES$_m$: = '其$_m$' = '之$_m$'. 어떤 사람(≠ ES$_k$와 다른 조건의 어떤 사람).
- ⑱,⑲,⑳,㉑의 'ES$_n$': = '師道(도를 스승으로 삼는 것)'. 즉, ⑯의 내용.

▮ 술어

- ②,㉒의 'EV': 상태 사건의미 술어. '-이다'류의 생략.
- ⑤의 'EV': 상태 사건의미 술어. '-이 있다'류의 생략.

- ⑮,⑯의 '師': 사동 사건의미 술어. '師'는 명사이지만, 술목(VO)구조에 쓰여 '-를 스승으로 삼다'는 사동 사건의미를 나타낸다.

▌목적어
- ⑦의 'EO$_j$': 화제 '其$_s$+爲$_v$+惑$_c$+也'가 문장 앞으로 이동한 후 남은 자리이다.
  '也'는 화제 보조사, -은/는.
- ⑩의 'EO$_k$': = '之$_k$'.
- ⑭의 'EO$_m$': = '之$_m$'.

▌보어
- ②의 '所以傳道授業解惑': 주어 '師者'의 상태에 대한 보충 설명. '所以'는 '-하는 까닭'으로 해석된다.
- ⑧,⑫의 '乎': 장소 표시 전치사. '장소' 의미의 보어 '乎吾前'와 '乎吾後'를 구성한다.
- ⑨,⑬의 '乎': 비교 표시 전치사. '비교' 의미의 보어 '乎吾'를 구성한다.

▌기타
- ⑦의 '其爲惑也,': 절 화제. 其$_s$+爲$_v$+惑$_c$+也. '也'는 화제 보조사, -은/는.
- ⑰의 '乎': 어기조사. 문미에서 반문의 어투를 나타낸다.
- ㉒의 두 '之': 주격조사. 각각 주어절과 보어 절에서 쓰였다.

[6] 참고
▌『고문진보(古文眞寶)』
　송나라 말기 학자 황견(黃堅)이 전국시대부터 송나라에 이르는 고시와 산문 등을 모아 엮은 것으로, 전집과 후집으로 되어있다. 「사설(師說)」의 작자는 한유(韓愈)이다. 『고문진보·후집·권4(古文眞寶·後集·卷四)』에 수록되었으며, 스승을 따라 학문을 닦아야 할 당위성 즉, 스승의 정의와 필요성, 스승 삼는 방법 등에 관해 쓴 글이다.

3.3. 정치와 경제

| 천하를 다스리는 비법 | | 탕평책 | | 목민심서 | | 경제를 살리는 길 |

1) | 천하를 다스리는 비법 |

[1] 원문 읽기

老吾老, 以及人之老, 幼吾幼, 以及人之幼, 天下可運於掌.
lǎo wú lǎo, yǐ jí rén zhī lǎo, yòu wú yòu, yǐ jí rén zhī yòu, tiān xià kě yùn yú zhǎng.
노 오 로, 이 급 인 지 로, 유 오 유, 이 급 인 지 유, 천 하 가 운 어 장.

『孟子·梁惠王章句上』

[2] 도식 보기

연번	앞 성분	주어 (S)	부가 성분	술어(V-v) 활동	상태	변화결과	사동	의동	목적어 (O)	보어 (C)	뒷 성분
①		ES_i		사동老					吾$_i$老		,
②	以	ES		변화及						人之老	,
③		ES_i		사동幼					吾$_i$幼		,
④	以	ES		변화及						人之幼	,
⑤		天下	可	변화運						於掌	.

[3] 단어와 어구

①**老**:노인으로 모시다, **吾老**:나의 집 노인/부형 ②**以**:-서(순접 접속사), **及**:미치다/이르다, **人之老**:남의 집 노인 ③**幼**:어린 아이로 보살피다, **吾幼**:우리 집 아이 ④**人之幼**:남의 집 아이 ⑤**天下**:세상, **可**:가히-하게 되다, **運**:움직여지다, **掌**:손바닥

[4] 해석하기

　① (사람이) 자신의 노인을 공경하면,

　② (자신의 노인을 공경하는 것이) 남의 노인에게 이르게 되고,

　③ (사람이) 자신의 아이를 사랑하면,

　④ (자신의 아이를 사랑하는 것이) 남의 아이에게 이르게 되고,

　⑤ 천하는 손바닥에서 움직여질 수 있습니다.

[5] 문법 설명

○ 문형과 사건의미

문형	사건의미	주어와 술어의 관계	해석 공식	해당 연번
SVO	사동 [CAU-BEC]	〈원인자〉 주어 + [사동] 술어	[8]	①,③
SVC	변화결과 [BEC]	〈변화 대상자〉 주어 + [변화] 술어	[11]	②,④,⑤

○ 문장성분

▎주어

　• ①,③의 'ES$_i$': = '吾$_i$'. 나.

　• ②의 'ES': = '老吾老'. ①의 내용.

　• ④의 'ES': = '幼吾幼'. ③의 내용.

▎술어

　• ①의 '老', ③의 '幼': 사동 사건의미 술어. 형용사 혹은 명사성 성분이 목적어를 가질 때 발생한다.

2) | 탕평책 |

[1] 원문 읽기

從今以後,　凡玆事我廷臣,　無曰此黨彼黨,　無曰緩論峻論,　一切滌去舊習,
cóng jīn yǐ hòu　fán zī shì wǒ tíngchén　wú yuē cǐ dǎng bǐ dǎng　wú yuēhuǎnlùn jùn lùn　yí qiè dí qù jiù xí

종금이후,　범자사아정신,　무왈차당피당,　무왈완론준론,　일절척거구습,

咸造大同之域.　〈중략〉　自今予當於用舍之際,　不以黨目二字,　先著胸中,
xiánzào dà tóng zhī yù　　zì jīn yú dāng yú yòngshě zhī jì　bù yǐ dǎngmù èr zì　xiānzhuóxiōngzhōng

함조대동지역.　　자금여당어용사지제,　불이당목이자,　선착흉중,

惟其人是視,　用賢而捨不肖.　『弘齋全書』
wéi qí rén shì shì　yòngxián ér shě bú xiào

유기인시시,　용현이사불초.

[2] 도식 보기

연번	앞 성분	주어 (S)	부가 성분	술어(V-v) 활동	상태	변화결과	사동	의동	목적어 (O)	보어 (C)	뒷 성분
①	從今以後, 凡玆事,	我廷臣$_i$	無	圖日					此黨彼黨		,
②		ES$_i$	無	圖日					緩論峻論		,
③		ES$_i$	一切	圖滌去					舊習		,
④		ES$_i$	咸				圖造		大同之域		.
⑤	自今,	予$_j$						圖當		於用舍之際	,
⑥		ES$_j$	不				圖以		黨目二字,	先圖著胸中,	
⑦		ES$_j$				圖惟			其人是視		,
⑧		ES$_j$		圖用					賢		
⑨	而$_2$	ES$_j$		圖捨					不肖		.

[3] 단어와 어구

①從:-로부터(전치사), 茲:이(지시 대명사), 我:나/우리, 廷:조정, 無:-하지 마라, 黨:당/정당 ②緩論:온건한 주장, 峻論:강건한 주장 ③一切:일절/모두, 滌去:씻어버리다, 舊習:옛 습속 ④咸:다, 造:만들다, 大同:대동[일치단결], 域:지역/영역 ⑤自:-로부터(전치사), 當:당하다/마주치다, 用舍:사람을 임용하거나 버리다, 際:때/틈 ⑥黨目:당의 이름, 先:먼저, 著[착]:붙이다, 胸中:가슴 속 ⑦惟:오직, 其人是視:그 사람이 옳은 사람인가 하는 관점 ⑧用賢:현명한 사람을 임용하다 ⑨而:그러나(역접 접속사), 捨:버리다, 不肖:뛰어난 사람을 닮지 못한 자

[4] 해석하기

① 지금 이후로, 이 일에 있어서는, 우리 조정의 신하들은 이 당 저 당을 말하지 말고,

② (우리 조정의 신하들은) 완론이니 준론이니를 말하지 말며,

③ (우리 조정의 신하들은) 모두 옛 습속을 씻어 제거하고

④ (우리 조정의 신하들은) 다 크게 하나가 되는 상태가 만들어지도록 하시오.

〈중략〉

⑤ 지금부터 나는 사람을 쓰거나 버리는 일에 당면할 때마다,

⑥ (나는) 당파라는 두 글자를 내 가슴 속에 먼저 새기지 않고,

⑦ (나는) 그 사람이 바로 적절한 사람인가를 생각하여,

⑧ (나는) 어진 자를 쓰겠지만

⑨ 그러나 (나는) 재주 없는 자를 버리겠노라.

[5] 문법 설명

○ 문형과 사건의미

문형	사건의미	주어와 술어의 관계	해석 공식	해당 연번
SVO	활동 [DO]	〈행위자〉 주어 + [활동] 술어	[6]	①,②,③,⑧,⑨
	변화결과 [BEC]	〈경험자〉 주어 + [변화] 술어	[7]	⑦
	사동 [CAU-BEC]	〈원인자〉 주어 + [사동] 술어	[8]	④

문형	사건의미	주어와 술어의 관계	해석 공식	해당 연번
SVC	변화결과 [BEC]	〈변화 대상자〉 주어 + [변화] 술어	[11]	⑤
$SV_1O_1V_2(O_2/C)$	사동 [CAU-BEC]	〈원인자〉 주어 + [사동] 술어	[15]	⑥

○ 문장성분

▌ 주어

- ②,③,④의 'ES_i': = '我廷臣$_i$'. 우리 조정의 신하들.
- ⑥,⑦,⑧,⑨의 'ES_j': = '予$_j$'. 나(정조대왕).

▌ 목적어

- ⑦의 '其人是視': 그 사람이 바로 그 사람인가의 관점(=그 사람이 바로 적절한 사람인가 의 관점).

▌ 기타

- ①의 '從今以後,': 화제. 시간 표시. ①-⑤까지의 진술 대상.
- ①의 '凡玆事,': 화제. 관여 대상자 표시. ①-⑤까지의 진술 대상.
- ⑥의 '不以黨目二字先著胸中': '$SV_1O_1V_2(O_2/C)$' 문형. 이를 표로 나타내면 다음과 같다.

연번	앞 성분	주어 (S)	부가 성분	술어 $(V-v)_1$	목적어 (O_1)	술어 $(V-v)_2$	목적어/ 보어 (O_2/C)	뒷 성분
⑥		ES_j	不	사동以	黨目二字,	先사동著	胸中	,

'先著'에서 '先'은 부사어이다.

[6] 참고

▌ 홍재전서(弘齋全書)

조선 후기 정조(正祖, 1752-1800)의 글을 모아 엮은 전집.

▌ 대동(大同)

중국의 고서 『예기·예운편(禮記·禮運篇)』에서 쓰인 말로, 모두 크게 하나가 되는 '이상사회'를 의미한다.

3) | 목민심서 |

[1] 원문 읽기

君子之學, 修身爲半, 其半牧民也. 〈중략〉 今之司牧者, 唯征利是急,
Jūn zǐ zhī xué　xiū shēn wéi bàn　qí bàn mù mín yě　　　jīn zhī sī mù zhě　wéi zhēng lì shì jí
군 자 지 학,　수 신 위 반,　기 반 목 민 야.　　　금 지 사 목 자,　유 정 리 시 급,

而不知所以牧之. 〈중략〉 於是下民羸困, 乃瘰乃瘵, 相顚連以實溝壑,
ér bù zhī suǒ yǐ mù zhī　　　yú shì xià mín yíng kùn　nǎi luǒ nǎi cù　xiāng diān lián yǐ shí gōu hè
이 부 지 소 이 목 지.　　　어 시 하 민 영 곤,　내 라 내 족,　상 전 련 이 실 구 학,

而爲牧者方且鮮衣美食以自肥, 豈不悲哉? 『牧民心書』
ér wéi mù zhě fāng qiě xiān yī měi shí yǐ zì féi　qǐ bù bēi zāi
이 위 목 자 방 차 선 의 미 식 이 자 비, 기 불 비 재?

[2] 도식 보기

연번	앞 성분	주어 (S)	부가 성분	술어(V-v) 활동	상태	변화결과	사동	의동	목적어 (O)	보어 (C)	뒷 성분
①	君子之學	修身			상태爲					半	,
②		其半,			상태EV					牧民	也.
③		今之司牧者ᵢ,	唯	활동征					利		
④		是			상태急						,
⑤	而₂	ESᵢ	不			변화知			所以牧之		.
⑥	於是	下民ⱼ				변화羸				困	,
⑦		ESⱼ	乃			변화EV				瘰	
⑧		ESⱼ	乃			변화EV				瘵	,
⑨		ESⱼ	相			변화顚連					
⑩	以	ESⱼ				변화實				溝壑	,
⑪	而₂	爲牧者ₖ,	方且	활동EV					鮮衣美食		
⑫		ESₖ					사동以		自ₖ		변화肥,
⑬	豈	ES	不			변화悲					哉?

[3] 단어와 어구

①**修身**:수신[몸을 수양하다], **半**:반 ②**牧民**:백성을 기르다 ③**司牧者**:백성을 기르는 일을 맡은 자, **唯**:오직, **征利**:이익을 다투다 ④**是**:이것(지시 대명사), **急**:급하다 ⑤**而**:그러나(역접 접속사), **所以**:까닭, **牧之**:그들을 기르다 ⑥**於是**:이 때문에, **下民**:백성, **羸**:더하다 ⑦**乃**:이에, **瘝**:전염성 피부병 ⑧**瘝**:전염성 피부병 ⑨**顚連**:굶어 죽어 널브러지다 ⑩**以**:~서(순접 접속사), **實溝壑**:구덩이를 채우다 ⑪**而**:그러나(역접 접속사), **爲牧者**:백성을 기르는 사람이 된 자, **方且**:바야흐로 더, **鮮衣**:고운 옷, **美食**:맛있는 음식 ⑫**自肥**:자신을 살찌우게 하다 ⑬**豈**:어찌, **悲**:슬프다, **哉**:(의문 어기조사)

[4] 해석하기

① 군자의 학문은 수신이 반이고,

② 그 (나머지) 반은 목민이다.

　　　　　〈중략〉

③ 오늘날 목민을 맡은 자들은 오로지 이익을 다투며

④ 이것이 급할 뿐,

⑤ 그러나 (그들은) 백성을 기르는 이유를 알지 못한다.

　　　　　〈중략〉

⑥ 그래서 백성들이 곤함이 더해지고,

⑦ 이에 피부병이 나고

⑧ 이에 전염병이 들어,

⑨ 그래서 백성들이 서로 (굶어죽은 시체가) 널브러져

⑩ (백성들의 시체가) 도랑과 골짜기를 채우는데,

⑪ 그러나 목민하는 자들은 바야흐로 더 예쁜 옷과 맛있는 음식을 추구하여

⑫ (그들은) 자기 자신을 살찌우니,

⑬ 어찌 (내가) 슬프지 않으리?

[5] 문법 설명

◯ 문형과 사건의미

문형	사건의미	주어와 술어의 관계	해석 공식	해당 연번
SV	상태 [BE]	〈묘사 대상자〉 주어 + [상태] 술어	[2]	④
	변화결과 [BEC]	〈변화 대상자〉 주어 + [변화] 술어	[3]	⑨,⑬
SVO	활동 [DO]	〈행위자〉 주어 + [활동] 술어	[6]	③,⑪
	변화결과 [BEC]	〈경험자〉 주어 + [변화] 술어	[7]	⑤
SVC	상태 [BE]	〈묘사 대상자〉 주어 + [상태] 술어	[10]	①,②
	변화결과 [BEC]	〈변화 대상자〉 주어 + [변화] 술어	[11]	⑥,⑦ ⑧,⑩
$SV_1O_1V_2(O_2/C)$	사동 [CAU-BEC]	〈원인자〉 주어 + [사동] 술어	[15]	⑫

◯ 문장성분

▌ 주어

- ⑤의 'ES_i': = '今之司牧者$_i$'. 오늘날 목민을 맡은 자들.
- ⑦-⑩의 'ES_j': = '下民$_j$'. 아랫 사람. 백성.
- ⑫의 'ES_k': = '爲牧者$_k$'. 목민을 하는 사람.
- ⑬의 'ES': = 저자(정약용).

▌ 술어

- ②의 'EV': 상태 사건의미 술어. '-이다'류의 생략.
- ⑦,⑧의 'EV': 변화결과 사건의미 술어. '발생하다/생기다/나다'류의 생략.
- ⑪의 'EV': 활동 사건의미 술어. '다투다/추구하다'류의 생략.

▌ 기타

- ①의 '君子之學': 화제. ①,②의 진술 대상이다.
- ⑫의 '以自肥': '$SV_1O_1V_2(O_2/C)$' 문형. 이를 표로 나타내면 다음과 같다.[18]

연번	앞 성분	주어 (S)	부가 성분	술어 (V-v)₁	목적어 (O)	술어 (V-v)₂	목적어 ·보어 (O₂/C)	뒷 성분
⑫		ESₖ		㉮以	自ₖ	㉯肥		,

- ⑬의 '哉': 豈와 함께 사용하여, 반문의 어투를 나타낸다.

[6] 참고

▋『목민심서(牧民心書)』

　조선 후기의 실학자 정약용(丁若鏞, 1762-1836)의 저서. 목민관(牧民官)이 지켜야 할 지침(指針)에 대해 밝히고, 관리들의 폭정에 대해 비판한다.

4) │ 경제를 살리는 길 │

[1] 원문 읽기

夫財譬則井也, 　汲則滿, 　廢則竭. 　故不服錦繡, 　而國無織錦之人,
fú cái pì zé jǐng yě, 　jí zé mǎn, 　fèi zé jié 　gù bù fú jǐn xiù 　ér guó wú zhī jǐn zhī rén,
부재비즉정야, 　급즉만, 　폐즉갈. 　고불복금수, 　이국무직금지인,

則女紅衰矣. 　不嫌窳器, 　不事機巧, 　而國無工匠陶冶之事, 　則技藝亡矣.
zé nǚ gōngshuāi yǐ 　bù xián yǔ qì 　bú shì jī qiǎo 　ér guó wú gōngjiàng táo yě zhī shì 　zé jì yì wáng yǐ
즉여공쇠의. 　불혐유기, 　불사기교, 　이국무공장도야지사, 　즉기예망의.

以至農荒而失其法, 　商薄而失其業, 　四民俱困, 　不能相濟, 　國中之寶,
yǐ zhì nónghuāng ér shī qí fǎ 　shāng bó ér shī qí yè 　sì mín jù kùn 　bù néngxiāng jǐ 　guózhōng zhī bǎo,
이지농황이실기법, 　상박이실기업, 　사민구곤, 　불능상제, 　국중지보,

不能容於域中, 　而入於異國, 　人日益富而我日益貧, 　自然之勢也.
bù néngróng yú yù zhōng 　ér rù yú yì guó 　rén rì yì fù ér wǒ rì yì pín 　zì rán zhī shì yě
불능용어역중, 　이입어이국, 　인일익부이아일익빈, 　자연지세야.

『北學議』

---

18 본서의 2.1의 1) 및 2)의 동일 문형을 참고하라.

[2] 도식 보기

연번	앞성분	주어 (S)	부가성분	활동	상태	변화결과	사동	의동	목적어 (O)	보어 (C)	뒷성분
①	夫	財			譬則					井ⱼ	也,
②		ESᵢ		汲					EOⱼ		
③	則	ESⱼ				滿					,
④		ESᵢ		廢					EOⱼ		
⑤	則	ESⱼ				竭					.
⑥	故	ESᵢ	不	服					錦繡		,
⑦	而₁	國ₖ				無				織錦之人	,
⑧	則	女紅				衰					矣.
⑨		ESᵢ	不			嫌			疵器		,
⑩		ESᵢ	不	事					機巧		,
⑪	而₁	國ₖ				無				工匠陶冶之事	,
⑫	則	技藝				亡					矣.
⑬	以	ESₖ				至				農荒	
⑭	而₁	ESᵢ				失				其法	,
⑮		商				薄					
⑯	而₁	ESᵢ				失				其業	,
⑰		四民	俱			困					
⑱		ESᵢ	不能相	濟							
⑲		國中之寶ₗ	不能			容				於域中	,
⑳	而₁	ESₗ				入				於異國	,
㉑		人	日益			富					
㉒	而₂	我	日益			貧					,
㉓		ESₘ			EV					自然之勢	也.

[3] 단어와 어구

①財:재물, 譬則:비유된다[=譬如], 井:우물 ②汲:물을 긷다 ③滿:가득 차다 ④廢:폐하다/없애다 ⑤竭:마르다 ⑥服:옷을 입다, 錦繡:수를 놓은 비단 ⑦無:없어지다, 織錦:비단을 짜다 ⑧女紅[공]:여인들의 길쌈 일, 衰:쇠퇴해지다, 矣:(진술 어기조사) ⑨嫌:싫어하다, 窳器:찌그러진 그릇 ⑩事:일삼다/섬기다, 機巧:좋은 기술과 솜씨 ⑪無:없어지다. 工匠:수공업자, 陶:도공, 冶:주물공, 之事:-의 일 ⑫則:즉/그러면(조건 표시 접속사), 技藝:기술과 재주, 亡:없어지다/망하다 ⑬以:그리고(순접 접속사), 農荒:농사가 황폐해지다 ⑭法:방법 ⑮商薄:상업의 저변이 얕아지다 ⑯業:직업 ⑰四民:사농공상의 백성, 俱:모두, 困:곤궁해지다 ⑱濟:구제하다 ⑲寶:보물, 容:받아들이다, 於:-에서(전치사), 域:지역/나라 ⑳於:-으로(전치사), 異國:다른 나라 ㉑人:남들(복수), 日:날마다, 益:더욱, 富:부해지다 ㉒我:나/우리, 貧:가난해지다 ㉓自然:자연스럽다, 勢:추세

[4] 해석하기

① 무릇 재물이란 우물에 비유되나니,

② (사람들이) (그것을) 길어 쓰면

③ (우물은) 가득 차지만,

④ (사람들이) (그것을) 폐하면

⑤ (우물은) 마른다.

⑥ 이런 의미에서 사람들이 비단옷을 입지 않게 되고,

⑦ 그래서 나라에는 비단옷을 짜는 사람이 없어지며,

⑧ 여인들의 길쌈 일이 쇠퇴한다.

⑨ (사람들이) 찌그러진 그릇을 싫어하지 않고,

⑩ (사람들이) 좋은 솜씨를 일삼지 아니하고,

⑪ 그래서 나라에는 수공업자, 도공, 주물공 등의 일이 없어지면,

⑫ 그러면 기예는 없어진다.

⑬ 그리고 (나라에) 농사일이 황폐하게 되고

⑭ 그래서 (사람들은) 그 방법에 대해 잊게 되며,

⑮ 상업이 박하여지고

⑯ 그래서 (사람들은) 그 직업에 대해 잊게 되며,

⑰ 사민(사농공상)이 모두 곤궁해지면,

⑱ (사람들은) 서로 구제하지 못 하고,

⑲ (그렇게 되면) 나라의 보물은 자기 나라에서 받아들여질 수 없게 되어,

⑳ 그래서 (그 보물은) 다른 나라로 들어가,

㉑ 남들은 나날이 더욱 부유해지지만

㉒ 그러나 나는 나날이 더욱 가난해지니,

㉓ (이는) 자연스런 추세이다.

[5] 문법 설명

○ 문형과 사건의미

문형	사건의미	주어와 술어의 관계	해석 공식	해당 연번
SV	활동 [DO]	〈행위자〉 주어 + [활동] 술어	[1]	⑱
	변화결과 [BEC]	〈변화 대상자〉 주어 + [변화] 술어	[3]	③,⑤,⑧,⑫ ⑮,⑰,㉑,㉒
SVO	활동 [DO]	〈행위자〉 주어 + [활동] 술어	[6]	②,④,⑥,⑩
	변화결과 [BEC]	〈경험자〉 주어 + [변화] 술어	[7]	⑨
SVC	상태 [BE]	〈묘사 대상자〉 주어 + [상태] 술어	[10]	①,㉓
	변화결과 [BEC]	〈변화 대상자〉 주어 + [변화] 술어	[11]	⑦,⑪,⑬ ⑭,⑯,⑲,⑳

○ 문장성분

▌주어

- ②,④,⑥,⑨,⑩,⑭,⑯,⑱의 'ES$_i$': 일반 주어. 사람들.
- ③,⑤의 'ES$_j$': = '井$_j$'. 우물(샘).
- ⑬의 'ES$_k$': = '國$_k$'. 나라.
- ⑬의 'ES$_l$': = '國中之寶$_l$'. 나라의 보물.
- ㉓의 'ES$_m$': '이것, 그것' 등의 대명사 생략. 지시 대상은 ㉑,㉒의 내용이다.

▌술어

- ①의 '譬則': = '譬如'. 상태 사건의미 술어. -같다.

- ⑦,⑪의 술어 '無': 변화결과 사건의미 술어. 없어지다.
- ⑭의 술어 '失': 변화결과 사건의미 술어. -을 잊다.[19]
- ⑯의 술어 '失': 변화결과 사건의미 술어. -을 잃다.
- ㉓의 'EV': 상태 사건의미 술어. '-이다'류의 생략.

▌목적어
- ②,④의 'EOⱼ': = '井ⱼ', 우물(샘).

▌기타
- ⑦,⑪,⑭,⑯,⑳의 '而₁': 순접 접속사.
- ㉒의 '而₂': 역접 접속사.
- ⑲의 '於': 전치사. '-에서(AT)'. 〈원점〉 표시.
- ⑳의 '於': 전치사. '-로(TO)'. 〈목표점〉 표시.

[6] 참고

▌『북학의(北學議)』

　조선 후기의 실학자인 박제가(朴齊家, 1750-1805)의 저서. 1778년(정조 2)에 사은사(謝恩使) 채제공(蔡濟恭)의 수행원으로 청나라에 가서 그곳의 풍속과 제도를 시찰하고 돌아와서 쓴 기행문이다. 총 2권 1책이며, 실학 사상과 그 실천에 대해 강조한다.

---

19 이런 종류의 동사는 목적어를 가지는 것처럼 보이지만 실상은 〈지배 대상자〉 목적어가 아니고, 주어도 의지의 〈행위자〉일 수 없다. 따라서 뒤에 오는 성분은 소실되어지는 〈변화 대상자〉이다.

3.4. 문화와 스토리텔링

│ 거북이와 토끼 이야기 │ │ 허생전 │ │ 하룻밤에 강을 아홉 번 건너며 │

1) │ 거북이와 토끼 이야기 │

[1] 원문 읽기

醫言: "得免肝合藥, 則可療也." 然海中無免, 不乃之何,
yī yán　　　dé tù gān hé yào　　zé kě liáo yě　　rán hǎi zhōng wú tù　　bù nǎi zhī hé
의 언: "득 토 간 합 약, 즉 가 료 야." 연 해 중 무 토, 불 내 지 하,

有一龜白龍王言: "吾能得之." 遂登陸見免. 〈중략〉
yǒu yì guī bái Lóngwángyán　　wú néng dé zhī　　suì dēng lù jiàn tù
유 일 귀 백 룡 왕 언: "오 능 득 지." 수 등 육 견 토.

免曰: "噫! 吾神明之後, 能出五蔵, 洗而納之. 日者小覺心煩,
tú yuē　　 yī　 wú shénmíng zhī hòu　néngchū wǔ zàng　xǐ ér nà zhī　rì zhě xiǎo jiào xīn fán
토 왈: "희! 오 신 명 지 후, 능 출 오 장, 세 이 납 지. 일 자 소 각 심 번,

遂出肝心洗之, 暫置巖石之底, 聞爾甘言徑來. 肝尙在彼, 何不迴歸?
suì chūgān xīn xǐ zhī　zàn zhì yán shí zhī dǐ　wén ěr gānyánjìng lái　gānshàng zài bǐ　hé bù huí guī
수 출 간 심 세 지, 잠 치 암 석 지 저, 문 이 감 언 경 래. 간 상 재 피, 하 불 회 귀?

取肝, 則汝得所求, 吾雖無肝, 尙活, 豈不兩相宜哉?" 〈중략〉
qǔ gān　 zé rǔ dé suǒ qiú　wú suī wú gān　shànghuó　qǐ bù liǎngxiāng yí zāi
취 간, 즉 여 득 소 구, 오 수 무 간, 상 활, 기 불 양 상 의 재?"

謂龜曰: "愚哉! 汝也. 豈有無肝而生者乎? 龜憫黙而退."
wèi guī yuē　　yú zāi　 rǔ yě　qǐ yǒu wú gān ér shēngzhě hū　guī mǐn mò ér tuì
위 귀 왈: "우 재! 여 야. 기 유 무 간 이 생 자 호? 귀 민 묵 이 퇴."

『三國史記』

[2] 도식 보기

연번	앞 성분	주어 (S)	부가 성분	술어(V-v) 활동	상태	변화결과	사동	의동	목적어 (O)	보어 (C)	뒷 성분
①		醫$_i$		言							:
②	"	ES$_i$	得兔肝	合					藥		,
③		ES$_i$	則可	療							也."
④	然	海中			無					兔	,
⑤		ES$_j$	不			EV			乃之何		
⑥		ES$_j$			有					一龜$_k$	:
⑦		ES$_k$	白龍王	言							
⑧	"	吾$_k$	能			得			之		."
⑨		ES$_k$	遂登陸	見					兔		
⑩		兔$_l$		曰							:
⑪	"噫!	吾$_l$			EV					神明之後	,
⑫		ES$_l$	能	出					五蔵$_m$		,
⑬		ES$_l$		洗					EO$_m$		
⑭	而$_1$	ES$_l$		納					之$_m$		
⑮	日者	ES$_l$	小			覺			心煩		
⑯		ES$_l$	遂	出					肝心$_n$		
⑰		ES$_l$		洗					之$_n$		,
⑱		ES$_l$	暫	置					EO$_n$	巖石之底$_o$	,
⑲		ES$_l$		聞					爾甘言		
⑳		ES$_l$	徑			來					.
㉑		肝	尙		在					彼$_o$	,
㉒		ES$_l$	何不			迴歸				EC$_o$	?
㉓		ES$_l$		取					肝		,

연번	앞성분	주어(S)	부가성분	술어(V-v)					목적어(O)	보어(C)	뒷성분
				활동	상태	변화결과	사동	의동			
㉔	則	汝				得			所求		,
㉕		吾1	雖		無					肝	,
㉖		ES1	尙	活							,
㉗	豈不	兩	相		宜						哉?"
㉘		ES1	謂龜	曰							:
㉙	"	ESk			愚						哉!
㉚		汝k			EV						也.
㉛		ESn	豈		有				無肝而2生者		乎?"
㉜		龜k						憫黙			
㉝	而1	ESk				退					.

[3] 단어와 어구

①醫:의원/의사 ②得:얻다, 兔肝:토끼의 간, 藥:약 ③則:그러면(순접 접속사), 療:치료하다, 也:(진술 어기조사) ④然:그러나(역접 접속사), 海中:바닷속, ⑤乃:이에 ⑥龜:거북 ⑦白:밝히다/말하다, 龍王:용왕 ⑨遂:드디어/이어서, 登陸:육지에 오르다 ⑪噫:아!(감탄사), 神明:신명, 之:-의(관형어 표시 조사), 後:후손 ⑫出:꺼내다, 五蔵[臟]:오장[다섯 가지 내장-간장·심장·비장·폐장·신장] ⑭而:그리고(순접 접속사), 納:들이다 ⑮日者:얼마 전, 覺:느끼다, 心煩:마음이 번잡하다 ⑯肝心:간과 심장 ⑱暫:잠시, 置:놓다, 巖石之底:바위 아래 ⑲聞:듣다, 爾:너(인칭 대명사), 甘言:달콤한 말 ⑳徑:바로, 來:오다 ㉑尙:아직, 彼:저쪽 (지시 대명사) ㉒迴歸:돌아가다 ㉔汝:너(인칭 대명사), 得所求:구하는 것을 얻다 ㉕雖:비록 ㉗豈:어찌, 宜:마땅하다/적절하다, 哉:(의문 어기조사) ㉙愚:미련하다, 哉:구나(감탄 어기조사) ㉛而:그래도(역접 접속사), 者:-것(불완전 대명사), 乎:-인가(의문 어기조사) ㉜憫黙:민망하다 ㉝而:그리고(순접 접속사) 退:물러가다

[4] 해석하기

① 의원이 말하길,

② "(제가) 토끼의 간을 얻어 약을 조합하면,

③ (제가) (병을) 치료할 수 있습니다."

④ 그러나 바닷속에는 토끼가 없어,

⑤ (그들이) 어찌 해야할지 알지 못했는데,

⑥ (그들 중에) 거북이 한 마리가 있어

⑦ (그가) 용왕에게 밝혀 말하길,

⑧ "제가 능히 그것을 얻을 수 있습니다."

⑨ (거북이가) 드디어 육지에 올라 토끼를 보았다.

〈중략〉

⑩ 토끼가 말하였다.

⑪ "아! 나는 신명의 후예이므로,

⑫ (나는) 오장을 꺼낼 수 있고,

⑬ (나는) (그것을) 씻어서

⑭ 그리고 (나는) 그것을 넣을 수도 있다.

⑮ 며칠 전에 (나는) 마음에 번뇌를 조금 느껴서,

⑯ (나는) 이에 간과 심장을 꺼내어

⑰ (나는) 그것들을 씻어서,

⑱ (나는) 바위 밑에 (그것을) 놓아두었는데,

⑲ (나는) 그대의 달콤한 말을 듣고

⑳ (내가) 바로 왔다.

㉑ 간은 아직 저쪽에 있는데,

㉒ (내가) 어찌 (저쪽으로) 돌아가지 않겠는가?

㉓ (내가) 간을 취하면,

㉔ 그러면 네가 구하는 바를 얻게 되고,

㉕ 나는 비록 간이 없어도,

㉖ (나는) 오히려 살 수 있으니,

㉗ 어찌 둘이 서로 맞아떨어지는 것이 아니겠는가?"

〈중략〉

㉘ 토끼가 거북에게 말하길,

㉙ "(너는) 미련하구나!

㉚ 그대여.

㉛ (세상에) 어찌 간이 없이도 사는 것이 있단 말인가?"

㉜ 거북이가 민망히 여기고

㉝ 그리고 (그가) 물러갔다.

[5] 문법 설명

⭕ 문형과 사건의미

문형	사건의미	주어와 술어의 관계	해석 공식	해당 연번
SV	활동 [DO]	〈행위자〉 주어 + [활동] 술어	[1]	①,③,⑦,⑩,㉖,㉘
	상태 [BE]	〈묘사 대상자〉 주어 + [상태] 술어	[2]	㉗,㉙,㉚
	변화결과 [BEC]	〈변화 대상자〉 주어 + [변화] 술어	[3]	⑳,㉝
	의동 [CON-BE]	〈인식자〉 주어 + [의동] 술어	[5]	㉜
SVO	활동 [DO]	〈행위자〉 주어 + [활동] 술어	[6]	②,⑨,⑫,⑬ ⑭,⑯,⑰,⑲,㉓
	변화결과 [BEC]	〈경험자〉 주어 + [변화] 술어	[7]	⑤,⑧,⑮,㉔
SVC	상태 [BE]	〈묘사 대상자〉 주어 + [상태] 술어	[10]	④,⑥,⑪ ㉑,㉕,㉛
	변화결과 [BEC]	〈변화 대상자〉 주어 + [변화] 술어	[11]	㉒
SVOC	활동 [DO]	〈행위자〉 주어 + [활동] 술어	[13]	⑱

⭕ 문장성분

▌주어

- ②,③의 'ES$_i$': = '醫$_i$'. 의원.

- ⑤,⑥의 'ES$_j$': 일반 주어. 용궁 속의 일반 존재들.

- ⑦,⑨,㉙,㉝의 'ES$_k$': = '龜$_k$' = '吾$_k$'. 거북이.

- ⑫-⑳,㉒,㉓,㉖,㉘의 ‘ES_1’: = ‘兎$_1$’ = ‘吾$_1$’. 토끼.
- ㉛의 ‘ES_n’: 장소명사 주어. 세상.

▐ 술어

- ⑤의 ‘EV’: 변화결과 사건의미 술어. 인지 ‘-을 알다’류의 생략.
- ⑪,㉚의 ‘EV’: 상태 사건의미 술어. ‘-이다’류의 생략.
- ⑫,⑯의 ‘出’: 활동 사건의미 술어. 꺼내다.
- ㉓의 ‘取’와 ㉔의 ‘得’: 전자는 활동 사건의미. 후자는 변화결과 사건의미.[20]

▐ 목적어

- ⑬의 ‘EO_m’: = ‘五臟$_m$’ = ‘之$_m$’.
- ⑱의 ‘EO_n’: = ‘肝心$_n$’ = ‘之$_n$’.

▐ 보어

- ㉒의 ‘EC_o’: = ‘巖石之底$_o$’ = ‘彼$_o$’.
- ㉛의 ‘無肝而生者’: 복문의 관형어 절, [[es+無v+肝c]+而+[es+生v]]+者.

  ‘간 없이도 사는 것(동물)’.

▐ 기타

- ⑦의 ‘白龍王’ 속의 ‘白’: 부사어. ‘밝히다/알리다’의 동사가 부사어로 사용된다.
- ㉗,㉙의 ‘哉’: 어기조사. 문미에 쓰여 의문, 감탄 등의 어투를 나타낸다.

[6] 참고

▐ 『삼국사기(三國史記)』

1145년경에 김부식(金富軾, 1075-1151) 등이 고려 인종의 명을 받아 편찬한 삼국시대 역사서. 기전체(紀傳體-기(紀)·전(傳)·지(志)·표(表))로 기록되었다. 「본기(本紀)」 28권(고구려 10권, 백제 6권, 신라·통일신라 12권), 「지(志)」 9권, 「표(表)」 3권, 「열전(列傳)」 10권으로 구성된다.

---

[20] 모두 취득의 의미이지만, 주어와의 관계 속에서 [+의지]가 개입되는 경우는 ‘활동(DO)’ 사건의미로, [-의지]인 경우는 ‘변화결과(BECOME)’ 사건의미로 처리한다.

▌ 신명(神明)

신령(神靈)스럽고 사리에 밝음. '신명(神明)'은 동양 철학 개념으로 어떤 신령스러운 상태에 돌입함으로써, 인식의 초월적 경지에 도달함을 의미한다.

2) | 허생전 |

[1] 원문 읽기

一日妻甚饑, 泣曰: "子平生不赴擧, 讀書何爲?" 許生笑曰:
yí rì qī shèn jī qì yuē zǐ píngshēng bú fù jǔ dú shū hé wéi Xǔ Shēngxiàoyuē
일 일 처 심 기, 읍 왈: "자 평 생 불 거 거, 독 서 하 위?" 허 생 소 왈:

"吾讀書未熟." 妻曰: "不有工乎?" 生曰: "工未素學奈何?"
wú dú shū wèi shú qī yuē bù yǒugōng hū shēngyuē gōngwèi sù xué nài hé
"오 독 서 미 숙." 처 왈: "불 유 공 호?" 생 왈: "공 미 소 학 내 하?"

妻曰: "不有商乎?" 生曰: "商無本錢奈何?" 其妻恚且罵曰:
qī yuē bù yǒushāng hū shēngyuē shāng wú běnqián nài hé qí qī huì qiě mà yuē
처 왈: "불 유 상 호?" 생 왈: "상 무 본 전 내 하?" 기 처 에 차 매 왈:

"晝夜讀書, 只學奈何. 不工不商, 何不盜賊?" 許生掩卷起曰:
zhòu yè dú shū zhǐ xué nài hé bù gōng bù shāng hé bù dào zéi Xǔ Shēngyǎnjuǎn qǐ yuē
"주 야 독 서, 지 학 내 하. 불 공 불 상, 하 부 도 적?" 허 생 엄 권 기 왈:

"惜乎! 吾讀書本期十年, 今七年矣!" 出門而去, 無相識者.
xī hū wú dú shūběn qī shí nián jīn qī nián yǐ chūmén ér qù wú xiāng shí zhě
"석 호! 오 독 서 본 기 십 년, 금 칠 년 의!" 출 문 이 거, 무 상 식 자.

直之雲從街, 問市中人曰: "漢陽中誰最富?" 有道卞氏者, 遂訪其家.
zhí zhī Yúncóng jiē wèn shì zhōngrén yuē Hànyángzhōngshéi zuì fù yǒudàoBiàn shì zhě suì fǎng qí jiā
직 지 운 종 가, 문 시 중 인 왈: "한 양 중 수 최 부?" 유 도 변 씨 자, 수 방 기 가.

『熱河日記』

연번	앞성분	주어(S)	부가성분	술어(V-v)					목적어(O)	보어(C)	뒷성분
				활동	상태	변화결과	사동	의동			
①	一日	妻ᵢ	甚		상태饑						,
②		ESᵢ	泣	활동曰							:
③		子ⱼ	平生不			변화赴				擧	,
④	讀書ₖ	ESⱼ	何ₖ	활동爲					EOₖ		?
⑤		許生ⱼ	笑	활동曰							:
⑥	"	吾讀書	未			변화熟					."
⑦	妻曰:"	ESⱼ	不		상태有					工	乎?"
⑧	生曰:"工ₗ	ESⱼ	未素	활동學					EOₗ		
⑨		ESⱼ	奈	활동EV					何		?"
⑩	妻曰:"	ESⱼ	不		상태有					商	乎?"
⑪	生曰:"商	ESⱼ			상태無					本錢	
⑫		ESⱼ	奈	활동EV					何		?"
⑬		其妻ᵢ	恚且罵	활동曰							:
⑭	"	ESⱼ	晝夜	활동讀					書		,
⑮		ESⱼ	只	활동學					奈何		.
⑯		ESⱼ	不	활동EV					工		
⑰		ESⱼ	不	활동EV					商		,
⑱		ESⱼ	何不	활동EV					盜賊		?"
⑲		許生ⱼ		활동掩					卷		
⑳		ESⱼ	起	활동曰							:
㉑	"	ESⱼ				변화惜					乎!
㉒		吾ⱼ		활동讀					書		
㉓		ESⱼ	本	활동期					十年		,

연번	앞성분	주어 (S)	부가 성분	술어(V-v)					목적어 (O)	보어 (C)	뒷 성분
				활동	상태	변화 결과	사동	의동			
㉔		今				변화EV				七年	矣!"
㉕		ES_j				변화出				門	
㉖	而₁	ES_j				변화去					,
㉗		ES_j			상태無					相識者	.
㉘		ES_j	直			변화之				雲從街	,
㉙		ES_j	問市中人。	활동曰							:
㉚	"漢陽中	誰	最		상태富						?"
㉛		ES_o			상태有					道卜氏者	,
㉜		ES_j	遂	활동訪					其家		

[3] 단어와 어구

①一日:하루, 妻:아내, 甚:심히, 饑:배가 고프다 ②泣曰:울면서 말하다 ③子:당신[허생], 赴擧:과거에 가다 ④讀書:공부/독서 ⑤許生:허생 ⑥吾讀書:내가 공부하는 것, 未:아직 아니다, 熟:익다/숙련되다 ⑦工:공업/장색[匠色-손으로 물건을 만드는 일] ⑧素:평소 ⑨奈何:어찌 하겠는가(의문사) ⑩商:상업 ⑪本錢:밑천[본전] ⑫奈:어찌 ⑬恚且罵:성내고 또 욕하여 말하다 ⑭晝夜:밤낮 ⑮只:다만 ⑱盜賊:도적질 ⑲掩卷:책을 덮다 ㉑惜:안타깝다 乎:-도다!(감탄 어기조사) ㉓本:본래, 期:기약하다 ㉕出門:문을 나서다 ㉖而:(순접 접속사) ㉗相識者:서로 아는 사람 ㉘直:쭉, 之:가다, 雲從街:운종가[지명-한양의 거리 이름] ㉙市中人:시중 사람 ㉚漢陽:한양[서울의 다른 이름], 誰:누구(의문 대명사), 最:제일, 富:부자 ㉛道卜氏者:변씨라고 말해주는 사람 ㉜遂:이에/드디어, 訪:방문하다

[4] 해석하기

① 하루는 처가 몹시 배가 고파,

② 울면서 말했다.

③ "당신은 평생에 과거에 참여하지 않으니,

④ 공부는 (당신이) (그것을) 무엇 하려 하오?"

⑤ 허생이 웃으며 말했다.

⑥ "내가 공부하는 것이 아직 익지 않았다오."

⑦ 처가 말했다. "(그러면 당신에게) 장색이 있지 않아요?"

⑧ 허생이 말했다. "장색의 일은 (내가) (그것을) 평소에 배우지 못했으니,

⑨ 어찌 하겠소?"

⑩ 처가 말했다. "(그러면 당신에게) 장사가 있지 않아요?"

⑪ 허생이 말했다. "장사는 (내가) 본전이 없으니,

⑫ 어찌 하겠소?"

⑬ 그의 처가 성내고 욕하며 말했다.

⑭ "(당신은) 밤낮 책만 읽더니,

⑮ '어찌 하겠소?'만 배웠구려.

⑯ 공업도 하지 않고

⑰ 상업도 하지 않으면,

⑱ 어찌 도적질은 하지 않는 거에요?"

⑲ 허생이 책을 덮고

⑳ (허생이) 일어나며 말했다.

㉑ "(내가) 안타깝구나!

㉒ (내가) 책을 읽으매,

㉓ 본래 10년을 기약하였더니,

㉔ 이제 7년이 되었구나!"

㉕ (허생이) 문을 나서서

㉖ 그리고 (허생이) 가니,

㉗ 서로 아는 사람이 없었다.

㉘ 곧바로 운종가로 가서,

㉙ 시중의 사람들에게 물었다.

㉚ "한양에서 누가 제일 부자인가?"

㉛ (시중의 사람 중에) 변씨라고 말해주는 사람이 있어,

㉜ 허생이 드디어 그[변씨] 집을 방문하였다.

[5] 문법 설명

○ 문형과 사건의미

문형	사건의미	주어와 술어의 관계	해석 공식	해당 연번
SV	활동 [DO]	〈행위자〉 주어 + [활동] 술어	[1]	②, ⑤, ⑬, ⑳, ㉙
	상태 [BE]	〈묘사 대상자〉 주어 + [상태] 술어	[2]	①, ㉚
	변화결과 [BEC]	〈변화 대상자〉 주어 + [변화] 술어	[3]	⑥, ㉑, ㉖
SVO	활동 [DO]	〈행위자〉 주어 + [활동] 술어	[6]	④, ⑧, ⑨, ⑫ ⑭, ⑮, ⑯, ⑰, ⑱ ⑲, ㉒, ㉓, ㉜
SVC	상태 [BE]	〈묘사 대상자〉 주어 + [상태] 술어	[10]	⑦, ⑩, ⑪, ㉗, ㉛
	변화결과 [BEC]	〈변화 대상자〉 주어 + [변화] 술어	[11]	③, ㉔, ㉕, ㉘

○ 문장성분

▌주어

- ②의 'ES$_i$': = '妻$_i$' = '其妻$_i$'. 허생의 처.
- ④, ⑦-⑫, ⑭-⑱, ⑳, ㉑, ㉓, ㉕-㉙, ㉜의 'ES$_j$': = '子$_j$' = '許生$_j$' = '吾$_j$'. 허생.
- ⑤의 '吾讀書': 절 주어. 吾s+讀v+書o. 내가 공부하는 것이.
- ㉛의 'ES$_o$': = '市中人$_o$'. 장소 주어, '道卞氏者'가 존재하는 장소. 시중 사람들 중.

▌술어

- ⑨, ⑫, ⑯, ⑰, ⑱의 'EV': 활동 사건의미 술어. '-을 하다'류의 생략.
- ㉑의 '惜': 변화결과 사건의미 술어. 감정동사.
- ㉔의 'EV': 변화결과 사건의미 술어. '-이 되다'류의 생략.

▌목적어

- ④의 'EO$_k$': '讀書$_k$'가 화제가 되어 문장 앞으로 이동한 후 남은 자리.
- ⑧의 'EO$_l$': '工$_l$'이 화제가 되어 문장 앞으로 이동한 후 남은 자리.

■ 보어
- ㉛의 '道卞氏者': '변씨(변승업)를 말하는 사람'. '道'는 '말하다'.

■ 기타
- ⑬의 '恚且罵曰': 연동구. '恚v₁+且+罵v₂+曰v₃'의 구조. 감정을 나타내는 두 개의 동사가 접속사 '且'를 매개로 병합되어, 동사 '曰'을 수식한다. ⑬의 전체 문장에서 부사어로 기능한다.
- ⑲의 '起': 부사어 절. es+起v.

[6] 참고

■ 『허생전(許生傳)』

조선 후기 연암 박지원(朴趾源, 1737-1805)의 작품. 한문 단편소설로『연암집(燕巖集)』의 『열하일기(熱河日記)』에 수록되어 있다. 「허생전(許生傳)」 또는 「옥갑야화(玉匣夜話)」라고도 한다. 『허생전』은 역관들의 재산 증식 과정에 관한 환담 내용으로, 변승업의 부(富)의 유래에 관하여 이야기한다.

3) | 하룻밤에 강을 아홉 번 건너며 |

[1] 원문 읽기

遼河未嘗不鳴, 特未夜渡爾.
Liáo hé wèi cháng bù míng, tè wèi yè dù ěr
요 하 미 상 불 명, 특 미 야 도 이.

畫能視水, 故目專於危, 方惴惴焉.
zhòu néng shì shuǐ, gù mù zhuān yú wēi, fāng zhuì zhuì yān
주 능 시 수, 고 목 전 어 위, 방 췌 췌 언.

反憂其有目, 復安有所聽乎?
fǎn yōu qí yǒu mù, fù ān yǒu suǒ tīng hū
반 우 기 유 목, 부 안 유 소 청 호?

今吾夜中渡河, 目不視危則危專於聽,
jīn wú yè zhōng dù hé, mù bú shì wēi zé wēi zhuān yú tīng
금 오 야 중 도 하, 목 불 시 위 즉 위 전 어 청,

而耳方惴惴焉. 不勝其憂.
ér ěr fāng zhuì zhuì yān. bú shèng qí yōu
이 이 방 췌 췌 언. 불 승 기 우.

吾乃今知夫道矣. 冥心者, 耳目不爲之累,
wú nǎi jīn zhī fú dào yǐ. míng xīn zhě, ěr mù bù wéi zhī lèi
오 내 금 지 부 도 의. 명 심 자, 이 목 불 위 지 누,

信耳目者, 視聽彌審而彌爲之病焉. 『熱河日記』
xìn ěr mù zhě, shì tīng mí shěn ér mí wéi zhī bìng yān
신 이 목 자, 시 청 미 심 이 미 위 지 병 언.

[2] 도식 보기

연변	앞성분	주어(S)	부가성분	술어(V-v) 활동	상태	변화결과	사동	의동	목적어(O)	보어(C)	뒷성분
①		遼河	未嘗不	⑩鳴							,
②		ES$_i$	特		⑪EV					未夜渡	爾.
③		ES$_i$	晝能	⑩視					水		,
④	故	目$_j$				⑪專				於危	,
⑤		ES$_j$	方		⑩惴惴						焉.
⑥		ES$_i$	反			⑪憂				其有目	,
⑦		ES$_i$	復安		⑩有					所聽	乎?
⑧	今	吾	夜中	⑩渡					河		,
⑨		目	不	⑩視					危		,
⑩	則	危				⑪專				於聽	,
⑪	而$_1$	耳	方		⑩惴惴						焉.
⑫		ES$_i$	不	⑩勝					其憂		.
⑬		吾	乃今			⑪知			夫道		矣.
⑭	冥心者$_i$,	耳目	不				⑩爲		之$_i$		⑪累
⑮	信耳目者$_j$,	視聽	彌審而$_4$彌				⑩爲		之$_j$		⑪病焉.

[3] 단어와 어구

①遼河:요하[강 이름], 嘗:일찍이, 鳴:울다/소리를 내다 ②特:특별하다, 渡:건너다, 爾:(진술 어기조사) ③晝:낮 ④專:오로지 하다/쏠리다, 於:-으로(전치사), 危:위험한 곳 ⑤方:바야흐로, 惴惴:매우 두려워하다, 焉:-따름이다(축소 진술 어기조사) ⑥反:도리어, 憂:근심하다 ⑦復:다시, 安:어찌(의문 부사), 聽:듣다, 乎:-는가(의문 어기조사) ⑧夜中:밤에, 渡河:강을 건너다 ⑫不勝:이기지 못하다, 憂:근심 ⑬夫:저(지시 대명사), 矣:(진술 어기조사) ⑭冥心者: 마음을 고요하게 하는 사람, 耳目:귀와 눈, 累:피곤하게 하다 ⑮信耳目者:귀와 눈을 믿는 사람, 視聽: 보고 듣는 것, 彌:더욱, 審:살피다, 而:-할수록(점층 표시 접속사), 爲之病:그로 하여금 병이 되게 하다, 焉:(진술 어기조사)

[4] 해석하기

① 요하[강]는 예로부터 소리를 내지 않은 적이 없었는데,

② (사람들이) 특히나 아직 밤에 건너본 적이 없기 때문일 뿐이다.

③ (사람들이) 낮에는 물을 볼 수 있기 때문에,

④ 그러므로 눈은 위험한 데로 쏠려,

⑤ (눈은) 바야흐로 두려워 벌벌 떤다.

⑥ (사람들은) 도리어 그가 눈이 있는 것이 걱정되는데,

⑦ (사람들에게) 또 어찌 들리는 것이 있을 것인가?

⑧ 지금 나는 밤중에 (요하)강을 건너니,

⑨ 눈이 위험한 것을 보지 않으니,

⑩ 위험함은 들리는 데로 쏠려,

⑪ 그래서 귀가 바야흐로 두려워 벌벌 떤다.

⑫ (사람들은) 그 근심을 이기지 못한다.

⑬ 나는 비로소 이제야 이 도를 알겠다.

⑭ 마음을 고요하게 하는 자는 귀와 눈이 그 사람을 피곤하게 하지 못하고,

⑮ 귀와 눈을 믿는 자는 보고 듣는 것이 살피면 살필수록 그 사람으로 하여금 병이 되게 한다.

[5] 문법 설명

○ 문형과 사건의미

문형	사건의미	주어와 술어의 관계	해석 공식	해당 연번
SV	활동 [DO]	〈행위자〉 주어 + [활동] 술어	[1]	①
	상태 [BE]	〈묘사 대상자〉 주어 + [상태] 술어	[2]	⑤,⑪
SVO	활동 [DO]	〈행위자〉 주어 + [활동] 술어	[6]	③,⑧,⑨,⑫
	변화결과 [BEC]	〈경험자〉 주어 + [변화] 술어	[7]	⑬

문형	사건의미	주어와 술어의 관계	해석 공식	해당 연번
SVC	상태 [BE]	〈묘사 대상자〉 주어 + [상태] 술어	[10]	②,⑦
	변화결과 [BEC]	〈변화 대상자〉 주어 + [변화] 술어	[11]	④,⑥,⑩
$SV_1O_1V_2(O_2/C)$	사동 [CAU-BEC]	〈원인자〉 주어 + [사동] 술어	[15]	⑭,⑮

○ 문장성분

▌ 주어

- ②,③,⑥,⑦,⑫의 'ES_i': 일반 주어. 사람들.
- ⑤의 'ES_j': = '目$_j$'.

▌ 술어

- ②의 'EV': 상태 사건의미 술어. '-이다'류의 생략.

▌ 보어

- ⑥의 '其有目': 절 보어. 其s+有v+目c/o.

▌ 기타

- ①의 '爾': 진술 어기조사. 단정의 어투를 나타낸다.
- ⑦의 '安': 의문부사 '어찌'. 어기조사 '乎'와 호응하여 '반문'을 나타낸다.
- ⑪의 而$_1$: 순접 접속사.
- ⑭의 '冥心者$_i$'와 ⑮의 '信耳目者$_j$': 화제. 각각 목적어 위치의 대명사 '之$_i$'와 '之$_j$'로 각각
  동일지시 되며, 후속 문장의 진술의 대상이다.
- ⑭의 而$_4$: 점층 표시 접속사.
- ⑭의 '耳目不爲之累'와 ⑮의 '視聽彌審而$_4$彌爲之病焉': '$SV_1O_1V_2(O_2/C)$' 문형. 이를 표
  로 나타내면 다음과 같다.

연번	앞 성분	주어 (S)	부가 성분	술어 (V-v)$_1$	목적어 (O$_1$)	술어 (V-v)$_2$	목적어보어 (O$_2$/C)	뒷 성분
⑭	冥心者$_i$,	耳目	不	사동爲	之$_i$	변화累		,
⑮	信耳目者$_j$,	視聽	彌審而$_4$彌	사동爲	之$_j$	변화病		焉.

⑭,⑮의 '爲': 사동 사건의미 술어가 되는 특수한 예이다.

[6] 참고

▌『열하일기(熱河日記)』

　　조선 후기 실학자 연암 박지원(朴趾源, 1737-1805)의 저서. 1780년(정조 4)에 종형인 박명원(朴明源)을 따라 청(淸)나라 건륭제의 칠순 잔치에 사신의 일원으로 동행했을 때 경험한 일을 기록한 견문록이다. 여행 중 만난 인물 및 정치·경제·교통 상황 등을 비롯하여, 중국의 신문물과 다양한 분야에 대해 일기체 형식으로 생생하게 기록한다.

3.5. 의학과 과학

│ 의사 조광일 │ │ 측우기 │ │ 일식과 월식 │

1) │ 의사 조광일 │

[1] 원문 읽기

吾爲是術,　非要其利,　行吾志而已.　故不擇貴賤焉. 〈중략〉
wú wéi shì shù　fēi yào qí lì　xíng wú zhì ér yǐ　gù bù zé guìjiànyān
오 위 시 술,　비 요 기 리,　행 오 지 이 이.　고 불 택 귀 천 언.

彼貴顯者,　寧少吾輩哉?　所哀憐,　獨閭巷窮民耳. 〈중략〉
bǐ guìxiǎnzhě　níngshǎo wú bèi zāi　suǒ āi lín　dú lú xiàngqióngmín ěr
피 귀 현 자,　녕 소 오 배 재?　소 애 린,　독 려 항 궁 민 이.

吾今年四十餘,　復數十年,　可活萬人.　活人至萬,　吾事畢矣. 『耳溪集』
wú jīn nián sì shí yú　fù shù shí nián　kě huówànrén　huórén zhì wàn　wú shì bì yǐ
오 금 년 사 십 여,　부 수 십 년,　가 활 만 인.　활 인 지 만,　오 사 필 의.

[2] 도식 보기

연번	앞성분	주어(S)	부가성분	활동	상태	변화결과	사동	의동	목적어(O)	보어(C)	뒷성분
①		吾ᵢ爲是術,			⑧非					要其利	,
②		ESᵢ		⑧行					吾志		而已.
③	故	ESᵢ	不	⑧擇					貴賤		焉.
④		彼貴顯者,	寧		⑧少					吾輩	哉?
⑤		所哀憐,	獨		⑧EV					閭巷窮民	耳.
⑥		吾ᵢ	今年		⑧EV					四十餘	,
⑦		ESᵢ	復	⑧數					十年		,
⑧		ESᵢ	可				⑧活		萬人		.
⑨		活人				⑧至				萬	,
⑩		吾事				⑧畢					矣.

[3] 단어와 어구

①爲:하다, 是:이(지시 대명사), 術:기술/의술 ②而已:-뿐이다(축소 진술 어기조사) ③擇:가리다, 貴賤:귀천 ④貴顯者:귀하게 드러나는 사람, 寧:어찌, 少:적다, 吾輩:내 또래들[나와 같은 부류의 사람들] ⑤哀憐:애통하고 가엾게 여기다, 獨:단지, 閭巷窮民:민간의 궁핍한 백성, 耳:-뿐이다(축소 진술 어기조사) ⑥餘:-여/-쯤[단 단위 이외의 수사 뒤에 사용] ⑦復:다시, 數:셈하다 ⑧活:살리다, 萬人:일만 명 ⑩吾事:나의 일, 畢:다하다/끝나다, 矣:(진술 어기조사)

[4] 해석하기

① 내가 이 의술을 행하는 것은 이익을 구함이 아니고,

② (나는) 내 뜻을 행할 따름이다.

③ 그러므로 (나는) (환자의) 귀천을 가리지 않는다.

〈중략〉

④ 저 귀한 현자들 가운데는 어찌 나와 같은 이들이 적겠는가?

⑤ (내가) 연민하는 사람들은 단지 민간의 궁핍한 백성들일 뿐이다.

〈중략〉

⑥ 나는 올해 나이 사십여 세이니,

⑦ (내가) 10년을 다시 계산하면,

⑧ (나는) 1만 명을 살릴 수 있다.

⑨ 사람 살리는 것이 1만 명에 이르면,

⑩ 나의 일은 끝난다.

[5] 문법 설명

○ 문형과 사건의미

문형	사건의미	주어와 술어의 관계	해석 공식	해당 연번
SV	변화결과 [BEC]	〈변화 대상자〉 주어 + [변화] 술어	[3]	⑩
SVO	활동 [DO]	〈행위자〉 주어 + [활동] 술어	[6]	②,③,⑦
	사동 [CAU-BEC]	〈원인자〉 주어 + [사동] 술어	[8]	⑧
SVC	상태 [BE]	〈묘사 대상자〉 주어 + [상태] 술어	[10]	①,④,⑤,⑥
	변화결과 [BEC]	〈변화 대상자〉 주어 + [변화] 술어	[11]	⑨

○ 문장성분

▋ 주어

- ②,③,⑦,⑧의 'ES$_i$': = '吾$_i$'. 의사 조광일.
- ①의 '吾爲是術': 절 주어. 吾s+爲v+是術o. 내가 이 의술을 행하는 것.
- ⑨의 '活人': 절 주어. es+活v+人o. '사람을 살리는 것이'.
  '活'은 사동 사건의미 술어. 살리다.

▋ 술어

- ⑤,⑥의 'EV': 상태 사건의미 술어. '-이다'류의 생략.

- 보어
  - ①의 '**要其利**': 절 보어. es+要v+其利o.
  - ④의 '**吾輩**'의 '**-輩**': 복수 표시 비자립 형태소, '-들'.

[6] 참고

- 『이계집(耳溪集)』

　조선 후기의 문신 홍양호(洪良浩, 1724-1802)가 저술한 시문집이다. '이계(耳溪)'는 그의 호(號)이다.

2) | 측우기 |

[1] 원문 읽기

京中則鑄鐵爲器，　名曰測雨器．　長一尺五寸，　經七寸，　用周尺．
jīngzhōng zé zhù tiě wéi qì　míngyuē Cè yǔ qì　cháng yì chǐ wǔ cùn　jīng qī cùn　yòngZhōu chǐ
경 중 즉 주 철 위 기,　명 왈 측 우 기.　장 일 척 오 촌,　경 칠 촌,　용 주 척.

作臺於書雲觀，　置器於臺上．　每當雨水後，　本觀官員親視下雨之狀．
zuò tái yú Shūyúnguàn　zhì qì yú tái shàng　měidāng yǔ shuǐhòu　běnguānguānyuán qīn shì xià yǔ zhī zhuàng
작 대 어 서 운 관,　치 기 어 대 상.　매 당 우 수 후,　본 관 관 원 친 시 하 우 지 상.

以周尺量水深淺，　具書下雨及雨晴日時水深寸分數，　隨卽啓聞置簿．
yǐ Zhōu chǐ liángshuǐshēnqiǎn　jù shū xià yǔ jí yǔ qíng rì shí shuǐshēncùn fēn shù　suí jí qǐ wén zhì bù
이 주 척 양 수 심 천,　구 서 하 우 급 우 청 일 시 수 심 촌 분 수,　수 즉 계 문 치 부.

『朝鮮王朝實錄』

[2] 도식 보기

연번	앞 성분	주어 (S)	부가 성분	술어(V-v) 활동	상태	변화결과	사동	의동	목적어 (O)	보어 (C)	뒷 성분
①	京中	ES	則	활동상태변화결과鑄					鐵		
②		ES		활동상태변화결과爲					器		，

연번	앞성분	주어(S)	부가성분	술어(V-v)					목적어(O)	보어(C)	뒷성분
				활동	상태	변화결과	사동	의동			
③		名				曰				測雨器	.
④		長			EV					一尺五寸	,
⑤		經			EV					七寸	,
⑥		ES				用			周尺		
⑦		ES				作			臺	於書雲觀	,
⑧		ES				置			器	於臺上	.
⑨		ES	每			當				雨水後	,
⑩		本觀官員$_i$	親			視			下雨之狀		
⑪		ES$_i$	以周尺			量			水深淺		,
⑫		ES$_i$	具			書			下雨及雨晴日時水深寸分數$_j$		,
⑬		ES$_i$	隨卽	啓聞							
⑭		ES$_i$				置			EO$_j$	簿	.

[3] 단어와 어구

①京中:서울에서, 鑄鐵:쇠를 주조하다 ②爲器:기물을 만들다 ③測雨器:측우기, 曰:-라고 불리다 ④長:길이 ⑤經:지름/통 ⑥周尺:자[고려 시대 이후 조선 시대까지 사용한 자의 일종] ⑦作臺: 대를 만들다, 於書雲觀:서운관에 ⑧置器:측우기를 설치하다, 於臺上:대의 위에 ⑨每:매번, 當雨水後:비가 온 후가 되면 ⑩本觀官員:본관[서운관]의 관리, 親:친히, 視:살피다, 下雨之狀:강우량의 상황 ⑪以:-로(전치사), 量:재다, 水深淺:물의 깊이 ⑫具:갖추다, 書:적다, 下雨及雨晴日時水深寸分數: 비가 내리고 맑아진 때와 물 깊이의 치수 ⑬隨卽: 즉시, 啓聞:임금에게 글로 아뢰다 ⑭置:놓아두다, 簿:장부

[4] 해석하기

① 서울에서 (세종과 과학자들이) 쇠를 주조해서

② (그들이) 기물을 만들었으니,

③ 그 이름은 측우기라고 불린다.

④ 길이는 1척 5촌이고,

⑤ 지름을 7촌이고,

⑥ (그들은) 주척[周尺]이라는 자를 사용하였다.

⑦ (그들은) 서운관에 대를 만들어,

⑧ (그들은) 대 위에 측우기를 설치하였다.

⑨ (그들은) 매번 비가 온 후에는,

⑩ (그것을 관리하는) 본 서운관의 관리가 직접 비가 내린 상황을 살펴보았다.

⑪ (그는) 주척 자로 물의 높낮이를 재고,

⑫ (그는) 비가 오고 비가 갠 일시와 수심의 푼과 촌 수를 모두 적어서,

⑬ (그는) 즉시 임금께 아뢰고

⑭ (그는) (그 내용을) 장부에 작성했다.

[5] 문법 설명

⭕ 문형과 사건의미

문형	사건의미	주어와 술어의 관계	해석 공식	해당 연번
SV	사동 [CAU-BEC]	〈원인자〉 주어 + [사동] 술어	[4]	⑬
SVO	활동 [DO]	〈행위자〉 주어 + [활동] 술어	[6]	①,②⑥, ⑩,⑪,⑫
SVC	상태 [BE]	〈묘사 대상자〉 주어 + [상태] 술어	[10]	④,⑤
SVC	변화결과 [BEC]	〈변화 대상자〉 주어 + [변화] 술어	[11]	③,⑨
SVOC	활동 [DO]	〈행위자〉 주어 + [활동] 술어	[13]	⑦,⑧,⑭

⭕ 문장성분

▌주어

- 'ES': 일반 주어, '사람(들)'.
- ⑪,⑫,⑬,⑭의 'ES$_i$': = '本觀官員$_i$'. 서운관 관원.

■ 술어
  · ④,⑤의 'EV': 상태 사건의미 술어. '-이다'류의 생략.
  · ③의 '曰': 변화결과 사건의미 술어. '-라고 불리다'. 주어는 [-의지]의 대상자 '名'.
■ 목적어
  · ⑫의 '下雨及雨晴日時水深寸分數': 활동 사건의미 술어 동사 '書'의 〈지배 대상자〉.
  · ⑭의 'EOⱼ': = '下雨及雨晴日時水深寸分數ⱼ'.

[6] 참고
  ■ 측우기(測雨器)
  1442년(세종 24)에 발명되어 사용한 조선시대의 공식적인 강우량 측량 기구. 주철(鑄鐵)로 된 원통형 그릇이며, 규격은 깊이 1자 5치(약 31㎝), 지름 7치(약 15㎝)이다. 이 측우기를 돌로 만든 측우대(測雨臺) 위에 올려놓고 비가 온 뒤 그 속에 고인 빗물의 깊이를 주척(周尺)으로 측량하는데, 푼(分-약 2㎜) 단위까지 정밀하게 재도록 하였다.

3) | 일식과 월식 |

[1] 원문 읽기

虛子曰: "古人云 '天圓而地方', 今夫子言 '地體正圓' 何也?"
Xū Zǐ yuē   gǔ rényún tiānyuán ér dì fāng   jīn fū zǐ yán dì tǐ zhèngyuán hé yě
허 자 왈: "고 인 운 '천 원 이 지 방', 금 부 자 언 '지 체 정 원' 하 야?"

實翁曰: "〈중략〉 地掩日而蝕於月, 蝕體亦圓, 地體之圓也." 『湛軒書』
Shí Wēngyuē   dì yǎn rì ér shí yú yuè   shí tǐ yì yuán   dì tǐ zhī yuán yě
실 옹 왈: "지 엄 일 이 식 어 월, 식 체 역 원, 지 체 지 원 야."

[2] 도식 보기

연번	앞성분	주어(S)	부가성분	술어(V-v)					목적어(O)	보어(C)	뒷성분
				활동	상태	변화결과	사동	의동			
①		虛子		활동曰							:
②	"	古人		활동云							
③	'	天			상태圓						
④	而₂	地			상태方						'
⑤	今	夫子		활동言							
⑥		'地體正圓'			상태EV					何	也?"
⑦		實翁		활동曰							:
⑧	"	地ᵢ		활동掩					日		
⑨	而₁	ESᵢ				변화蝕				於月	,
⑩		蝕體	亦		상태圓						,
⑪		地體之			상태圓						也."

[3] 단어와 어구

①虛子:허자[작품 속 인명] ②古人:옛사람 ③圓:둥글다 ④而:그러나(역접 접속사), 方:네모지다 ⑤夫子:
선생님 ⑥地體:지구의 몸체, 正:온전히/아주/딱 ⑦實翁:실옹[작품 속 인명] ⑧地:지구, 掩:가리다 ⑨而:
그래서(순접 접속사), 蝕:먹히다, 於:-에(전치사) ⑩蝕體:먹히는 물체, 亦:역시 ⑪之:-가(주격조사)

[4] 해석하기

① 허자가 말했다.

② "옛사람들이 말하길

③ '하늘은 둥글다.

④ 그러나 땅은 네모지다.'라고 하였는데,

⑤ 오늘날 선생께서 말씀하길

⑥ '땅의 형체가 바로 둥글다'고 하는 것은 무슨 일이요?"

⑦ 실옹이 말했다.

⑧ "**〈중략〉** 땅이 해를 가려서

⑨ 그래서 (땅이) 달에게 먹히면,

⑩ 먹히는 형체[지구가 달에게 먹히는 모양]가 역시 둥그니,

⑪ 땅의 형체는 둥글다."

[5] 문법 설명

○ 문형과 사건의미

문형	사건의미	주어와 술어의 관계	해석 공식	해당 연번
SV	**활동** [DO]	〈행위자〉 주어 + [활동] 술어	[1]	①,②,⑤,⑦
	상태 [BE]	〈묘사 대상자〉 주어 + [상태] 술어	[2]	③,④,⑩,⑪
SVO	**활동** [DO]	〈행위자〉 주어 + [활동] 술어	[6]	⑧
SVC	**상태** [BE]	〈묘사 대상자〉 주어 + [상태] 술어	[10]	⑥
	변화결과 [BEC]	〈변화 대상자〉 주어 + [변화] 술어	[11]	⑨

○ 문장성분

▌주어

- ⑨**의 '**ES_i**':** = '地$_i$'. 땅(지구).
- ⑩**의 '蝕體':** 먹히는 물체(='地'). '蝕'은 피동의 의미로 해석된다.

▌술어

- ⑥**의 '**EV**':** 상태 사건의미 술어. '-같다'류의 생략.

[6] 참고

▌『담헌서(湛軒書)』

조선 후기 실학자 홍대용(洪大容, 1731-1783)의 시문집. 지전설(地轉說)과 우주무한론(宇

宙無限論)을 주장하였다. 북학파(北學派)의 학자로서, 박지원(朴趾源)과 깊이 교류하였으며, 이 덕무(李德懋)·박제가(朴齊家) 등의 선배 학자이다. 본문은 과학사상을 담고 있는 『의산문답(醫山問答)』에 실린 내용으로, 비유적인 인물 실옹(實翁)과 허자(虛子) 사이의 대화이다.

3.6. 지리와 건축

│ 백두산 │ │ 지리산 │ │ 울릉도와 독도 │ │ 서울의 8대문 │

1) │ 백두산 │

[1] 원문 읽기

白頭山在女眞朝鮮之界, 爲一國花蓋. 上有大澤, 周回八十里.
Bái tóu shān zài Nǚ zhēn Cháoxiǎn zhī jiè　wéi yì guóhuā gài　shàngyǒu dà zé　zhōu huí bā shí lǐ.
백 두 산 재 여 진 조 선 지 계,　위 일 국 화 개.　상 유 대 택,　주 회 팔 십 리.

西流爲鴨綠江, 東流爲豆滿江, 〈중략〉 豆滿鴨綠之內, 卽我國也.
xī liú wéi Yā lù jiāng　dōng liú wéi Dòumǎnjiāng　Dòumǎn Yā lù zhī nèi　jí wǒ guó yě.
서 류 위 압 록 강,　동 류 위 두 만 강,　　두 만 압 록 지 내,　즉 아 국 야.

『擇里志』

[2] 도식 보기

| 연번 | 앞 성분 | 주어 (S) | 부가 성분 | 술어(V-v) | | | | | 목적어 (O) | 보어 (C) | 뒷 성분 |
				활동	상태	변화결과	사동	의동			
①		白頭山ᵢ			상태在					女眞朝鮮之界	,
②		ESᵢ			상태爲					一國花蓋	.
③		上			상태有					大澤	,
④		周回			상태EV					八十里	.
⑤		西流				변화爲				鴨綠江	,

연번	앞 성분	주어 (S)	부가 성분	술어(V-v) 활동	상태	변화결과	사동	의동	목적어 (O)	보어 (C)	뒷 성분
⑥		東流				⑭⑲爲				豆滿江	,
⑦		豆滿鴨綠之內	卽		⑩EV					我國	也.

[3] 단어와 어구

①白頭山:백두산, 在:-에 있다, 女眞:여진[금나라, 청나라를 세운 북방 민족], 朝鮮:조선, 界:경계 ②花蓋:꽃으로 만든 지붕 ③澤:연못 ④周回:둘레/주위, 里:리[길이 단위] ⑤西流:서쪽 흐름, 鴨綠江:압록강 ⑥東流:동쪽 흐름, 豆滿江:두만강, 我國:우리나라[조선]

[4] 해석하기

① 백두산은 여진과 조선 땅의 경계에 있으니,

② (백두산은) 한 나라의 꽃으로 만든 지붕이다.

③ 산 위에는 큰 연못이 있는데,

④ 그 주위가 80리이다.

⑤ 서쪽 흐름은 압록강이 되고,

⑥ 동쪽 흐름은 두만강이 되니,

<중략>

⑦ 두만강과 압록강의 안쪽이 우리나라[조선]이다.

[5] 문법 설명

○ 문형과 사건의미

문형	사건의미	주어와 술어의 관계	해석 공식	해당 연번
SVC	상태 [BE]	<묘사 대상자> 주어 + [상태] 술어	[10]	①,②,③,④,⑦
	변화결과 [BEC]	<변화 대상자> 주어 + [변화] 술어	[11]	⑤,⑥

○ 문장성분

▎주어

・ ②의 'ES$_i$': = '白頭山$_i$'.

▎술어

・ ④와 ⑦의 'EV': 상태 사건의미 술어. '-이다'류의 생략.

[6] 참고

▎『택리지(擇里志)』

1751년(영조 27) 실학자 이중환(李重煥, 1690-1756) 저술. 『팔역지(八域誌)』라고도 하며, 실학파 학풍의 배경에서 만들어진 대표적인 지리서이다. 『택리지(擇里志)』는 '살만한 곳을 찾는다'는 의미로, 『논어·이인(論語·里仁)』에 '군자는 살만한 곳을 찾아 거한다'고 한데서 이름을 붙인 것이다. 현지 답사를 기초로 한 저작으로, 이전의 백과사전식 지리서 『동국여지승람(東國輿地勝覽)』과 달리 인문 지리적 관점을 보인다.

2) | 지리산 |

[1] 원문 읽기

(1) 智異山在南海上, 是爲白頭之大盡脈. 故一名頭流山. 『擇里志』
　　Zhì yì shān zài nán hǎi shàng, shì wéi Bái tóu zhī dà jìn mài gù yì míng Tóu liú shān
　　지 리 산 재 남 해 상, 시 위 백 두 지 대 진 맥. 고 일 명 두 류 산.

(2) 智異山又名頭流. 〈중략〉 環山有一牧一府二郡五縣四附.
　　Zhì yì shānyòumíngTóu liú huánshānyǒu yí mù yì fǔ èr jùn wǔ xiàn sì fù
　　지 리 산 우 명 두 류. 환 산 유 일 목 일 부 이 군 오 현 사 부.

〈중략〉 上有峰之最高者二, 東曰天王, 西曰般若. 『靑坡集』
　　　　shàngyǒufēng zhī zuì gāozhě èr dōngyuēTiānwáng xī yuēBānruò
　　　　상 유 봉 지 최 고 자 이, 동 왈 천 왕, 서 왈 반 야.

[2] 도식 보기

연번		앞성분	주어(S)	부가성분	술어(V-v) 활동	상태	변화결과	사동	의동	목적어(O)	보어(C)	뒷성분
(1)	①		智異山			상태在					南海上	,
	②		是			상태爲					白頭之大盡脈	.
	③	故	一名			상태EV					頭流山	.
(2)	①		智異山	又			변화名				頭流	.
	②		環山			상태有					一牧一府二郡五縣四附	.
	③		上			상태有					峰之最高者二	,
	④		東ᵢ				변화曰				天王	,
	⑤		西ⱼ				변화曰				般若	.

[3] 단어와 어구

(1) ①智異山:지리산 ②白頭:백두산, 盡:다하다, 脈:맥 ③頭流山:두류산[백두산이 흘러내린 산]
(2) ①名:불리다, 頭流:두류산 ②環山:산 둘레, 牧:목[행정 단위], 府:부[행정 단위], 郡:군[행정 단위], 縣:현[행정 단위], 附:부[행정 단위] ③峰:봉우리 ④天王:천왕봉 ⑤般若:반야봉

[4] 해석하기

(1) ① 지리산은 남해의 위쪽에 있는데,

　　② 이는 백두가 크게 맥을 다한 곳이다.

　　③ 그래서 한 이름이 두류산이다.

(2) ① 지리산은 또 두류하고 불린다.

　　　　　〈중략〉

　　② 산 둘레에 일목, 일부, 이군, 오현, 사부가 있다.

　　　　　〈중략〉

　　③ 산 위에는 봉우리의 최고가 되는 것이 둘이 있는데,

④ 동쪽 봉우리는 천왕이라 불리고,

⑤ 서쪽 봉우리는 반야라고 불린다.

[5] 문법 설명

○ 문형과 사건의미

문형	사건의미	주어와 술어의 관계	해석 공식	해당 연번
SVC	상태 [BE]	〈묘사 대상자〉 주어 + [상태] 술어	[10]	(1) ①,②,③ (2) ②,③
	변화결과 [BEC]	〈변화 대상자〉 주어 + [변화] 술어	[11]	(2) ①,④,⑤

○ 문장성분

▌ 주어

• 'ES': 일반 주어. 사람들.

▌ 술어

• (1) ③의 'EV': 상태 사건의미 술어. '-이다'류의 생략.

[6] 참고

▌『청파집(靑坡集)』

조선 전기의 학자 이육(李陸, 1438-1498)의 시문집. 「두류산록(頭流山錄)」에는 저자가 3년간 생활한 지리산의 위치와 주변의 인문·자연 지리에 관한 내용이 자세히 수록되어 있다.

3) │ 울릉도와 독도 │

[1] 원문 읽기

于山武陵二島在縣正東海中, 二島相去不遠, 風日淸明, 則可望見.
Yú shān Wǔ líng èr dǎo zài xiàn zhèng dōng hǎi zhōng   èr dǎo xiāng qù bù yuǎn   fēng rì qīng míng   zé kě wàng jiàn
우 산 무 릉 이 도 재 현 정 동 해 중, 이 도 상 거 불 원, 풍 일 청 명, 즉 가 망 견.

『世宗實錄地理志』

[2] 도식 보기

연번	앞 성분	주어 (S)	부가 성분	술어(V-v) 활동	상태	변화결과	사동	의동	목적어 (O)	보어 (C)	뒷 성분
①		于山·武陵二島ⱼ			상태在					縣正東海中	,
②	二島ⱼ	相去	不		상태遠						,
③		風日	淸		상태明						,
④	則	ESᵢ	可望	활동見					EOⱼ		.

[3] 단어와 어구

①于山:우산, 武陵:무릉, 二島:두 섬[울릉도와 독도], 正東:정동, 海中:바다 가운데 ②相去:서로 떨어진 것, 遠:멀다 ③風日:바람 부는 날, 淸:맑다, 明:밝다, 則:그러면(순접 접속사) ④望:멀리 바라다, 見:보다

[4] 해석하기

① 우산과 무릉 두 섬은 현의 정 동쪽 바다 가운데 있는데,

② 두 섬은 서로 간의 거리가 멀지 않아,

③ (두 섬은) 바람이 부는 날은 개어 맑으면,

④ (두 섬은) (사람들이) 가히 멀리 볼 수 있다.

[5] 문법 설명

○ 문형과 사건의미

문형	사건의미	주어와 술어의 관계	해석 공식	해당 연번
SV	상태 [BE]	〈묘사 대상자〉 주어 + [상태] 술어	[2]	②,③
SVO	활동 [DO]	〈행위자〉 주어 + [활동] 술어	[6]	④
SVC	상태 [BE]	〈묘사 대상자〉 주어 + [상태] 술어	[10]	①

○ 문장성분

▌ 주어

- ④의 'ES_i': 일반 주어, 사람(들).

▌ 목적어

- ④의 'EO_j': = '二島_j' = '于山·武陵二島_j'. 두 섬(울릉도와 독도).

▌ 기타

- ②의 '二島_j': 화제. ②,③,④의 진술 대상이다.

[6] 참고

▌『세종실록지리지(世宗實錄地理志)』

　『세종장헌대왕실록(世宗莊憲大王實錄)』에 실려 있는 전국 지리지. 1454년(단종 2년)에 만들어졌으며, 총 8권 8책으로 구성된다. 8도를 경기도관찰부터 충청도, 경상도, 전라도, 황해도, 강원도, 평안도, 함길도의 순으로, 당시의 경제·사회·군사·산업·지방 제도 등에 대해 자세히 기록하였다.

4) │ 서울의 8대문 │

[1] 원문 읽기

太祖五年,　用石築之,　世宗四年改修,　周九千九百七十五步,　高四十尺二寸.
Tài Zǔ wǔ nián　yòng shí zhù zhī　Shì Zōng sì nián gǎi xiū　zhōu jiǔ qiān jiǔ bǎi qī shí wǔ bù　gāo sì shí chǐ èr cùn
태 조 오 년,　용 석 축 지,　세 종 사 년 개 수,　주 구 천 구 백 칠 십 오 보,　고 사 십 척 이 촌.

立門八:　正南曰崇禮,　正北曰肅清,　正東曰興仁,　正西曰敦義,　東北曰惠化,
lì mén bā　zhèng nán yuē Chóng lǐ　zhèng běi yuē Sù qīng　zhèng dōng yuē Xīng rén　zhèng xī yuē Dūn yì　dōng běi yuē Huì huà
입 문 팔:　정 남 왈 숭 례,　정 북 왈 숙 청,　정 동 왈 흥 인,　정 서 왈 돈 의,　동 북 왈 혜 화,

西北曰彰義,　東南曰光熙,　西南曰昭德.　『新增東國輿地勝覽』
xī běi yuē Zhāng yì　dōng nán yuē Guāng xī　xī nán yuē Zhāo dé
서 북 왈 창 의,　동 남 왈 광 희,　서 남 왈 소 덕.

[2] 도식 보기

연번	앞 성분	주어 (S)	부가 성분	술어(V-v) 활동	술어(V-v) 상태	술어(V-v) 변화결과	술어(V-v) 사동	술어(V-v) 의동	목적어 (O)	보어 (C)	뒷 성분
①	太祖五年,	ES	用石	(활동)築					之$_i$		,
②	世宗四年	ES	改	(활동)修					EO$_i$		,
③		周			(상태)EV					九千九百七十五步	,
④		高			(상태)EV					四十尺二寸	.
⑤		立門$_i$			(상태)EV					八	
⑥		正南$_j$				(변화)曰				崇禮	,
⑦		正北$_k$				(변화)曰				肅淸	,
⑧		正東$_l$				(변화)曰				興仁	,
⑨		正西$_m$				(변화)曰				敦義	,
⑩		東北$_n$				(변화)曰				惠化	,
⑪		西北$_o$				(변화)曰				彰義	,
⑫		東南$_p$				(변화)曰				光熙	,
⑬		西南$_q$				(변화)曰				昭德	.

[3] 단어와 어구

①**太祖**:태조[조선의 건국 왕], **用**:사용하다, **築**:짓다/쌓다 ②**世宗**:세종, **改修**:고쳐짓다 ③**周**:둘레, **步**:걸음 ④**高**:높이, **尺**:척[길이 단위], **寸**:촌[길이 단위-0.1尺] ⑤**立門**:문을 세우다 ⑥**正南**:정남[쪽], **曰**:불리다, **崇禮**:숭례[문] ⑦**正北**:정북[쪽], **肅淸**:숙정[문] ⑧**正東**:정동[쪽], **興仁**:흥인[문] ⑨**正西**:정서[쪽], **敦義**:돈의[문], ⑩**東北**:동북[쪽], **惠化**:혜화[문] ⑫**東南**:동남[쪽], **光熙**:광희[문] ⑬**西南**:서남[쪽], **昭德**:소덕[문]

[4] 해석하기

① 태조 5년에 (나라에서는) 돌을 이용하여 그것을 쌓고,

② 세종 4년에 (그것을) 고쳐 수리하였으니,

③ 둘레는 9,975보요,

④ 높이는 40척 2촌이다.

⑤ 성문을 세운 것이 여덟 곳이니

⑥ 정남 쪽의 것은 숭례(문이)라 불리고,

⑦ 정북 쪽의 것은 숙청(문)이라 불리고,

⑧ 정동 쪽의 것은 흥인(문)이라 불리고,

⑨ 정서 쪽의 것은 돈의(문이)라 불리며,

⑩ 동북 쪽의 것은 혜화(문이)라 불리고,

⑪ 서북 쪽의 것은 창의(문이)라 불리고,

⑫ 동남 쪽의 것은 광희(문이)라 불리고,

⑬ 서남 쪽의 것은 소덕(문)이라 불린다.

[5] 문법 설명

○ 문형과 사건의미

문형	사건의미	주어와 술어의 관계	해석 공식	해당 연번
SVO	활동 [DO]	〈행위자〉 주어 + [활동] 술어	[6]	①,②
SVC	상태 [BE]	〈묘사 대상자〉 주어 + [상태] 술어	[10]	③,④,⑤
	변화결과 [BEC]	〈변화 대상자〉 주어 + [변화] 술어	[11]	⑥,⑦,⑧,⑨ ⑩,⑪,⑫,⑬

○ 문장성분

▌ 주어

- ⑥,⑦,⑧,⑨,⑩,⑪,⑫,⑬의 'ES': 일반 주어, 사람들 또는 국가.
- ⑤의 '立門': 사동 사건의미의 절 주어. es+立v+門o. (나라에서) 문을 세운 것.

▌ 술어

- ③,④,⑤의 'EV': 상태 사건의미 술어. '-이다'류의 생략.
- ⑥-⑬의 '曰': 변화결과 사건의미 술어. 불리다.

  이 '曰'은 [-의지]의 〈변화 대상자〉 주어를 가진다.

■ 목적어

　• ②의 'EO¡': ='門¡'.

[6] 참고

■ 『신증동국여지승람(新增東國輿地勝覽)』

　조선 전기 이행(李荇)·윤은보(尹殷輔) 등이 조정의 명으로 편찬한 지리서. 1481년(성종 12) 50권으로 편찬된 『동국여지승람』에 대해 여러 번의 수정 과정을 거쳐 최종적으로 1530년에 완성되었다. 총 55권 25책이며, '동국여지승람'에 '신증(新增)'의 두 글자를 삽입하여 간행하였다. 이 책은 백과사전식 지리서로서, 지리적인 내용과 더불어 정치·경제·역사·행정·군사·사회·민속·예술·인물 등 지방 사회의 여러 방면에 대해 기술한다.

3.7. 음악과 미술

│ 가야금을 향한 열정 │　│ 3일간의 실종 │

1) │ 가야금을 향한 열정 │

[1] 원문 읽기

琴師金聖器,　學琴於王世基,　每遇新聲,　王輒祕不傳授.
qín shī Jīn Shèng qì　xué qín yú Wáng Shì jī　měi yù xīn shēng　wáng zhé mì bù chuánshòu
금 사 김 성 기,　학 금 어 왕 세 기,　매 우 신 성,　왕 첩 비 부 전 수.

聖器夜夜來附王家窓前竊聽,　明朝能傳寫不錯.　王固疑之,　乃夜彈琴,
Shèng qì yè yè lái fù Wáng jiā chuāngqián qiè tīng　míngcháonéngchuán xiě bú cuò　Wáng gù yí zhī　nǎi yè tán qín
성 기 야 야 래 부 왕 가 창 전 절 청,　명 조 능 전 사 불 착.　왕 고 의 지,　내 야 탄 금,

曲未半,　瞥然拓窓,　聖器驚墮於地.　王乃大奇之,　盡以所著授之.
qū wèi bàn　piē rán tuò chuāng　Shèng qì jīngduò yú dì　Wáng nǎi dà qí zhī　jìn yǐ suǒzhùshòu zhī
곡 미 반,　별 연 탁 창,　성 기 경 타 어 지.　왕 내 대 기 지,　진 이 소 저 수 지.

『秋齋集』

[2] 도식 보기

연번	앞성분	주어(S)	부가성분	술어(V-v) 활동	상태	변화결과	사동	의동	목적어(O)	보어(C)	뒷성분
①		琴師金聖器ᵢ,		學					琴	於王世基ⱼ	,
②		ESᵢ	每	遇					新聲		,
③		王	輒祕不			傳授					.
④		聖器ᵢ	夜夜			來					
⑤		ESᵢ				附				王家窓前	
⑥		ESᵢ	竊	聽							
⑦		ESᵢ	明朝能	傳寫							
⑧		ESᵢ	不			錯					
⑨		王ⱼ	固			疑			之ᵢ		
⑩		ESⱼ	乃夜	彈					琴		
⑪		曲	未			EV				半	,
⑫		ESⱼ	瞥然	拓					窓		,
⑬		聖器ᵢ	驚			墮				於地	.
⑭		王ⱼ	乃大					奇	之ᵢ		,
⑮		ESⱼ	盡以所著	授					之ᵢ		

[3] 단어와 어구

①琴師:가야금의 명수, 金聖器:김성기[인명-조선후기 거문고 명인], 學琴:가야금을 배우다, 於:-에게(전치사), 王世基:왕세기[인명-거문고 연주가, 김성기의 스승] ②遇:만나다, 新聲:새로운 소리/곡조 ③輒:문득/짐짓, 祕:숨기다, 傳授:전수하다 ④夜夜:밤마다(시간 명사의 중첩) ⑤附:기대다, 窓前:창문 앞 ⑥竊:훔치다 ⑦明朝:다음 날 아침, 傳寫:옮기어 적다 ⑨固:진실로 ⑩乃:이에, 彈琴:가야금을 타다 ⑪曲:곡, 未半:반이 되지 않다 ⑫瞥然:갑자기, 拓窓:창문을 열다, 驚:놀라다, 墮: 떨어지다/추락하다, 於地:땅바닥에 ⑭奇之:그를 기특하게 여기다 ⑮盡:다하다, 以:-로써(전치사), 所著:지은 것 ⑯授:전수해 주다

[4] 해석하기

① 가야금의 명수 김성기가 왕세기에게서 가야금을 배웠는데,

② (그가) 매번 새로운 곡을 만날 때마다,

③ 왕세기는 짐짓 비밀로 하여 가르쳐주지 않았다.

④ 김성기는 밤마다 와서

⑤ 왕세기의 창 앞에 기대어

⑥ 훔쳐 듣고,

⑦ 다음 날 아침에 옮겨 적었는데

⑧ (그는) 틀리지 않았다.

⑨ 왕세기가 그를 단단히 의심하여,

⑩ 밤에 가야금을 타다가,

⑪ 곡이 아직 반에 이르지 않았을 때,

⑫ (왕세기가) 별안간 창문을 여니,

⑬ 김성기가 놀라 땅바닥에 떨어졌다.

⑭ 왕세기는 이에 그를 크게 기특하게 여겨,

⑮ (자기가) 지은 바 모두를 가지고 그에게 전수했다.

[5] 문법 설명

○ 문형과 사건의미

문형	사건의미	주어와 술어의 관계	해석 공식	해당 연번
SV	**활동** [DO]	〈행위자〉 주어 + [활동] 술어	[1]	③,⑥,⑦
	변화결과 [BEC]	〈변화 대상자〉 주어 + [변화] 술어	[3]	④,⑧
SVO	**활동** [DO]	〈행위자〉 주어 + [활동] 술어	[6]	②,⑩,⑫,⑮
	변화결과 [BEC]	〈경험자〉 주어 + [변화] 술어	[7]	⑨
	의동 [CON-BE]	〈인식자〉 주어 + [의동] 술어	[9]	⑭

문형	사건의미	주어와 술어의 관계	해석 공식	해당 연번
SVC	변화결과 [BEC]	〈변화 대상자〉 주어 + [변화] 술어	[11]	⑤,⑪,⑬
SVOC	활동 [DO]	〈행위자〉 주어 + [활동] 술어	[13]	①

○ 문장성분

▌ 주어

  • ②,⑤,⑥,⑦,⑧의 'ES$_i$': = '琴師金聖器$_i$' = '聖器$_i$' = '之$_i$'.
  • ⑩,⑫,⑮의 'ES$_j$': = '王$_j$' = '王世基$_j$'.

▌ 술어

  • ⑪의 'EV': 변화결과 사건의미 술어. '-도달하다'류의 생략.

▌ 목적어

  • ⑨,⑭,⑮의 '之$_i$': 김성기.

▌ 보어

  • ①의 '於王世基': 전치사구 보어. '於'는 〈출발점〉 표시 전치사. '-로부터/에게서'.

[6] 참고

▌ 『추재집(秋齋集)』

　　조선 후기 여항시인(閭巷詩人) 조수삼(趙秀三, 1762-1849)의 시문집. 총 8권 4책이며, 그의 호 추재(秋齋)를 따라 『추재집(秋齋集)』이라고 한다. 중국과 조선을 여행하면서 쓴 기행시들이 주를 이룬다.

▌ 김성기(金聖器, 미상)

　　숙종(1674-1720) 때 거문고 명인. 가난한 평민 출신으로, 이후 왕세기(王世基)에게서 거문고의 비법을 전수하여 이름을 얻었다. 퉁소·비파·창곡(唱曲)에도 뛰어났으며, 조선 숙종 때의 가객인 김중열(金重說)을 비롯한 많은 제자를 길러냈다.

[1] 원문 읽기

李澄幼登樓而習畫, 家失其所在, 三日乃得. 父怒而笞之,
Lǐ Chéng yòu dēng lóu ér xí huà jiā shī qí suǒ zài sān rì nǎi dé fù nù ér chī zhī
이 징 유 등 루 이 습 화, 가 실 기 소 재, 삼 일 내 득. 부 노 이 태 지,

泣引淚而成鳥. 此可謂忘榮辱於畫者也. 『燕巖集』
qì yǐn lèi ér chéng niǎo cǐ kě wèi wàng róng rǔ yú huà zhě yě
읍 인 루 이 성 조. 차 가 위 망 영 욕 어 화 자 야.

[2] 도식 보기

연번	앞 성분	주어 (S)	부가 성분	술어(V-v) 활동	술어(V-v) 상태	술어(V-v) 변화결과	술어(V-v) 사동	술어(V-v) 의동	목적어 (O)	보어 (C)	뒷 성분
①		李澄$_i$	幼	(변화)登						樓	
②	而$_1$	ES$_i$		(활동)習					畫		,
③		家$_j$		(변화)失						其所在	,
④		ES$_j$	三日乃	(활동)得					EO$_i$		.
⑤		父$_k$		(변화)怒							
⑥	而$_1$	ES$_k$		(활동)笞					之		,
⑦		ES$_i$	泣	(활동)引					淚		
⑧	而$_1$	ES$_i$					(사동)成		鳥		.
⑨		此$_i$	可	(변화)謂						忘榮辱於畫者	也.

[3] 단어와 어구

①李澄:이징[인명-조선중기 화가], 登:오르다, 樓:누각/다락 ②而:그리고(순접 접속사), 習畫:그림을 익히다 ③家:집-사람들, 失:잃다/잊다, 其所在:그가 있는 곳 ④乃:드디어, 得:찾다 ⑤怒:노하다 ⑥而:그래서(순접 접속사), 笞之:그를 매질하다 ⑦泣:울다, 引淚:눈물을 [찍어] 끌어당기다 ⑧而:그리고(순접 접속사), 成鳥:새가 되게 하다 ⑨此:이(지시 대명사-이징 혹은 이징의 행위를 가리킴), 可謂:가히 —라 할만하다, 忘:잊다, 榮辱:영예와 치욕, 於畫:그림을 그리는 데에, 也:(진술 어기조사)

[4] 해석하기

① 이징은 어린 시절 다락에 올라,

② 그리고 (그는) 그림을 익히고 있었는데,

③ 집에서는 그가 있는 곳을 몰랐다가,

④ (집에서는) (그를) 사흘 만에 겨우 찾았다.

⑤ 그 부친이 노하여

⑥ 그래서 이징을 매질했더니,

⑦ (그는) 울면서 떨어진 눈물을 찍어다가

⑧ 그리고 (그는) 새가 그려지게 했으니,

⑨ 이 사람은 그림에 영욕을 잊은 사람이라 불릴 만하다.

[5] 문법 설명

● 문형과 사건의미

문형	사건의미	주어와 술어의 관계	해석공식	해당연번
SV	변화결과 [BEC]	〈변화 대상자〉 주어 + [변화] 술어	[3]	⑤
SVO	활동 [DO]	〈행위자〉 주어 + [활동] 술어	[6]	②,⑥,⑦
	변화결과 [BEC]	〈경험자〉 주어 + [변화] 술어	[7]	④
	사동 [CAU-BEC]	〈원인자〉 주어 + [사동] 술어	[8]	⑧
SVC	변화결과 [BEC]	〈변화 대상자〉 주어 + [변화] 술어	[11]	①,③,⑨

● 문장성분

▌주어

- ②,⑦,⑧의 ‘ES_i’: = ‘李澄$_i$’.

- ④의 ‘ES_j’: = ‘家$_j$’.

- ⑥의 ‘ES_k’: = ‘父$_k$’.

■ 술어
   • ④의 '得':얻다.[21]
■ 목적어
   • ④의 'EO$_i$': = '李澄$_i$'.
■ 보어
   • ⑨의 '忘榮辱於畵者': 관형어 절이 있는 보어. [[忘v+榮辱o]+於畵c]+者.

[6] 참고

■ 이징(李澄, 1581년-?)

조선 후기 화가. 대표작으로는 「난숙도(蘭竹圖, 1635)」·「화개현구장도(花開縣舊莊圖, 1643)」
가 있으며, 이금산수화(泥金山水畵-금가루를 풀어 만든 물감으로 그린 그림) 방면의 일인자로
평가받는다.

3.8. 민속과 놀이

│춤추고 노래하며│ │설과 추석│ │씨름과 윷놀이│

1) │춤추고 노래하며│

[1] 원문 읽기

群聚歌舞飮酒, 晝夜無休, 其舞, 數十人, 俱起相隨, 踏地低昻,
qún jù gē wǔ yǐn jiǔ zhòu yè wú xiū qí wǔ shù shí rén jù qǐ xiāng suí tà dì dī áng
군 취 가 무 음 주, 주 야 무 휴, 기 무, 수 십 인, 구 기 상 수, 답 지 저 앙,

手足相應, 節奏有似鐸舞. 『三國志·魏書·東夷傳』
shǒu zú xiāngyìng jié zòuyǒu sì Duó wǔ
수 족 상 응, 절 주 유 사 탁 무.

---

21 이 동사 술어는 문맥상 주어의 의지성 유무를 고려하여 사건의미를 설정한다. 일반적으로 '잃다'와 더불어 변화결과 사
   건의미로 해석하는 것이 좋다.

연번	앞성분	주어(S)	부가성분	술어(V-v) 활동	상태	변화결과	사동	의동	목적어(O)	보어(C)	뒷성분
①		群ᵢ	聚	활동歌							
②		ESᵢ		활동舞							
③		ESᵢ		활동飮					酒		,
④		晝夜			상태無					休	,
⑤	其舞,	數十人ⱼ,	俱	활동起							
⑥		ESⱼ	相	활동隨							,
⑦		ESⱼ		활동踏					地	低昂	,
⑧		手足	相			변화결과應					,
⑨		節奏			상태有					似鐸舞	.

[3] 단어와 어구

①群:무리, 聚:모이다, 歌:노래하다 ②舞:춤추다 ③飮酒:술을 마시다 ④晝夜:밤낮, 無:없다, 休:쉼 ⑤其: 그(지시 대명사), 數十人:수십명의 사람, 俱:모두, 起:일어나다 ⑥相:서로, 隨:따르다 ⑦踏:밟다, 地:땅, 低昂:낮추었다 높임 ⑧手足:손과 발, 應:알맞다/부합하다/조화롭다 ⑨節奏:절주[음악의 마디], 似:같다, 鐸舞:탁무[고대 중국 군무의 일종]

[4] 해석하기

① 무리가 모여 노래하고

② (무리가 모여) 춤추며

③ (무리가 모여) 술을 마시고,

④ (음주가무가) 밤낮으로 쉼이 없는데,

⑤ 그 춤은 수십 명의 사람들이 모두 일어나서

⑥ (그 춤은) (수십 명의 사람들이) 서로 따르며,

⑦ (그 춤은) (수십 명의 사람들이) 땅바닥을 낮추거나 높인 자세로 밟고,

⑧ (그 춤은) 손과 발이 서로 조화를 이루니,

⑨ (그 춤은) 절주가 탁무와 비슷함이 있다.

[5] 문법 설명

◯ 문형과 사건의미

문형	사건의미	주어와 술어의 관계	해석 공식	해당 연번
SV	활동 [DO]	〈행위자〉 주어 + [활동] 술어	[1]	①,②,⑤,⑥
	변화결과 [BEC]	〈변화 대상자〉 주어 + [변화] 술어	[3]	⑧
SVO	활동 [DO]	〈행위자〉 주어 + [활동] 술어	[6]	③
SVC	상태 [BE]	〈묘사 대상자〉 주어 + [상태] 술어	[10]	④,⑨
SVOC	활동 [DO]	〈행위자〉 주어 + [활동] 술어	[13]	⑦

◯ 문장성분

▌주어

- ②,③의 'ES$_i$': = 群$_i$. 무리.
- ⑥,⑦의 'ES$_j$': = 數十人$_j$. 수십 명의 사람들.

▌보어

- ⑨의 '似鐸舞': 절 보어. es(其舞)+似v+鐸舞c.

▌기타

- ⑤의 '其舞': 화제. ⑤-⑨의 진술 대상.
- ⑦의 '踏地低昂': 춤 동작의 일종. 한 걸음을 짚어서 다른 발을 떼기까지 무릎을 굽혔다 펴면서 높고 낮게 땅을 구르며 밟는 모양.
- ⑧의 '手足相應': 춤 동작의 일종. 같은 쪽 손과 발을 잘 맞아떨어지게 움직이는 조화로운 모양.

[6] 참고

『삼국지·위지·동이전(三國志·魏書·東夷傳)』

서진(西晉) 사람 진수(陳壽, 233-297)가 280-289년 사이에 저술한 역사서. 『삼국지(三國志)』는 위(魏)·촉(蜀)·오(吳) 세 나라가 정립한 중국 삼국시대(220-280)에 관한 정사(正史)이다. 특히, 「위서·동이전(魏書·東夷傳)」은 줄여서 '위지(魏志) 동이전'이라고도 하는데, 부여(夫餘)·고구려(高句麗)·한(韓) 등 이른바 '동이(東夷)'에 관하여 기록되어 있다. 『삼국지(三國志, 289년경)』는 고려시대 역사서인 『삼국사기(三國史記, 1145년경)』에 비해 800여 년 앞선 자료이다.

2) | 설과 추석 |

[1] 원문 읽기

(1) 京都俗歲謁家廟, 行祭, 曰: '茶禮', 男女年少卑幼者皆著新衣,
jīng dū sú suì yè jiā miào xíng jì yuē Chá lǐ nán nǚ niánshào bēi yòuzhě jiē zhuó xīn yī
경 도 속 세 알 가 묘, 행 제, 왈 : '차 례'. 남 녀 년 소 비 유 자 개 착 신 의,

曰: '歲粧'. 訪族戚長老, 曰: '歲拜'. 『東國歲時記』
yuē Suì zhuāng fǎng zú qī zhǎng lǎo yuē Suì bài
왈 : '세 장', 방 족 척 장 노, 왈 : '세 배'.

(2) 十五日東俗稱秋夕, ⟨중략⟩ 鄉里田家爲一年最重之名節
shí wǔ rì Dōng sú chēng Qiū xī xiāng lǐ tián jiā wéi yì nián zuì zhòng zhī míng jié
십 오 일 동 속 칭 추 석, 향 리 전 가 위 일 년 최 중 지 명 절

以其新穀已登西成不遠. 『東國歲時記』
yǐ qí xīn gǔ yǐ dēng xī chéng bù yuǎn.
이 기 신 곡 이 등 서 성 불 원.

[2] 도식 보기

연번		앞 성분	주어 (S)	부가 성분	술어(V-v)					목적어 (O)	보어 (C)	뒷 성분
					활동	상태	변화결과	사동	의동			
(1)	①	京都俗	ES	歲	ⓥ謁					家廟		,
	②		ES		ⓥ行					祭祀ᵢ		,

연번	앞성분	주어 (S)	부가성분	활동	상태	변화결과	사동	의동	목적어 (O)	보어 (C)	뒷성분
③		ES$_i$				⟨변⟩日				茶禮	,
④		男女年少卑幼者	皆	⟨활⟩著					新衣$_j$		,
⑤		ES$_j$				⟨변⟩日				歲粧	.
⑥		ES		⟨활⟩訪					族戚長老$_k$		,
⑦		ES$_k$				⟨변⟩日				歲拜	.
(2) ①		十五日	東俗			⟨변⟩稱				秋夕$_i$	.
②		ES$_i$	鄉里田家		⟨상⟩爲					一年最重 之名節	.
③	以	其新穀	已			⟨변⟩登					,
④		西成	不		⟨상⟩遠						.

[3] 단어와 어구

(1) ①京都:서울, 俗:풍속, 歲:새해/세밑, 謁:찾아 절하다, 家廟:집안의 사당 ②行:행하다, 祭祀:제사 ③茶禮:차례 ④年少:나이 젊다, 卑幼者:항렬이 낮은 어린 사람들, 皆:다, 著[착]:입다, 新衣:새옷 ⑤歲粧:세장 ⑥訪:방문하다, 族戚長老:친척 어른 ⑦歲拜:세배

(2) ①東[東國]俗:조선 풍속, 秋夕:추석 ②鄉里:시골, 田家:농가, 最重:가장 중요하다, 之:-은(관형어 표시 조사), 名節:명절 ③以:- 때문에, 新穀:햇곡식, 已:이미, 登:익다 ④西成:가을걷이/추수

[4] 해석하기

(1) ① 서울의 풍속에 (사람들이) 새해에 집안의 사당을 찾아 뵙고,

② 제사를 지내니,

③ (이것은) '차례'라고 불리며,

④ 남녀 중 나이가 적거나 항렬이 낮은 사람들이 모두 새 옷을 입으니,

⑤ (이것은) '세장'이라 불린다.

⑥ (사람들이) 친척과 어른들을 찾아뵈니,

⑦ (이것은) '세배'라 불린다.

(2) ① 십오일은 조선 풍속에서 '추석'으로 불린다.

〈중략〉

② (추석은) 시골 농가에서 일 년 중 가장 중요한 명절이다.

③ 그 햇곡식이 다 익어서,

④ 가을걷이가 멀지 않기 때문이다.

[5] 문법 설명

⦿ 문형과 사건의미

문형	사건의미	주어와 술어의 관계	해석 공식	해당 연번
SV	상태 [BE]	〈묘사 대상자〉 주어 + [상태] 술어	[2]	(2) ④
	변화결과 [BEC]	〈변화 대상자〉 주어 + [변화] 술어	[3]	(2) ③
SVO	활동 [DO]	〈행위자〉 주어 + [활동] 술어	[6]	(1) ①,②,④,⑥
SVC	상태 [BE]	〈묘사 대상자〉 주어 + [상태] 술어	[10]	(2) ②
	변화결과 [BEC]	〈변화 대상자〉 주어 + [변화] 술어	[11]	(1) ③,⑤,⑦ (2) ①

⦿ 문장성분

▌주어

- (1) ①,②,⑥의 'ES': 일반 주어. 사람들.
- (1) ③의 'ES$_i$': = '(行)祭祀$_i$'.
- (1) ⑤의 'ES$_j$': = (著)新衣$_j$.
- (1) ⑦의 'ES$_k$': = '(訪)族戚長老$_k$'.
- (2) ②의 'ES$_i$': = '秋夕$_i$'.

[6] 참고

▌『동국세시기(東國歲時記)』

조선 후기 홍석모(洪錫謨, 1781-1857)가 정리한 민속(民俗) 해설서. 조선의 연중행사 및 풍습에 대해 월별로 정리하고 설명한 책으로, 정월부터 12월까지 1년간의 행사와 풍속을 23항목으로 분류하여 기술하였다.

▌ 서성(西成)

'가을에 실과나 곡식이 익는 것' 또는 '가을철 수확'. 음양오행설에서 '서(西)'가 가을을 뜻한 것에서, 가을에 익은 농작물을 거두어들이는 것을 말한다.

3) | 씨름과 윷놀이 |

[1] 원문 읽기

(1) 丁壯年少者會於南山之倭場北山之神武門後爲角力之戲以賭勝負.
dīngzhuàngniánshàozhě huì yú Nánshān zhī Wǒ chǎng Běi shān zhī Shén wǔ ménhòu wéi Jué lì zhī hū yǐ dǔ shèng fù
정 장 년 소 자 회 어 남 산 지 왜 장 북 산 지 신 무 문 후 위 각 력 지 희 이 도 승 부.

『東國歲時記』

(2) 削杻四片擲之. 一翻曰刀, 二曰介, 三曰傑, 四曰杻, 俱伏曰牟.
xuē niǔ sì piàn zhì zhī   yī fān yuē Dāo   èr yuē Jiè   sān yuē Jié   sì yuē Niǔ   jù fú yuē Móu
삭 뉴 사 편 척 지. 일 번 왈 도, 이 왈 개, 삼 왈 걸, 사 왈 뉴, 구 복 왈 모.

畫紙爲局, 縱橫廿九宮, 如田字. 『漢陽歲時記』
huà zhǐ wéi jú   zònghéngniàn jiǔ gōng   rú tián zì
화 지 위 국, 종 횡 입 구 궁, 여 전 자.

[2] 도식 보기

연번		앞 성분	주어 (S)	부가 성분	술어(V-v)					목적어 (O)	보어 (C)	뒷 성분
					활동	상태	변화결과	사동	의동			
(1)	①		丁壯年少者ᵢ				변경會				於南山之倭場 北山之神武門後	
	②		ESᵢ				변경爲			角力之戲		
	③	以	ESᵢ				변경賭			勝負		.

연번		앞성분	주어(S)	부가성분	술어(V-v)					목적어(O)	보어(C)	뒷성분
					활동	상태	변화결과	사동	의동			
(2)	①		ES		활동削					杻	四片	,
	②		ES		활동擲					之		.
	③		一翻				변화曰				刀	,
	④		二				변화曰				介	,
	⑤		三				변화曰				傑	,
	⑥		四				변화曰				杻	,
	⑦		俱伏				변화曰				牟	,
	⑧		ES		활동畵					EO_j	紙	,
	⑨		ES		활동爲					局		,
	⑩		縱橫卄九宮$_j$			상태如						田字	.

[3] 단어와 어구

(1) ①丁壯:장정[젊은 남자], 會:모이다, 於:-에(전치사), 南山之倭場:남산의 왜장[지명-지금의 서울특별시 중구 지역], 北山之神武門後:북산의 신무문 뒤[지명-서울 북악산 남쪽의 경복궁 북문] ②爲:하다, 角力:씨름, 戱:놀이/시합 ③以:-서(순접 접속사), 賭:보다, 勝負:승부

(2) ①削:깎다, 杻[뉴]:감탕나무, 四片:네 조각 ②擲:던지다 ③一翻:하나가 뒤집히다, 刀:도 ④介:개, ⑤傑:걸 ⑥杻:윷 ⑦俱:모두, 伏:엎어진 것, 牟:모 ⑧畵地:종이에 그리다 ⑨爲:만들다, 局:[윷]판 ⑩縱橫:가로 세로, 卄:스물, 宮:집, 田字:밭 전[田] 글자

[4] 해석하기

(1) ① 장정들과 젊은이들이 남산의 왜장과 북산의 신무문 뒤에서 모여

　　② (그들은) 씨름놀이를 하여

　　③ (그들은) 승부를 보았다.

(2) ① (사람들은) 감탕나무를 네 조각으로 깎아서,

　　② (사람들은) 그것을 던진다.

③ 하나가 뒤집어진 것은 도라고 불리고,

④ 두 개 (뒤집어진 것)는 개라고 불리고,

⑤ 세 개 (뒤집어진 것)는 걸이라고 불리고,

⑥ 네 개 (뒤집어진 것)는 뉴[윷]라고 불리고,

⑦ 모두 엎어진 것은 모라고 불린다.

⑧ (사람들은) 종이에 (29궁을) 그려

⑨ (사람들은) 판국을 만드는데,

⑩ 세로와 가로(로 된) 29궁은 밭 전 글자와 같다.

[5] 문법 설명

○ 문형과 사건의미

문형	사건의미	주어와 술어의 관계	해석 공식	해당 연번
SVO	활동 [DO]	〈행위자〉 주어 + [활동] 술어	[6]	(1) ②,③ (2) ②,⑨
SVC	상태 [BE]	〈묘사 대상자〉 주어 + [상태] 술어	[10]	(2) ⑩
	변화결과 [BEC]	〈변화 대상자〉 주어 + [변화] 술어	[11]	(1) ① (2) ③,④,⑤,⑥,⑦
SVOC	활동 [DO]	〈행위자〉 주어 + [활동] 술어	[13]	(2) ①,⑧

○ 문장성분

▌ 주어

- (1) ③의 'ES$_i$': = '丁壯年少者$_i$'.
- (2) ①,②,⑧,⑨의 'ES': 일반 주어. 사람들.
- (2) ⑦의 '俱伏': 모두 엎어진 것. 명사구화하여, 주어로 처리한다.

▌ 목적어

- 'EO$_j$': = '縱橫二十九宮$_j$'.

▌ 보어

- (1) ①의 '於南山之倭場, 北山之神武門後': 장소 보어. 두 군데의 장소를 가리킨다.
- (2) ③-⑦ '刀, 介, 傑, 杻, 牟': 윷놀이의 득점 등급. 도·개·걸·윷·모.

[6] 참고

▌『한양세시기(漢陽歲時記)』

조선 후기 화가 권용정(權用正, 1801-1861)의 저서. 정월 초하루부터 섣달 그믐날까지 한양의 행사나 풍속 등에 대해 기록한다. 앞부분의 14개 항목은 주로 세시에 대한 내용이고, 뒷부분의 18개 항목은 놀이에 대한 것이다. 『한양세시기』는 『동국세시기(東國歲時記)』에 비하여 내용이 간략한 편이나, 조선 후기의 풍속을 이해하는 중요한 문헌 자료이다.

4. 운문 텍스트 읽기

4.1. 고향 생각

│고요한 밤의 상념(靜夜思)│ │비 내리는 가을밤에(秋夜雨中)│

1) │고요한 밤의 상념(靜夜思)│

[1] 원문 읽기

牀前看月光,
chuángqián kàn yuè guāng
상 전 간 월 광,

疑是地上霜.
yí shì dì shàngshuāng
의 시 지 상 상.

擧頭望山月,
jǔ tóu wàngshānyuè
거 두 망 산 월,

低頭思故鄕.　　『李太白集』
dī tóu sī gù xiāng
저 두 사 고 향.

[2] 도식 보기

행	연번	앞성분	주어(S)	부가성분	술어(V-v)					목적어(O)	보어(C)	뒷성분
					활동	상태	변화결과	사동	의동			
1	①		ES	牀前	ⓐ看					月光		,
2	②		ES				ⓑ疑				是地上霜	.
3	③		ES		ⓐ擧					頭		
	④		ES		ⓐ望					山月		,
4	⑤		ES		ⓐ低					頭		
	⑥		ES				ⓑ思			故鄉		.

[3] 단어와 어구

①牀:침상, 前:앞, 看:보다, 月光:달빛 ②疑:의심하다, 是:이것, 地上:땅 위, 霜:서리 ③擧頭:머리를 들다 ④望:보다, 山月:산 위의 달 ⑤低頭:고개를 숙이다 ⑥思:생각하다, 故鄕:고향

[4] 해석하기

① (내가) 침상 앞에서 달빛(이 비친 곳)을 보니,

② (나는) 이것이 땅 위의 서리인가 의심이 드네.

③ (나는) 머리를 들어

④ (나는) 산 위의 달을 바라보고,

⑤ (나는) 고개를 숙여

⑥ (나는) 고향을 그리워하네.

[5] 문법 설명

○ 문형과 사건의미

문형	사건의미	주어와 술어의 관계	해석 공식	해당 연번
SVO	**활동 [DO]**	〈행위자〉 주어 + [활동] 술어	[6]	①,③,④,⑤
	변화결과 [BEC]	〈경험자〉 주어 + [변화] 술어	[7]	⑥
SVC	**변화결과 [BEC]**	〈변화 대상자〉 주어 + [변화] 술어	[11]	②

○ 문장성분

▌ 주어

　• 'ES': 작자(이백).

▌ 술어

　• ②의 '疑', ⑥의 '思': 변화결과 사건의미 술어. 심리·인지 동사.

▌ 보어

　• ②의 '是地上霜': 절 보어. 是s+ev+地上霜c.

　　　　　　　여기서 술어 'ev'는 상태 사건의미 술어. '-이다'류의 생략.

[6] 참고

▌『이태백집(李太白集)』

　중국 당나라 때 시인 이백(李白, 701-762)의 시문집. 자는 태백(太白)이다. 중국 최고의 시인으로 추앙되어, '시선(詩仙)'이라 불린다. 당나라의 시인 두보와 함께 '이두(李杜)'로도 칭해진다. 그의 작품은 유가적 현실주의 시인인 두보와 비교하여, 도가적 낭만주의의 시풍을 보인다.

2) | 비 내리는 가을밤에(秋夜雨中) |

[1] 원문 읽기

秋風唯苦吟,
qiū fēng wéi kǔ yín
추 풍 유 고 음,

擧世少知音.
jǔ shì shǎo zhī yīn
거 세 소 지 음.

窓外三更雨,
chuāng wài sān gēng yǔ
창 외 삼 경 우,

燈前萬里心. 『東文選』
dēng qián wàn lǐ xīn
등 전 만 리 심.

[2] 도식 보기

행	연번	앞 성분	주어 (S)	부가 성분	술어(V-v) 활동	상태	변화결과	사동	의동	목적어 (O)	보어 (C)	
1	①	秋風	ES	唯苦	활동吟							,
2	②		擧世			상태少					知音	.
3	③		窓外				변화EV				三更雨	,
4	④		燈前				변화EV				萬里心	.

[3] 단어와 어구

①**秋風**:가을 바람, **唯**:오직, **苦**:괴롭게, **吟**:읊조리다 ②**擧世**:세상[온 세상을 통틀어], **少**:적다, **知音**:친구[나를 인정해주는 사람] ③**窓外**:창 밖, **三更**:삼경[시간 단위-밤 11시부터 오전 1시 사이], **雨**:비 ④**燈前**:등불 앞, **萬里心**:먼먼 고향 생각

[4] 해석하기

① 가을바람에 (나는) 오직 괴로이 읊조리나니,

② 온 세상에 나를 알아주는 이 적구나.

③ 창밖에는 늦은 밤비가 내리고,

④ 등불 앞에는 먼먼 고향 생각이 이네.

[5] 문법 설명

○ 문형과 사건의미

문형	사건의미	주어와 술어의 관계	해석 공식	해당 연빈
SV	활동 [DO]	〈행위자〉 주어 + [활동] 술어	[1]	①
	상태 [BE]	〈묘사 대상자〉 주어 + [상태] 술어	[2]	②
SVC	변화결과 [BEC]	〈변화 대상자〉 주어 + [변화] 술어	[11]	③,④

○ 문장성분

▌주어

- 'ES': 작자 최치원. 문두의 '秋風'은 '吟(읊조리다)'의 행위자 주어가 될 수 없다.
- ②의 '擧世', ③의 '窓外', ④의 '燈前': 〈묘사 대상자〉 주어. 존현문 형식. 모두 장소 명사로 충당되었으며, 보어는 '존재(知音)'나 '출현(三更雨/萬里心)'의 〈대상자〉이다.

▌술어

- ③의 'EV': 변화결과의 사건의미 술어. '오다/내리다'류의 생략22.
- ④의 'EV': 변화결과의 사건의미 술어. '나다/일다'류의 생략23.

---

22 '주어'와 '보어' 사이의 관계를 통해 유추한다. 즉, ③의 'EV'는 '窓外'와 '三更雨'를 통해 '(비가) 내리다(下)'의 의미를 유추할 수 있다.

23 '주어'와 '보어' 사이의 관계를 통해 유추한다. 즉, ④의 'EV'는 '燈前'와 '萬里心'을 통해 '일다/생기다(生)'의 의미를 유추할 수 있다.

- ②의 '知音': 친구. 소리(=백아의 거문고 소리)를 알아주는 사람.
- ④의 '萬里心': 멀리 떨어져 있는 고향 생각.

[6] 참고

▌최치원(崔致遠, 857-?)

통일신라 말기의 학자이자 문장가. 이 시는 최치원이 당나라 유학 시절에 지은 것으로 알려진다.

▌'지음(知音)'의 유래

춘추시대에 백아(伯牙)라는 거문고의 명인과 그의 거문고 소리를 듣고 악상(樂想)을 잘 이해해 준 종자기(鐘子期)라는 두 사람의 우정 이야기에서 유래한다. 종자기가 죽자 백아가 거문고 줄을 끊었다는 백아절현(伯牙絶絃)은 여기서 유래(由來)되었다.

▌『동문선(東文選)』

1478년에 조선 전기의 문신 서거정(徐居正) 등이 성종의 명을 받아 역대의 시문을 모아 편찬한 시문 선집. 목록 3권, 정편(正篇) 130권, 속편(續編) 21권으로 구성된다. 『동문선』은 모두 세 종류가 편찬되었는데, 서거정 등이 편찬한 것은 정편(正編) 『동문선』이라고 한다. 그 외에 1518년에 조선 전기 문신 신용개(申用漑) 등이 편찬한 것은 『속동문선(續東文選)』, 1713년에 조선 후기 문신 송상기(宋相琦) 등이 편찬한 것은 신찬(新撰) 『동문선』이라 한다.

4.2. 만남과 이별

│스스로 적어 본답니다(自述)││말 없는 이별(無語別)││안서로 가는 원이를 전송하며(送元二 使安西)││그대를 보내며(送人)││대관령을 넘어가다가 친정을 바라보며(踰大關嶺 望親庭)││죽은 형을 추억하며(燕巖憶先兄)│

1)│스스로 적어 본답니다(自述)│

[1] 원문 읽기

近來安否問如何?
jìn lái ān fǒu wèn rú hé
근 래 안 부 문 여 하?

月白紗窓妾恨多,
yuè bái shā chuāng qiè hèn duō
월 백 사 창 첩 한 다,

若使夢魂行有跡,
ruò shǐ mèng hún xíng yǒu jì
약 사 몽 혼 행 유 적,

門前石路已成沙.　　『嘉林世稿』
mén qián shí lù yǐ chéng shā
문 전 석 로 이 성 사.

[2] 도식 보기

행	연번	앞 성분	주어 (S)	부가 성분	술어(V-v) 활동	상태	변화결과	사동	의동	목적어 (O)	보어 (C)	뒷 성분
1	①	近來安否ⱼ	ES$_i$		활동問					EO$_j$	如何	?
2	②	月白紗窓	妾$_i$恨			상태多						,
3	③	若	ES$_i$					사동使		夢魂行		변화有跡,
4	④		門前石路	已			변화成				沙	.

[3] 단어와 어구

①**近來**:요즈음, **安否**:아부, **問**:묻다, **如何**:어떠한가 ②**月白**:달이 밝다, **紗窓**:비단으로 장식한 창, **妾**:저 [여성의 1인칭 단수], **恨**:한, **多**:많다 ③**若**:만일, **使**:-로 하여금 -하게 하다, **夢**:꿈, **魂**:넋, **行**:행동, **跡**:흔 적 ④**石路**:돌길/자길길, **已**:이미, **成**:되다, **沙**:모래

[4] 해석하기

① 요즈음 안부는 (제가) 여쭙나니 (당신 안부는) 어떠신지요?

② 달빛 밝은 비단 창가에서 저의 한은 많기도 하오니,

③ 만약 (제가) 꿈속의 행차로 하여금 흔적을 남게 한다면,

④ 문 앞의 자갈길은 이미 모래가 되었을 거예요.

[5] 문법 설명

○ 문형과 사건의미

문형	사건의미	주어와 술어의 관계	해석 공식	해당 연번
SV	상태 [BE]	〈묘사 대상자〉 주어 + [상태] 술어	[2]	②
SVC	변화결과 [BEC]	〈변화 대상자〉 주어 + [변화] 술어	[11]	④
SVOC	활동 [DO]	〈행위자〉 주어 + [활동] 술어	[13]	①
$SV_1O_1V_2(O_2/C)$	사동 [CAU-BEC]	〈원인자〉 주어 + [사동] 술어	[15]	③

○ 문장성분

▌ 주어

- ①,③의 'ES_i': = '妾$_i$'. 작자(옥봉).

▌ 목적어

- ①의 'EO_j': '近來安否$_j$'가 화제로서, 문장 앞으로 이동한 후 남은 자리이다.

▌ 기타

- ③의 '若使夢魂行有跡': '$SV_1O_1V_2(O_2/C)$' 문형. 이를 표로 나타내면 다음과 같다.

연번	앞 성분	주어 (S)	부가 성분	술어 (V-v)₁	목적어 (O₁)	술어 (V-v)₂	목적어/ 보어 (O₂/C)	뒷 성분
③	若	ES$_i$		《사동》使	夢魂行	《변화》有	跡	,

'有'는 변화결과 사건의미이므로, '있게 되다'로 해석된다.

[6] 참고

▌이옥봉(李玉峯, ?-1592)

　　조선 선조 때 여류시인. 글재주가 뛰어났으며, 특히 시를 잘 지었다. 중종(1506-1544) 때 기생이었던 황진이(黃眞伊, ?-?), 허난설헌(許蘭雪軒, 1563-1589) 등과 함께 조선을 대표하는 여류시인으로 꼽힌다. 『가림세고(嘉林世稿)』의 부록에 『옥봉집(玉峰集)』이 전한다.

2) | 말 없는 이별(無語別) |

[1] 원문 읽기

十五越溪女,
shí wǔ Yuè xī nǚ
십 오 월 계 녀,

羞人無語別.
xiū rén wú yǔ bié
수 인 무 어 별.

歸來掩重門,
guī lái yǎn chóng mén
귀 래 엄 중 문,

泣向梨花月.　　『林白湖集』
qì xiàng lí huā yuè
읍 향 이 화 월.

[2] 도식 보기

행	연번	앞성분	주어(S)	부가성분	술어(V-v) 활동	상태	변화결과	사동	의동	목적어(O)	보어(C)	뒷성분
1	①		ES$_i$			상EV					十五	
	②		ES$_i$			상EV					越溪女$_i$	,
2	③		ES$_i$				변羞			人		
	④		ES$_i$	無語			변別					.
3	⑤		ES$_i$	歸			변來					
	⑥		ES$_i$		활掩					重門		,
4	⑦		ES$_i$				변泣				向梨花月	.

[3] 단어와 어구

①十五: 열다섯 살 ②越溪女:아름다운 여인[중국 고대 월나라 지방의 미인을 지칭] ③羞人: 남들을 부끄러워하다 ④無語:말이 없다, 別:이별하다 ⑤歸來:돌아오다 ⑥掩:가리다/잠그다, 重門:겹문 ⑦泣:흐느끼다, 向:-을 향하여(전치사), 梨花:배꽃, 月:달

[4] 해석하기

① (그녀는) 열다섯 살 난

② (그녀는) 예쁜 소녀인데요,

③ (그녀는) 남들이 부끄러워

④ (그녀는) 말없이 이별하네요.

⑤ (그녀는) 돌아와

⑥ (그녀는) 겹문을 잠그고는,

⑦ (그녀는) 배꽃에 걸린 달을 향해서 흐느껴버렸대요.

[5] 문법 설명

● 문형과 사건의미

문형	사건의미	주어와 술어의 관계	해석 공식	해당 연번
SV	변화결과 [BEC]	〈변화 대상자〉 주어 + [변화] 술어	[3]	④,⑤
SVO	활동 [DO]	〈행위자〉 주어 + [활동] 술어	[6]	⑥
	변화결과 [BEC]	〈경험자〉 주어 + [변화] 술어	[7]	③
SVC	상태 [BE]	〈묘사 대상자〉 주어 + [상태] 술어	[10]	①,②
	변화결과 [BEC]	〈변화 대상자〉 주어 + [변화] 술어	[11]	⑦

● 문장성분

주어

- ①-⑦의 'ES$_i$': = '越溪女$_i$'. 예쁜 소녀.

술어

- ①의 'EV': 변화결과 사건의미 술어. '-되다/나다'류의 생략.
- ②의 'EV': 상태 사건의미 술어. '-이다'류의 생략.

보어

- ⑦의 '向梨花月': 전치사구 보어. '向'은 동작의 방향을 표시하는 전치사.

기타

- ⑤의 '歸': '來'와 함께 단어 복합 구조 '歸來(돌아오다)'를 구성한다.

[6] 참고

『백호집(白湖集)』

조선 중기 시인 겸 문신 임제(林悌, 1549-1587)의 시문집. 시가와 산문을 엮어 1621년에 간행되었으며, 그의 호인 '백호(白湖)'를 따라 '임백호집(林白湖集)'이라고도 한다. 총 4권으로 구성되며, 1·2권은 시, 3권은 기행문, 4권은 소설 등이 주를 이룬다.

3) | 안서로 가는 원이를 전송하며(送元二使安西) |

[1] 원문 읽기

渭城朝雨浥輕塵,
Wèichéngzhāo yǔ　yì qīngchén
위 성 조 우 읍 경 진,

客舍青青柳色新.
kè shěqīngqīng liǔ　sè xīn
객 사 청 청 류 색 신.

勸君更盡一杯酒,
quànjūn gèng jìn　yì bēi jiǔ
권 군 갱 진 일 배 주,

西出陽關無故人.　　『王右丞集』
xī chūYángguān wú gù rén
서 출 양 관 무 고 인.

[2] 도식 보기

행	연번	앞성분	주어(S)	부가성분	술어(V-v) 활동	상태	변화결과	사동	의동	목적어(O)	보어(C)	뒷성분
1	①		渭城朝雨				사동浥			輕塵		,
2	②		客舍青青柳色			상태新						.
3	③		ES_i					사동勸		君_j		更의동盡一杯酒,
4	④		ES_j	西			변화出				陽關_k	
	⑤		ES_k			상태無					故人	.

[3] 단어와 어구

①**渭城**:위성[지명-중국 섬서성 함양 지역], **朝雨**:아침 비, **浥**:적시다, **輕塵**:작고 가벼운 먼지 ②**客舍**:객사[여관], **青青**:푸르고 푸르다, **柳色**:버들가지의 색깔, **新**:신선하다 ③**勸君**:그대에게 권하다, **更**:다시, **盡**:다하다, **一杯酒**:한 잔 술 ④**西出**:서쪽으로 나가다, **陽關**:양관[지명-중국 감숙성 돈황 부근의 관문] ⑤**無故人**:연고자가 없다[아는 사람이 없다]

[4] 해석하기

　① 위성의 아침 비가 잔 먼지를 적셔 주니,

　② 객사에 있는 푸릇푸릇한 버들 색이 새롭구나.

　③ (나는) 그대에게 다시 한 잔 술 다하도록 권하노니,

　④ (그대가) 양관에서 서쪽으로 나서면

　⑤ (그곳에는) 아는 이도 없다오.

[5] 문법 설명

○ 문형과 사건의미

문형	사건의미	주어와 술어의 관계	해석 공식	해당 연번
SV	상태 [BE]	〈묘사 대상자〉 주어 + [상태] 술어	[2]	②
SVO	사동 [CAU-BEC]	〈원인자〉 주어 + [사동] 술어	[8]	①
SVC	상태 [BE]	〈묘사 대상자〉 주어 + [상태] 술어	[10]	⑤
	변화결과 [BEC]	〈변화 대상자〉 주어 + [변화] 술어	[11]	④
$SV_1O_1V_2(O_2/C)$	사동 [CAU-BEC]	〈원인자〉 주어 + [사동] 술어	[15]	③

○ 문장성분

▌ 주어

　• ③의 'ES_i': 작자(왕유).

　• ④의 'ES_j':= '君$_j$'. 그대. 작자의 친구 '원이[元二: 원씨 집안의 차남]'.

　• ⑤의 'ES_k':= '陽關$_k$'. 양관.

▌ 기타

　• ③의 '勸君更盡一杯酒': '$SV_1O_1V_2(O_2/C)$' 문형. 이를 표로 나타내면 다음과 같다.

행	연번	앞 성분	주어 (S)	부가 성분	술어 (V-v)₁	목적어 (O₁)	술어 (V-v)₂	목적어/ 보어 (O₂/C)	뒷 성분
3	③		ES$_i$		勸	君$_j$	更盡	一杯酒	,

'更(다시)'은 부사어

[6] 참고

▌ 왕유(王維, 701-761)

당(唐)나라 시인. 서정시에 뛰어났으며, '시불(詩佛)'이라고 불린다. 송나라 소식(蘇軾, 1036-1101)은 그의 시와 그림에 대해 "시 속에 그림이 있고, 그림 속에 시가 있다(詩中有畵, 畵中有詩)."고 평한 바 있다. 상서우승(尙書右丞)의 벼슬을 역임하여, '왕우승(王右丞)'으로도 불리며, 『왕우승집(王右丞集)』10권이 전한다. 본 작품 〈위성곡(渭城曲)〉은 왕유가 친구 원이(元二)를 변방인 안서(安西)로 전송하며 지은 시이다.

4) | 그대를 보내며(送人) |

[1] 원문 읽기

雨歇長堤草色多,
yǔ xiē cháng dī cǎo sè duō
우 헐 장 제 초 색 다,

送君南浦動悲歌.
sòng jūn Nán pǔ dòng bēi gē
송 군 남 포 동 비 가.

大同江水何時盡,
Dà tóng jiāng shuǐ hé shí jìn
대 동 강 수 하 시 진,

別淚年年添綠波.　　『東文選』
bié lèi nián nián tiān lǜ bō
별 루 년 년 첨 록 파.

[2] 도식 보기

행	연번	앞성분	주어(S)	부가성분	활동	상태	변화결과	사동	의동	목적어(O)	보어(C)	뒷성분
1	①		雨				⑲화歇					
	②	長堤	草色			⑳태多						,
2	③		ESi		㉰동送					君	南浦	
	④		ESi				⑲화動				悲歌	.
3	⑤		大同江水	何時			⑲화盡					,
4	⑥		別淚	年年			⑲화添				綠波	.

[3] 단어와 어구

①雨:비, 歇:잠시 그치다 ②長堤:긴 둑, 草色:풀빛, 多:많다/짙다 ③送:배웅하다/보내다, 君:그대, 南浦:남포[지명], ④動:진동하다/울려나다, 悲歌:슬픈 노래 ⑤大同江:대동강, 水:물, 何時:어느 때, 盡:다하다 ⑥別淚:이별의 눈물, 年年:해마다, 添:더하다, 綠波:푸른 파도

[4] 해석하기

① 비가 그치니

② 긴 둑에는 풀빛 짙은데,

③ (나) 그대를 남포로 보내자니

④ (내게서) 슬픈 노래가 울려나네.

⑤ 대동강 물은 언제 다 마르겠는가,

⑥ 이별의 눈물이 해마다 푸른 물결 위에 더해지는데.

[5] 문법 설명

○ 문형과 사건의미

문형	사건의미	주어와 술어의 관계	해석 공식	해당 연번
SV	상태 [BE]	〈묘사 대상자〉 주어 + [상태] 술어	[2]	②
	변화결과 [BEC]	〈변화 대상자〉 주어 + [변화] 술어	[3]	①,⑤
SVC	변화결과 [BEC]	〈변화 대상자〉 주어 + [변화] 술어	[11]	④,⑥
SVOC	활동 [DO]	〈행위자〉 주어 + [활동] 술어	[13]	③

○ 문장성분

▌ 주어

- ③의 'ES$_i$': 작자(정지상).
- ④의 'ES$_i$': '내게서(작자-정지상'. 장소적인 의미로 쓰인다.

▌ 술어

- ④의 '動': 변화결과 사건의미 술어. '나오다/일다/동하다'.

▌ 보어

- ⑥의 '綠波': 장소 보어. 〈변화 대상자〉 '別淚(이별의 눈물)'이 '添(더해지는)' 〈목표점〉
  으로서의 장소이다.

▌ 기타

- ②의 '長堤': 장소 화제. '草色多'의 진술 대상.

[6] 참고

▌ 정지상(鄭知常, 미상-1135년)

고려 전기 서경(西京) 출신의 문신. 시(詩)에 뛰어나 고려 12시인의 한 사람으로 꼽는다. 본
시는 '송인(送人)' 혹은 '송우인(送友人)'으로 불린다. 그는 수도를 서경으로 옮길 것을 주장하
여, 김부식(金富軾)을 중심으로 한 개경 세력과 대립하였다. 이후 묘청(妙淸)의 난에 가담하였
으나, 김부식의 토벌군에 의해 개경에서 처형당했다. 그의 시는 『동문선』과 『동국여지승람』
등에 전해진다.

5) | 대관령을 넘어가다가 친정을 바라보며(踰大關嶺望親庭) |

[1] 원문 읽기

慈親鶴髮在臨瀛,
cí qīn hè fà zài Lín yíng
자 친 학 발 재 임 영,

身向長安獨去情.
shēn xiàng Cháng ān dú qù qíng
신 향 장 안 독 거 정.

回首北邨時一望,
huí shǒu Běi cūn shí yí wàng
회 수 북 촌 시 일 망,

白雲飛下暮山青.   『栗谷全書』
bái yún fēi xià mù shān qīng
백 운 비 하 모 산 청.

[2] 도식 보기

행	연번	앞성분	주어 (S)	부가성분	술어(V-v) 활동	술어(V-v) 상태	술어(V-v) 변화결과	술어(V-v) 사동	술어(V-v) 의동	목적어 (O)	보어 (C)	뒷성분
1	①		慈親鶴髮			상태在					臨瀛	,
2	②		身$_i$			상태EV					向長安獨去情	.
3	③		ES$_i$		활동回					首	北邨$_j$	
3	④		ES$_i$	時一	활동望					EO$_j$		,
4	⑤		白雲				변화飛				下	
4	⑥		暮山			상태青						.

[3] 단어와 어구

①**慈親**:자애로운 어머니, **鶴髮**:흰 머리, **在**:-에 계시다, **臨瀛**:임영[지명-강원도 강릉의 옛 이름] ②**身**:몸, **向**:-향하여(전치사), **長安**:장안[지명-중국 한나라·당나라의 도읍지, 여기서는 한양(漢陽)을 가리킴], **獨去**:홀로 가다, **情**:심정 ③**回首**:머리를 돌리다, **北邨[=村]**:북촌[지명-북평촌(北坪村), 현재 강릉시 죽헌동, 신사임당의 친정 동네] ④**時**:잠시, **一望**:한 번 바라보다 ⑤**白雲**:흰 구름, **飛下**:날아 내려오다 ⑥**暮山**:저녁 즈음의 산, **靑**:푸르다

[4] 해석하기

① 자애로우신 백발의 어머니는 강릉에 계시고,

② 이 몸은 한양을 향해 홀로 떠나는 심정이라네.

③ (나는) 북촌으로 머리 돌려

④ (나는) 잠시 한 번 (북촌을) 바라다보니,

⑤ 흰 구름이 아래로 떠내려와

⑥ 날 저무는 산빛이 검푸르구나.

[5] 문법 설명

⭕ 문형과 사건의미

문형	사건의미	주어와 술어의 관계	해석 공식	해당 연번
SV	상태 [BE]	〈묘사 대상자〉 주어 + [상태] 술어	[2]	⑥
SVO	활동 [DO]	〈행위자〉 주어 + [활동] 술어	[6]	④
SVC	상태 [BE]	〈묘사 대상자〉 주어 + [상태] 술어	[10]	①,②
	변화결과 [BEC]	〈변화 대상자〉 주어 + [변화] 술어	[11]	⑤
SVOC	활동 [DO]	〈행위자〉 주어 + [활동] 술어	[13]	③

○ 문장성분

⫶ 주어

- ③,④의 '**ES_i**': = '**身_i**'. 작자(신사임당).
- ①의 '**慈親鶴髮**': 학의 깃털처럼 희어진 어머니의 머리.

⫶ 술어

- ②의 '**EV**': 상태 사건의미 술어. '-이다'류의 생략.

⫶ 목적어

- ④의 '**EO_j**': = '**北邨_j**'. 사임당의 친정 동네.

⫶ 보어

- ②의 '**向長安獨去情**': 관형어 절 구조의 보어. [es+向長安獨adv+去v]+情.
  장안(한양)을 향해 홀로 떠나는 심정.
- ⑤의 '**下**': 장소 보어. 〈도착점〉으로서의 장소 '아래'이다.

[6] 참고

⫶ 신사임당(申師任堂, 1504-1551)

조선 전기의 예술가. 본명은 미상. 호는 '사임당(師任堂)' 또는 '임사재(任師齋)'라고 한다. 조선 중기의 유학자 이이(李珥, 1536-1584)의 어머니이다. 시, 그림, 글씨 등에 조예가 깊었다. 본문의 시는 이이(李珥)가 신사임당이 세상을 뜨자 「선비행장(先妣行狀)」에 어머니의 행적을 기리기 위해 쓴 것으로, 『율곡전서(栗谷全書)』 권18 「행장편」에 수록되었다.

6) | 죽은 형을 추억하며(燕巖憶先兄) |

[1] 원문 읽기

我兄顏髮曾誰似?
wǒ xiōng yán fà céng shuí sì
아 형 안 발 증 수 사?

每憶先君看我兄.
měi yì xiān jūn kàn wǒ xiōng
매 억 선 군 간 아 형.

今日思兄何處見?
jīn rì sī xiōng hé chù jiàn
금 일 사 형 하 처 견?

自將巾袂映溪行.　　『燕巖集』
zì jiāng jīn mèi yìng xī xíng
자 장 건 메 영 계 행.

[2] 도식 보기

행	연번	앞성분	주어(S)	부가성분	술어(V-v) 활동	술어(V-v) 상태	술어(V-v) 변화결과	술어(V-v) 사동	술어(V-v) 의동	목적어(O)	보어(C)	뒷성분
1	①		我$_j$兄顏髮	曾誰$_i$		상태似					EC$_i$	?
2	②		ES$_j$	每			변화憶			先君		
	③		ES$_j$				변화看			我兄		.
3	④	今日	ES$_j$				변화思			兄$_k$		
	⑤		ES$_j$	何處			변화見			EO$_k$		?
4	⑥		ES$_j$	自				사동將		巾袂		변화映溪
	⑦		ES$_j$				변화行					.

[3] 단어와 어구

·燕巖:연암[지명-황해도 금천군 소재] ①我兄:나의 형, 顔髮:얼굴과 수염, 曾:일찍이, 誰:누구, 似:닮다 ②每:매번(양사), 憶:추억하다, 先君:아버지 ③看我兄:나의 형을 보다 ④今日:오늘, 思兄:형을 생각하다 ⑤何處:어디, 見:보다 ⑥自:스스로, 將:-로 하여금 -하게 하다(사동 경동사), 巾袂:수건과 소매[행장, 옷 매무새], 映溪:개울에 비취게 하다 ⑦行:가다

[4] 해석하기

① 우리 형님의 얼굴과 머리카락은 일찍이 누구와 닮았던가?

② (내가) 매번 돌아가신 아버지를 기억할 때마다

③ (나는) 우리 형님을 보았지.

④ 오늘 (내가) 형님을 그리워한들

⑤ (내가) 어디서 (형님을) 본단 말인가?

⑥ (내) 스스로 옷매무새를 개울에 비취어 보이려

⑦ (나는) 가야겠네.

[5] 문법 설명

○ 문형과 사건의미

문형	사건의미	주어와 술어의 관계	해석 공식	해당 연번
SV	활동 [DO]	〈행위자〉 주어 + [활동] 술어	[1]	⑦
SVO	활동 [DO]	〈행위자〉 주어 + [활동] 술어	[6]	③,⑤
	변화결과 [BEC]	〈경험자〉 주어 + [변화] 술어	[7]	②,④
SVC	상태 [BE]	〈묘사 대상자〉 주어 + [상태] 술어	[10]	①
$SV_1O_1V_2(O_2/C)$	사동 [CAU-BEC]	〈원인자〉 주어 + [사동] 술어	[15]	⑥

◎ 문장성분

▌ 주어

- ①의 '我j兄顔髮': 작자 형님의 얼굴과 머리카락.
- ②~⑦의 'ES$_j$': = '我$_j$'. 작자(박지원).

▌ 술어

- ⑦의 '行': 활동 사건의미 술어. (화자가 의지적으로) 가다.

▌ 목적어

- ⑤의 'EO$_k$': = '我$_j$'. 작자(박지원).

▌ 보어

- ①의 'EC$_i$': = '誰$_i$'. 비명시적 보어. 의문 대명사(誰)가 술어 앞으로 이동하였다.

  술어 뒤의 대명사 보충어(목적어나 보어) 성분은 일반적으로 술어 성분 앞으로 이동하는 성질이 있다. 다음 예를 보자.

  1) 吾S 誰$_i$ 欺V EO$_i$? 『論語·子罕12』

     내가 **누구를** 속인단 말인가?

  2) ES 不患 人之S 不 己$_i$ 知V EO$_i$. 『論語·學而16』

     (너는) 남들이 **나를** 알아주지 않는 것을 걱정하지 말라.

  ┌ 1)고대 중국어 **의문문**: **의문 대명사 목적어**는 술어 앞으로 이동한다.
  └ 2)고대 중국어 **부정문**: **대명사 목적어**는 술어 앞으로 이동한다.

▌ 기타

- ⑥의 '自將巾袂映溪': 'SV$_1$O$_1$V$_2$(O$_2$/C)' 문형. 이를 표로 나타내면 다음과 같다.

행	연번	앞성분	주어 (S)	부가성분	술어 (V-v)$_1$	목적어 (O$_1$)	술어 (V-v)$_2$	목적어/보어 (O$_2$/C)	뒷성분
⑥	15		ES$_j$	自	將	巾袂	映	溪	

'將': 사동의 사건의미를 나타내는 명시적인 경동사이다.

[6] 참고

▌ 박지원(朴趾源, 1737-1805)

조선 후기의 실학자이자 문학가. 북학(北學)과 서학(西學)에 모두 관심을 가졌으며, 과학적 지식과 새로운 문물에 대한 이해가 깊었다. 『연암집(燕巖集)』은 박지원(朴趾源)의 시문집으로, 초간은 1901년 김택영(金澤榮)에 의해 발행되었다. 이후 1932년에 박영철(朴榮喆)이 속집을 합하여 재간행하였다.

4.3. 봄날에

│ 봄날 새벽(春曉) │ │ 봄날에 바라는 것(春望) │ │ 봄의 흥취(春興) │ │ 봄비(春雨) │

1) │ 봄날 새벽(春曉) │

[1] 원문 읽기

春眠不覺曉,
chūnmián bù jué xiǎo
춘 면 불 각 효,

處處聞啼鳥.
chùchùwén tí niǎo
처 처 문 제 조.

夜來風雨聲,
yè lái fēng yǔ shēng
야 래 풍 우 성,

花落知多少.　　『孟浩然集』
huā luò zhī duōshǎo
화 락 지 다 소.

[2] 도식 보기

행	연번	앞 성분	주어 (S)	부가 성분	술어(V-v) 활동	술어(V-v) 상태	술어(V-v) 변화결과	술어(V-v) 사동	술어(V-v) 의동	목적어 (O)	보어 (C)	뒷 성분
1	①	春眠	ES	不			변화覺			曉		,
2	②		處處				변화聞				啼鳥	.
3	③		夜				변화來				風雨聲	,
4	④	花落ᵢ	ES				변화知			多少		.

[3] 단어와 어구

①春眠:봄잠, 不覺:느끼지 못하다, 曉:새벽/밝아 옴 ②處處:곳곳마다, 聞啼鳥:새 울음 소리가 들리다
③夜:밤, 來風雨聲:비바람 소리가 오다 ④花落:꽃이 지다, 知:알다, 多少:얼마(의문 대명사)

[4] 해석하기

① 봄 잠에 (나는) 날 밝아 옴을 느끼지 못했는데,

② 곳곳에서 새 우짖는 소리 들리네.

③ 밤에 비바람 소리 들려왔는데,

④ 꽃잎이 진 것이 (내가) 얼마나 되는지 알려나.

[5] 문법 설명

⭕ 문형과 사건의미

문형	사건의미	주어와 술어의 관계	해석 공식	해당 연번
SVO	변화결과 [BEC]	〈경험자〉 주어 + [변화] 술어	[7]	①,④
SVC	변화결과 [BEC]	〈변화 대상자〉 주어 + [변화] 술어	[11]	②,③

⭕ 문장성분

▌ 주어

• ①,④의 'ES': 작자(맹호연).

• ②,③의 주어: 각각 장소 '處處'와 시간 '夜'을 주어로 하는 소위 존현문 구조.
②,③에서 '啼鳥'와 '風雨聲'은 모두 출현의 〈대상자〉이다.

▌ 술어

• ①,②,④의 술어: 변화결과 사건의미 술어. 모두 인지 및 청감각 동사로, 봄날의 생동감
을 묘사한다.

▌ 목적어

• ⑤의 '多少': 절 목적어. 'es(花)+ev(落)+多少c'의 구조.

■ 보어

- ②의 '啼鳥': '새 울음소리'는 어순상 '鳥啼'이지만, 운을 맞추기 위해 바꿔 쓴 것이다.

■ 기타

- ①의 '春眠': 화제. ①술어 '覺'의 주어 'ES' 앞에 위치하여, 진술의 대상이 된다.

[6] 참고

■ 맹호연(孟浩然, 689-740)

당나라 시인. 저서로 『맹호연집(孟浩然集)』 4권이 있으며, 약 200수의 시가 전해진다. 전원 생활을 즐겨 산수 전원시(田園詩)에 뛰어났는데, 그 중에서도 본서에 실린 「춘효(春曉)」가 유명하다. 그는 왕유(王維)와 시풍이 유사하여, '왕맹(王孟)'으로 불린다.

2) | 봄날에 바라는 것(春望) |

[1] 원문 읽기

國破山河在,
guó pò shān hé zài
국 파 산 하 재,

城春草木深.
chéng chūn cǎo mù shēn
성 춘 초 목 심.

感時花濺淚,
gǎn shí huā jiàn lèi
감 시 화 천 루,

恨別鳥驚心.
hèn bié niǎo jīng xīn
한 별 조 경 심.

烽火連三月,
fēng huǒ lián sān yuè
봉 화 연 삼 월,

家書抵萬金.
jiā shū dǐ wàn jīn

가 서 저 만 금.

白頭搔更短,
bái tóu sāogèngduǎn

백 두 소 갱 단,

渾欲不勝簪.　『杜工部集』
hún yù bù shèngzān

혼 욕 불 승 잠.

[2] 도식 보기

행	연번	앞성분	주어(S)	부가성분	술어(V-v) 활동	상태	변화결과	사동	의동	목적어(O)	보어(C)	뒷성분
1	①		國				(변화)破					
	②		山河			(상태)在						,
2	③		城				(변화)EV				春	
	④		草木			(상태)深						.
3	⑤		ESi				(변화)感			時		
	⑥		花					(사동)濺		淚		,
4	⑦		ESi				(변화)恨			別		
	⑧		鳥					(사동)驚		心		.
5	⑨		烽火				(변화)連				三月	,
6	⑩		家書			(상태)抵					萬金	.
7	⑪	白頭j	ESi		(활동)搔					EOj		
	⑫		ESj	更			(변화)短					,
8	⑬		ESj	渾欲不			(변화)勝				簪	.

[3] 단어와 어구

①國:나라, 破:깨지다/망하다 ②山河:산천, 在:존재하다 ④草木:초목, 深:깊다/무성하다 ⑤感:느끼다. 時:시절/때 ⑥花:꽃, 濺:흩뿌리다, 淚:눈물 ⑦恨:안타까워하다, 別:이별 ⑧鳥:새, 驚:놀라게 하다 ⑨烽火:봉화, 連:이어지다, 三月:3개월 ⑩家書:집에서 온 편지, 抵:해당하다/가치가 있다, 萬金:만금 ⑪白頭:흰머리, 搔:긁다 ⑫更:더/다시, 短:짧다 ⑬渾:모두/흐리다, 欲:-하려 하다, 不勝:이기다/견디다, 簪:비녀

[4] 해석하기

① 나라는 깨어졌어도

② 산천은 그대로 있어,

③ 성에 봄이 와

④ 초목이 무성하구나.

⑤ (내가) 이 시절을 느끼니

⑥ 꽃이 눈물 떨구게 하는구나,

⑦ (내가) 이별을 아쉬워하니

⑧ 새소리조차 내 마음을 놀라게 하는구나.

⑨ 봉화가 3개월 동안 이어지니,

⑩ 집에서 온 편지는 만금의 가치가 있네.

⑪ 흰머리는 (내가) (그것을) 긁어

⑫ (흰머리는) 더욱 짧아지니,

⑬ (흰머리가) 비녀에 견디지 못하겠네.

[5] 문법 설명

◯ 문형과 사건의미

문형	사건의미	주어와 술어의 관계	해석 공식	해당 연번
SV	상태 [BE]	〈묘사 대상자〉 주어 + [상태] 술어	[2]	②,④
	변화결과 [BEC]	〈변화 대상자〉 주어 + [변화] 술어	[3]	①,⑫
SVO	활동 [DO]	〈행위자〉 주어 + [활동] 술어	[6]	⑪

문형	사건의미	주어와 술어의 관계	해석공식	해당연번
	변화결과 [BEC]	〈경험자〉 수어 + [변화] 술어	[7]	⑤,⑦
	사동 [CAU-BEC]	〈원인자〉 주어 + [사동] 술어	[8]	⑥,⑧
SVC	상태 [BE]	〈묘사 대상자〉 주어 + [상태] 술어	[10]	⑩
	변화결과 [BEC]	〈변화 대상자〉 주어 + [변화] 술어	[11]	③,⑨,⑬

○ 문장성분

▌ 주어

  • ⑤,⑦,⑪의 'ES$_i$': 작자(두보).

  • ⑫,⑬의 'ES$_j$': = '白頭$_j$'.

▌ 술어

  • ③의 'EV': 변화결과 사건의미 술어. '오다/되다'류의 생략.

  • ⑨의 '連': 변화결과 사건의미 술어. 연결되다/이어지다.

  • ⑩의 '抵': 상태 사건의미 술어. '-에 해당한다/-의 가치이다'의 의미.

    그러나 '-의 가치가 된다'의 의미로 해석할 경우, 변화결과 사건의미 술어로도 해석할 수 있다.

▌ 목적어

  • ⑪의 'EO$_j$': = '白頭$_j$'.

▌ 기타

  • ⑪의 '白頭$_j$': 'EO$_j$'에서 문장의 앞으로 이동한 화제.

    그러나 ⑪,⑫에서는 다시 비명시적인 주어 'ES$_j$'로 기능한다.

[6] 참고

▌ 두보(杜甫, 712-770)

당나라 시인. 이백(李白)과 더불어 중국 고전시를 대표하며, '시성(詩聖)'으로 불린다. 두습유(杜拾遺), 두공부(杜工部), 두소릉(杜少陵), 두초당(杜草堂) 등으로 칭해진다. 저작으로 『두공부집(杜工部集)』20권이 전해지며, 그의 작품은 도가적 낭만주의인 이백과 달리, 유가적 현실주의 시풍을 보인다.

3) | 봄의 흥취(春興) |

[1] 원문 읽기

春雨細不滴,
chūn yǔ xì bù dī
춘 우 세 부 적,

夜中微有聲,
yè zhōng wēi yǒushēng
야 중 미 유 성,

雪盡南溪漲,
xuě jìn nán xī zhǎng
설 진 남 계 창,

多少草芽生. 『圃隱集』
duōshǎocǎo yá shēng
다 소 초 아 생.

[2] 도식 보기

행	연번	앞성분	주어(S)	부가성분	술어(V-v) 활동	술어(V-v) 상태	술어(V-v) 변화결과	술어(V-v) 사동	술어(V-v) 의동	목적어(O)	보어(C)	뒷성분
1	①		春雨ᵢ			상태細						
	②		ESᵢ	不			변화EV				滴	,
2	③		夜中	微		상태有					聲	,
3	④		雪				변화盡					
	⑤		南溪				변화漲					,
4	⑥	多少草芽ₖ	ESⱼ				변화生				ECₖ	.

[3] 단어와 어구

①**春雨**:봄비, **細**:가늘다 ②**滴**:물방울 ③**夜中**:밤에, **微**:작다, **有聲**:소리가 있다 ④**雪**:눈, **盡**:다하다/녹다 ⑤**南溪**:남쪽 시내, **漲**:불어 오르다/팽창하다 ⑥**多少**:얼마, **草芽**:풀의 싹, **生**:나오다/돋아 오르다

[4] 해석하기

① 봄비는 가늘어

② (봄비는) 물방울이 되지 않고,

③ 밤에 소리가 미미하게 있더니,

④ 눈이 다 녹아

⑤ 남쪽 시내 물이 불어 오르네,

⑥ 얼마일까 풀싹. (남쪽 시내에) 돋아난 것이.

[5] 문법 설명

○ 문형과 사건의미

문형	사건의미	주어와 술어의 관계	해석 공식	해당 연번
SV	상태 [BE]	〈묘사 대상자〉 주어 + [상태] 술어	[2]	①
SV	변화결과 [BEC]	〈변화 대상자〉 주어 + [변화] 술어	[3]	④,⑤
SVC	상태 [BE]	〈묘사 대상자〉 주어 + [상태] 술어	[10]	③
SVC	변화결과 [BEC]	〈변화 대상자〉 주어 + [변화] 술어	[11]	②,⑥

○ 문장성분

▌주어

- ②의 'ES_i': = '春雨$_i$'. 봄비.
- ⑥의 'ES_j': = '南溪$_j$'. 남계에서는(장소 주어).

▌보어

- ⑥의 'EC_k': = '多少草芽$_k$'. '聲'과 '生'의 운을 맞추기 위해 '多少草芽'가 보어 자리에서

문장 앞으로 이동한 것이다. 이 시는 도치를 통해 리듬을 맞추고, 표현의 신선미를 배가한다.

[6] 참고

▌ 정몽주(鄭夢周, 1337-1392)

　　고려 말기 문신. 성리학과 시문에 뛰어났으며, 서화에도 능했다. 그의 시풍은 호방하고 정결한데, 특히 시조 「단심가(丹心歌)」는 충절을 대변하는 작품으로 후대에 회자된다. 1439년에 간행된 『포은집(圃隱集)』이 있다.

4) │ 봄비(春雨) │

[1] 원문 읽기

春雨暗西池,
chūn yǔ àn xī chí
춘 우 암 서 지,

輕寒襲羅幕,
qīnghán xí luó mù
경 한 습 라 막,

愁倚小屏風,
chóu yǐ xiǎopíngfēng
수 의 소 병 풍,

墙頭杏花落.　　『蘭雪軒集』
qiáng tóu xìnghuā luò
장 두 행 화 락.

[2] 도식 보기

행	연번	앞성분	주어 (S)	부가성분	술어(V-v)					목적어 (O)	보어 (C)	뒷성분
					활동	상태	변화결과	사동	의동			
1	①		春雨				㊑暗			西池		,

행	연번	앞성분	주어 (S)	부가성분	술어(V-v) 활동	상태	변화결과	사동	의동	목적어 (O)	보어 (C)	뒷성분
2	②		輕寒				⑲襲				羅幕	,
3	③		ES	愁			⑲倚				小屏風	,
4	④	墻頭	杏花				⑲落					.

[3] 단어와 어구

①**春雨**:봄비, **暗**:어둡게 하다, **西池**:서쪽 연못 ②**輕寒**:가벼운 한기, **襲**:습격하다, **羅幕**:비단 장막 ③**愁**:근심스레, **倚**:몸을 기대다, **小屏風**:작은 병풍 ④**墻頭**:담장 머리, **杏花落**:살구꽃이 지다

[4] 해석하기

　① 봄비가 서쪽 연못을 어둑어둑하게 하니,

　② 가벼운 한기가 비단 장막에 스며드네,

　③ (나는) 근심스레 작은 병풍에 몸을 기대니,

　④ 담장 머리에 살구꽃이 떨어지네.

[5] 문법 설명

◯ 문형과 사건의미

문형	사건의미	주어와 술어의 관계	해석 공식	해당 연번
SV	변화결과 [BEC]	〈변화 대상자〉 주어 + [변화] 술어	[3]	④
SVO	사동 [CAU-BEC]	〈원인자〉 주어 + [사동] 술어	[8]	①
SVC	변화결과 [BEC]	〈변화 대상자〉 주어 + [변화] 술어	[11]	②,③

○ 문장성분

▌ 주어

- ①의 '**春雨**': [-의지]의 〈원인자〉 주어. 따라서 여기서는 [+의지]의 행위자가 될 수 없다.
- ③의 '**ES**': 작자(허난설헌).

[6] 참고

▌ 허난설헌(許蘭雪軒, 1563-1589)

조선 중기 여류시인. 본명은 초희(楚姬), 혼은 난설헌(蘭雪軒)이다. 『홍길동전(洪吉童傳)』의 저자인 허균(許筠)의 누나이다. 27세에 요절한 천재적인 시재(詩才)로, 특히 한시에 능했다. 사후에 『난실헌집(蘭雪軒集)』이 간행되있다.

4.4. 가을 서정

│ 산행(山行) │ │ 김 거사의 시골집을 방문하다(訪金居士野居) │ │ 화석정(花石亭) │
│ 밝은 달은 언제 뜨려나(明月幾時有) │

1) │ 산행(山行) │

[1] 원문 읽기

遠上寒山石徑斜,
yuǎnshànghánshān shí jìng xié
원 상 한 산 석 경 사,

白雲生處有人家.
bái yúnshēngchùyǒurén jiā
백 운 생 처 유 인 가.

停車坐愛楓林晚,
tíngchēzuò ài fēng lín wǎn
정 거 좌 애 풍 림 만,

霜葉紅於二月花.　　『全唐詩』
shuāng yè hóng yú èr yuèhuā
상 엽 홍 어 이 월 화.

[2] 도식 보기

행	연번	앞성분	주어 (S)	부가성분	술어(V-v) 활동	상태	변화결과	사동	의동	목적어 (O)	보어 (C)	뒷성분
1	①		ES	遠			⑭화上				寒山	
	②		石徑			㉷태斜						,
2	③		白雲生處			㉷태有					人家	.
3	④		ES					㊀동停		車		
	⑤		ES		ㇿ동坐							
	⑥		ES				⑭화愛			楓林晚		,
4	⑦		霜葉			㉷태紅					於二月花	.

[3] 단어와 어구

①遠:멀리, 上:오르다, 寒山:차가움이 있는 산/가을 산 ②石徑:돌밭 길, 斜:비스듬하다 ③白雲生處:흰 구름이 피어나는 곳, 有人家:인가가 있다 ④停:세우다, 車:수레 ⑤坐:앉다 ⑥愛楓林晚:저녁 단풍든 숲을 즐기다 ⑦霜葉:서리 머금은 단풍잎, 紅:붉다, 於:-보다(전치사), 二月花:두견화

[4] 해석하기

① (내가) 멀리 가을 산에 오르니

② 자갈길은 비스듬하고,

③ 흰 구름 피어나는 곳에 인가가 있네.

④ (나는) 수레를 세우고

⑤ (나는) 앉아서

⑥ (나는) 황혼의 단풍 든 숲을 즐기노니,

⑦ 서리 머금은 잎이 두견화보다 붉네.

[5] 문법 설명

○ 문형과 사건의미

문형	사건의미	주어와 술어의 관계	해석 공식	해당 연번
SV	활동 [DO]	〈행위자〉 주어 + [활동] 술어	[1]	⑤
	상태 [BE]	〈묘사 대상자〉 주어 + [상태] 술어	[2]	②
SVO	변화결과 [BEC]	〈경험자〉 주어 + [변화] 술어	[7]	⑥
	사동 [CAU-BEC]	〈원인자〉 주어 + [사동] 술어	[8]	④
SVC	상태 [BE]	〈묘사 대상자〉 주어 + [상태] 술어	[10]	③,⑦
	변화결과 [BEC]	〈변화 대상자〉 주어 + [변화] 술어	[11]	①

○ 문장성분

▐ 주어

　• ①,④,⑤,⑥의 ‘ES’: 작자(두목).

▐ 술어

　• ④의 ‘停’: 사동 사건의미 술어. 세우다.

▐ 보어

　• ⑦의 ‘於二月花’: 전치사구 보어. ‘於’는 비교표시 전치사. ‘二月花’는 비교 대상.

[6] 참고

▐ 두목(杜牧, 803-852)

　당나라 말기 시인. 작품이 두보(杜甫)와 비슷하여, ‘소두(小杜)’라고 불린다. ‘山行(산행)’은 그의 대표 작품으로, 『당시선(唐詩選)』에 수록되었다.

2) | 김 거사의 시골집을 방문하다(訪金居士野居) |

[1] 원문 읽기

秋陰漠漠四山空,
qiū yīn mò mò sì shānkōng
추 음 막 막 사 산 공,

落葉無聲滿地紅.
luò yè wú shēngmǎn dì hóng
낙 엽 무 성 만 지 홍.

立馬溪橋問歸路,
lì mǎ xī qiáowèn guī lù
입 마 계 교 문 귀 로,

不知身在畫圖中. 『三峯集』
bù zhī shēn zài huà tú zhōng
부 지 신 재 화 도 중.

[2] 도식 보기

행	연번	앞 성분	주어 (S)	부가 성분	술어(V-v) 활동	술어(V-v) 상태	술어(V-v) 변화결과	술어(V-v) 사동	술어(V-v) 의동	목적어 (O)	보어 (C)	뒷 성분
1	①		秋陰			상태漠漠						
	②		四山			상태空						,
2	③		落葉			상태無					聲	
	④		滿地			상태紅						.
3	⑤		ES					사동立		馬	溪橋	
	⑥		ES		활동問					歸路		,
4	⑦		ES	不			변화知			身在畫圖中		.

[3] 단어와 어구

①秋陰:가을 구름, 漠漠:아득하다 ②四山:사방의 산, 空:비다 ③落葉:낙엽, 無聲:소리 없다 ④滿地紅:온 땅이 붉다 ⑤立馬:말을 세워놓다, 溪橋:시냇가의 다리에 ⑥問:묻다, 歸路:돌아가는 길 ⑦不知:모르다, 身:자신의 몸, 在:있다, 畫圖:그림

[4] 해석하기

① 가을 구름 아득하니

② 온 산이 텅 비었네,

③ 낙엽은 소리 없고

④ 온 땅은 붉도다.

⑤ (나는) 말을 계곡의 다리 옆에 세워놓고

⑥ (내가) 집으로 돌아가는 길을 물으나,

⑦ (내) 몸이 그림 속에 있다는 것을 알지 못하네.

[5] 문법 설명

○ 문형과 사건의미

문형	사건의미	주어와 술어의 관계	해석 공식	해당 연번
SV	상태 [BE]	〈묘사 대상자〉 주어 + [상태] 술어	[2]	①,②,④
SVO	활동 [DO]	〈행위자〉 주어 + [활동] 술어	[6]	⑥
	변화결과 [BEC]	〈경험자〉 주어 + [변화] 술어	[7]	⑦
SVC	상태 [BE]	〈묘사 대상자〉 주어 + [상태] 술어	[10]	③
SVOC	사동 [CAU-BEC]	〈원인자〉 주어 + [사동] 술어	[14]	⑤

○ 문장성분

▌ 주어

• ⑤,⑥,⑦의 'ES': 작자(정도전).

▎ 술어

- ①의 '漠漠': 상태 사건의미 술어. 막막하다.

  동일한 음절을 반복함으로써 묘사의 정도를 강화한다.

- ①의 '漠漠', ②의 '空', ③의 '無', ④의 '紅': 모두 상태 사건의미 술어.

  늦가을의 정경을 잘 묘사한다.

▎ 목적어

- ⑦의 '身在畫圖中': 절 목적어. 身s+在v+畫圖中c.

[6] 참고

▎ 정도전(鄭道傳, 1342-1398)

고려 말 조선 초의 정치가이자 학자. 충청도 단양 삼봉(三峰) 출생으로, 호는 삼봉이다. 이성계를 도와 조선을 건국하였으며, 『조선경국전(朝鮮經國典)』을 지어 나라의 법제를 다지는 역할을 하였다. 문집으로 시가와 산문, 철학, 제도 개혁안 등을 종합하여 엮은 『삼봉집(三峯集)』이 있다.

3) | 화석정(花石亭) |

[1] 원문 읽기

林亭秋已晚,
lín tíng qiū yǐ wǎn
임 정 추 이 만,

騷客意無窮.
sāo kè yì wú qióng
소 객 의 무 궁.

遠水連天碧,
yuǎn shuǐ lián tiān bì
원 수 연 천 벽,

霜楓向日紅.
shuāng fēng xiàng rì hóng
상 풍 향 일 홍.

山吐孤輪月,
shān tǔ gū lún yuè
산 토 고 륜 월,

江含萬里風.
jiāng hán wàn lǐ fēng
강 함 만 리 풍.

塞鴻何處去,
sài hóng hé chù qù
새 홍 하 처 거,

聲斷暮雲中.　　『栗谷全書』
shēng duàn mù yún zhōng
성 단 모 운 중.

[2] 도식 보기

행	연번	앞성분	주어 (S)	부가성분	술어(V-v) 활동	상태	변화결과	사동	의동	목적어 (O)	보어 (C)	뒷성분
1	①		林亭秋	已		상태晚						,
2	②		騷客意			상태無					窮	.
3	③		遠水ᵢ				변화連				天	
	④		ESᵢ			상태碧						,
4	⑤		霜楓	向日		상태紅						
5	⑥		山					사동吐		孤輪月		,
6	⑦		江					사동含		萬里風		.
7	⑧		塞鴻	何處ⱼ			변화去				ECⱼ	,
8	⑨		聲				변화斷				暮雲中	.

[3] 단어와 어구

①林:수풀, 亭:정자, 秋:가을, 已:이미, 晚:늦다 ②騷客:천천히 거니는 나그네, 意:뜻/마음, 無:없다, 窮:다함 ③遠:멀다, 水:물, 連:이어지다, 天:하늘 ④碧:푸르다 ⑤霜楓:서리 먹은 단풍, 向:향하다, 日:해/태양, 紅:붉다 ⑥山:산, 吐:토해 내다, 孤:외롭다, 輪:바퀴/둥글다, 月:달 ⑦江:강, 含:머금다, 萬里:만 리[긴 거리], 風:바람 ⑧塞:변방, 鴻:기러기, 何處去:어디로 가는가 ⑨聲斷:소리가 끊어지다/사라지다, 暮雲中:저녁 구름 속

[4] 해석하기

① 수풀에 싸인 정자는 가을 색이 이미 깊은데,

② 천천히 거니는 나그네의 마음은 끝이 없네.

③ 멀리 뵈는 물은 하늘에 이어져

④ (그것은) 푸르르고,

⑤ 서리 머금은 단풍잎은 해를 향해 붉도다.

⑥ 산은 외로운 둥근 달을 토해 내고,

⑦ 강은 긴긴 바람을 머금게 하네.

⑧ 변방의 기러기는 어디로 가는가,

⑨ 기러기 울음소리는 저녁 구름 속으로 사라지네.

[5] 문법 설명

○ 문형과 사건의미

문형	사건의미	주어와 술어의 관계	해석 공식	해당 연번
SV	상태 [BE]	〈묘사 대상자〉 주어 + [상태] 술어	[2]	①,④,⑤
SVO	사동 [CAU-BEC]	〈원인자〉 주어 + [사동] 술어	[8]	⑥,⑦
SVC	상태 [BE]	〈묘사 대상자〉 주어 + [상태] 술어	[10]	②
	변화결과 [BEC]	〈변화 대상자〉 주어 + [변화] 술어	[11]	③,⑧,⑨

○ 문장성분

▌ 주어

- ④의 'ES_i': = '遠水$_i$'. 아득한 강물.
- ⑥의 '山': 〈원인자〉 주어. 이는 '輪月'을 토하는 〈행위자〉 주어가 될 수 없다.
- ⑦의 '江': 〈원인자〉 주어. 이는 '萬里風'을 머금는 〈행위자〉 주어가 될 수 없다.
- ⑨의 '聲': 〈변화 대상자〉 주어. 따라서, 술어 '斷'은 '끊다'가 아니라 '끊어지다'로 해석된다.

▌ 보어

- ⑦의 'EC_j': = '何處$_j$'. 의문문에서 의문 대명사가 술어 앞으로 이동하고 남은 자리.
- ⑧의 '暮雲中': 장소 보어. 〈변화 대상자〉의 〈목표점〉이다.

[6] 참고

▌ 이이(李珥, 1536-1584)

조선 중기 유학자이자 정치가. 호는 율곡(栗谷). 신사임당(申師任堂)의 아들로 외가인 강릉 오죽헌에서 태어났다. 실용을 중시하는 철학 사상을 제시하고, 조선 사회의 제도 개혁을 주장하였다. 저서로는 『성학집요(聖學輯要)』, 『격몽요결(擊蒙要訣)』, 「시무육조(時務六條)」 등이 있다. 사후에 『율곡집(栗谷集)』과 『율곡전서(栗谷全書)』가 간행되었다.

▌ 화석정(花石亭)

경기도 파주시 파평면 율곡리 임진강변에 위치한 조선 시대의 정자. 본문의 시는 이이가 8세 때 화석정에서 지은 것으로 알려진 '팔세부시(八歲賦詩)'로, 현재 화석정에 걸려 있다. 화석정은 1974년 경기도 유형문화재 제61호로 지정되었다.

4) │ 밝은 달은 언제 뜨려나(明月幾時有) │

[1] 원문 읽기

明月幾時有?　把酒問靑天.　不知天上宮闕,　今夕是何年?
míngyuè jī shí yǒu　bǎ jiǔ wènqīngtiān　bù zhī tiānshànggōngquè　jīn xī shì hé nián
명 월 기 시 유?　파 주 문 청 천.　부 지 천 상 궁 궐,　금 석 시 하 년?

我欲乘風歸去,　又恐瓊樓玉宇,　高處不勝寒.　起舞弄淸影,
wǒ yù chéngfēng guī qù　yòukǒngqiónglóu yù yǔ　gāochù bú shènghán　qǐ wǔ nòngqīngyǐng
아 욕 승 풍 귀 거,　우 공 경 누 옥 우,　고 처 불 승 한.　기 무 농 청 영,

何似在人間?　轉朱閣,　低綺戶,　照無眠.　不應有恨,　何事長向別時圓?
hé sì zài rénjiān　zhuǎnzhū gé　dī qǐ hù　zhào wú mián　bù yīngyǒuhèn　hé shì chángxiàng bié shí yuán
하 사 재 인 간?　전 주 각,　저 기 호,　조 무 면.　불 응 유 한,　하 사 장 향 별 시 원?

人有悲歡離合,　月有陰晴圓缺,　此事古難全.　但願人長久,　千里共嬋娟.
rén yǒu bēi huān lí hé　yuèyǒu yīn qíngyuánquē　cǐ shì gǔ nánquán　dànyuànrén cháng jiǔ　qiān lǐ gòngchánjuān
인 유 비 환 이 합,　월 유 음 청 원 결,　차 사 고 난 전.　단 원 인 장 구,　천 리 공 선 연.

『東坡樂府』

[2] 도식 보기

연번	앞 성분	주어 (S)	부가 성분	술어(V-v) 활동	상태	변화결과	사동	의동	목적어 (O)	보어 (C)	뒷 성분
①		明月ⱼ	幾時			변화有					?
②		ESᵢ		활동把					酒		
③		ESᵢ		활동問					靑天	EC	.
④		ESᵢ	不			변화知			天上宮闕, 今夕是何年		?
⑤		我ᵢ	欲	활동乘					風		
⑥		ESᵢ	歸			변화去					,
⑦		ESᵢ	又			변화恐			瓊樓玉宇, 高處不勝寒		

연번	앞성분	주어(S)	부가성분	술어(V-v) 활동	상태	변화결과	사동	의동	목적어(O)	보어(C)	뒷성분
⑧		ES$_i$		起					舞		
⑨		ES$_i$		弄					淸影		,
⑩		ES$_i$	何		似					在人間	?
⑪		ES$_j$		轉					朱閣		,
⑫		ES$_j$					低		EO	綺戶	,
⑬		ES$_j$					照		EO	無眠	.
⑭		ES$_j$	不應		有					恨	,
⑮		何事	長向別時		圓						?
⑯		人			有					悲歡離合	,
⑰		月			有					陰晴圓缺	,
⑱		此事	古		難					全	.
⑲	但	ES$_i$				願			人長久		,
⑳		ES$_i$				EV			千里共嬋娟		.

[3] 단어와 어구

①明月:밝은 달[한가위 보름달], 幾:몇/어느(의문 대명사), 時:때, 有:있게 되다 ②把:집다/들다, 酒:술[술잔] ③問:묻다, 靑:짙은 청색/검푸른 색, 天:하늘 ④不知:모르다, 天上:하늘의, 宮闕:궁궐, 今夕:오늘 저녁, 是:이다, 何年:어느 해[연도] ⑤我:나, 欲:-하고 싶다, 乘風: 바람을 타다 ⑥歸去:돌아가다 ⑦又:또, 恐:두렵다, 瓊樓玉字: 옥으로 지은 집들, 高處:높은 곳, 不勝寒:추위를 이길 수 없다 ⑧起舞:춤을 추다 ⑨弄:희롱하다/즐기다, 淸影:달 그림자 ⑩何:어찌, 似:같다, 在人間:인간 세상에 있다 ⑪轉:돌다, 朱閣: 붉은 누각 ⑫低:낮게 내려오다, 綺戶:수놓은 창 ⑬照無眠:잠 못자는 [나를] 비추다 ⑭不應:꼭-한 것은 아니다, 有恨:여한이 있다 ⑮何事: 무슨 일, 長:늘, 向:-를 향해(전치사), 別時:이별의 때, 圓:둥글다 ⑯人:인간, 有:있다, 悲歡:슬픔과 기쁨, 離合:헤어짐과 만남 ⑰月:달, 有:있다, 陰晴:흐림과 맑음, 圓缺:둥금과 이지러짐 ⑱此事:이런 일, 古:예전, 難全:완전하기 어렵다 ⑲但:그러나(역접 접속사), 願:원하다, 人:사람[동생], 長久:오래 살다 ⑳千里:천 리, 共:함께 하게 되다, 嬋娟:달[달구경]

[4] 해석하기

① 밝은 달은 언제 뜨려나?

② (나는) 술잔을 잡고

③ (나는) 컴컴한 하늘에게 (달이 언제 뜰지) 묻는다.

④ (나는) 하늘의 궁궐은 오늘 저녁이 어느 해인지 알 수 없도다.

⑤ 나는 바람을 타고

⑥ (나는) 돌아가고 싶지만,

⑦ (나는) 또 옥으로 지은 높은 곳의 궁궐은 추위를 이기지 못할까 두렵구나.

⑧ (나는) 춤을 추며

⑨ (나는) 달빛 그림자를 놀리지만,

⑩ (그러나 내가) 어찌 인간 세상이 있는 것 같으리오?

⑪ (밝은 달은) 붉은 누각을 돌아,

⑫ (밝은 달은) 수놓은 창가에 (달빛을) 낮게 내리어,

⑬ (밝은 달은) 잠 못 드는 내게 (달빛을) 비추네.

⑭ (밝은 달은) 여한이 꼭 있는 것은 아니겠지만,

⑮ 어째서 늘 이별할 때마다 둥글단 말인가?

⑯ 사람은 슬픔과 기쁨, 헤어짐과 만남이 있고,

⑰ 달은 흐리고 맑고 둥글고 이지러짐이 있다네,

⑱ 이런 일들은 예전부터 완전하기 어렵다지만.

⑲ 그래도 (나는) 니가 오래 살아서,

⑳ (나는) (니가) 천리 밖에서나마 달구경을 함께 하게 되길.

[5] 문법 설명

◯ 문형과 사건의미

문형	사건의미	주어와 술어의 관계	해석공식	해당 연번
SV	상태 [BE]	〈묘사 대상자〉 주어 + [상태] 술어	[2]	⑮
	변화결과 [BEC]	〈변화 대상자〉 주어 + [변화] 술어	[3]	①, ⑥

문형	사건의미	주어와 술어의 관계	해석 공식	해당 연번
SVO	활동 [DO]	〈행위자〉 주어 + [활동] 술어	[6]	②,⑤,⑧,⑨,⑪
	변화결과 [BEC]	〈경험자〉 주어 + [변화] 술어	[7]	④,⑦,⑲,⑳
SVC	상태 [BE]	〈묘사 대상자〉 주어 + [상태] 술어	[10]	⑩,⑭,⑯,⑰,⑱
SVOC	활동 [DO]	〈행위자〉 주어 + [활동] 술어	[13]	③
	사동 [CAU-BEC]	〈원인자〉 주어 + [사동] 술어	[14]	⑫,⑬

◯ 문장성분

▌주어

- ②-④,⑥-⑩,⑲,⑳의 'ES$_i$': = '我$_i$'. 작자(소식).
- ⑪-⑭의 'ES$_j$': = '明月$_j$'. 한가위 보름 달.
- ⑯의 주어 '人': 일반 주어. 사람들.

▌술어

- ①의 '有': 변화결과 사건의미 술어. 있게 되다, 뜨다.
- ⑭,⑯,⑰의 '有': 상태 사건의미 술어. 있다, 존재하다.
- ⑲의 '願': 변화결과 사건의미 술어. 바라다.
- ⑳의 'EV': 변화결과 사건의미 술어. '바라다(願)'의 생략.

▌목적어

- ⑫,⑬의 'EO': 비명시적 〈지배 대상자〉 목적어. 밝은 달빛.

  '低'가 목적어를 가지며, 문장 전체는 'SVOC'구조의 사동 사건의미이다.
- ⑲의 '人長久': 절 목적어. 人s+長adv+久v.
- ⑳의 '千里共嬋娟': 절 목적어. es+千里adv+共v+嬋娟o.

▌보어

- ③의 'EC': =①明月幾時有. 절 보어. 明月s+幾時adv+有v.

  바로 앞 문장에 등장한 질문 내용이 생략.

기타

- ⑮의 '長向別時'의 '長': 부사. 늘.

[6] 참고

소식(蘇軾, 1037-1107)

북송 시대 문인. 사천(四川) 미산(眉山) 사람. 호는 동파(東坡)로, 흔히 '소동파(蘇東坡)'로 불린다. 아버지 소순(蘇洵), 동생 소철(蘇轍)과 함께 '3소(三蘇)'라 하며, 모두 당송팔대가에 속한다. 본문의 제목은 「수조가두·명월기시유(水調歌頭·明月幾時有)」로, 소식의 사집(詞集) 『동파악부(東坡樂府)』에 수록되었다. 「水調歌頭」는 악보에 해당하는 '사패(詞牌)' 또는 '사조(詞調)'이다. 송나라 신종(神宗) 희녕(熙寧) 9년(1076) 추석에 작자가 객지인 밀주(密州:지금 산동성 청도 부근의 제성(諸城))에서 밝은 달을 보며, 동생 소철(蘇轍)을 그리워하는 내용이다.

4.5. 여행의 정취

| 관작루에 올라(登鸛雀樓) | | 서림의 벽에 제목을 달며(題西林壁) | | 적벽부(赤壁賦) |

1) | 관작루에 올라(登鸛雀樓) |

[1] 원문 읽기

白日依山盡,
bái rì yī shān jìn
백 일 의 산 진,

黃河入海流.
Huáng hé rù hǎi liú
황 하 입 해 류.

欲窮千里目,
yù qióngqiān lǐ mù
욕 궁 천 리 목,

更上一層樓.　『全唐詩』
gèngshàng yí cénglóu
갱 상 일 층 루.

[2] 도식 보기

행	연번	앞성분	주어(S)	부가성분	술어(V-v)					목적어(O)	보어(C)	뒷성분
					활동	상태	변화결과	사동	의동			
1	①		白日	依山			(변화)盡					,
2	②		黃河ᵢ	入海			(변화)流					.
3	③		ES	欲				(사동)窮		千里目		,
4	④		ES	更			(변화)上				一層樓	.

[3] 단어와 어구

①白日:밝은 태양, 依山:산을 의지하다, 盡:다하다/끝나다 ②黃河:황하[강 이름], 入海:바다처럼 넓은 곳으로 들어가다, 流:흐르다 ③欲窮:다 하려 하다, 千里目:천 리의 눈[넓은 시야] ④更:다시, 上:오르다, 一層樓:한 층의 누각

[4] 해석하기

① 밝은 태양은 산에 기대어 지고,

② 황하는 바다처럼 넓은 곳으로 들어가 흐르네.

③ (나는) 천 리까지 눈길이 닿게 하려고,

④ (나는) 누각 한 층을 더 오른다네.

[5] 문법 설명

○ 문형과 사건의미

문형	사건의미	주어와 술어의 관계	해석공식	해당 연번
SV	변화결과 [BEC]	〈변화 대상자〉 주어 + [변화] 술어	[3]	①,②
SVO	사동 [CAU-BEC]	〈원인자〉 주어 + [사동] 술어	[8]	③
SVC	변화결과 [BEC]	〈변화 대상자〉 주어 + [변화] 술어	[11]	④

○ 문장성분

▌ 주어

- ③의 'ES$_i$': = '黃河$_i$'. 황하(강).
- ④의 'ES': 작자(왕지환).
- ①의 '白日': 〈변화 대상자〉 주어. 술어 '盡'은 변화 결과를 나타낸다.

[6] 참고

▌ 왕지환(王之渙, 688-742)

당나라 시인. 그가 지은 시구는 악공들이 지은 노래에 많이 인용되었다 하나 현재는 대부분 소실되었다. 청대(清代)에 편찬된 당시(唐詩) 전집 『전당시(全唐詩)』에 「등관작루(登鸛雀樓)」 등 여섯 수의 시만 전해진다.

▌ 관작루(鸛雀樓)

중국 산서성(山西省) 운성시(運城市)에 위치한 누각. 북조(北朝) 시기 때 세워졌으나, 이후 여러 차례 소실되었다가, 1997년 이후에 복원되었다. 강서성(江西省) 남창시(南昌市)의 등왕각(滕王閣), 호북성(湖北省) 무한시(武漢市)의 황학루(黃鶴樓), 호남성(湖南省) 악양시(岳陽市)의 악양루(岳陽樓) 등과 더불어 중국의 4대 명루(名樓) 중 하나이다.

2) │ 서림의 벽에 제목을 달며(題西林壁) │

[1] 원문 읽기

橫看成嶺側成峰,
héngkànchénglǐng cè chéngfēng
횡 간 성 령 측 성 봉,

遠近高低各不同.
yuǎn jìn gāo dī gè bù tóng
원 근 고 저 각 부 동.

不識廬山眞面目,
bù shí Lú shānzhēnmiàn mù
불 식 여 산 진 면 목,

只緣身在此山中.　『東坡集』
zhǐ yuánshēn zài cǐ shānzhōng
지 연 신 재 차 산 중.

[2] 도식 보기

행	연번	앞성분	주어(S)	부가성분	술어(V-v) 활동	상태	변화결과	사동	의동	목적어(O)	보어(C)	뒷성분
1	①		ES$_i$	橫	ⓗ看					EO$_j$		
	②		ES$_j$				ⓗ成					嶺	
	③		ES$_i$	側	ⓗEV$_j$					EO$_j$		
	④		ES$_j$				ⓗ成					峰	,
2	⑤		遠近高低	各不		ⓗ同							.
3	⑥		ES$_i$	不			ⓗ識			廬山$_i$眞面目			,
4	⑦		ES$_i$	只		ⓗ緣						身在此山中	.

[3] 단어와 어구

①橫看:횡[가로]으로 보다 ②成嶺:고개를 이루다 ③側:옆 ④成峰:봉우리를 이루다 ⑤遠近:원근[먼 곳과 가까운 곳], 高低:고저[높낮이], 各不同:각각 다 같지 않다 ⑥不識:모르다, 廬山:여산[중국 강서성 소재의 명산], 眞面目:진면목 ⑦只:단지, 緣:까닭/인연이다, 身在此山中:몸이 이 산속에 있다

[4] 해석하기

① (내가) 가로로 (여산을) 보면

② (여산은) 고갯마루가 되고

③ (내가) 옆으로는 (여산을) (보면)

④ (여산은) 봉우리가 되니,

⑤ 원근과 고저가 다 같지 않네.

⑥ (내가) 여산의 진면목을 알지 못하는 것은,

⑦ (그것은) 내 몸이 이 산속에 있기 때문이라네.

[5] 문법 설명

○ 문형과 사건의미

문형	사건의미	주어와 술어의 관계	해석 공식	해당 연번
SV	상태 [BE]	〈묘사 대상자〉 주어 + [상태] 술어	[2]	⑤
SVO	활동 [DO]	〈행위자〉 주어 + [활동] 술어	[6]	①,③
	변화결과 [BEC]	〈경험자〉 주어 + [변화] 술어	[7]	⑥
SVC	상태 [BE]	〈묘사 대상자〉 주어 + [상태] 술어	[10]	⑦
	변화결과 [BEC]	〈변화 대상자〉 주어 + [변화] 술어	[11]	②,④

○ 문장성분

▌주어

- ①,③,⑥,⑦의 'ES$_i$': 작자(소식).
- ②,④의 'ES$_j$': = 'EO$_j$' = '廬山$_j$'. 여산.
- ①-④의 주어 생략: ①,②에서는 목적어도 생략되었고, ③은 술어 동사 '看'까지 모두 생략되었다. 그러나 그 논리 관계는 우리 머릿속에서 감지된다. 이것이 극도로 생략하고 축약하는 '시'의 맛이다.

▌술어

- ③의 'EV$_j$': 활동 사건의미 술어. ①의 술어 '看' 생략.

[6] 참고

▌여산진면목(廬山眞面目)

'여산의 참모습'이란 그 뜻이 너무 심오하여, 그 참모습을 파악하기 어려움을 비유하는 말이다. 이 시는 소식(蘇軾)이 유배지로 향하던 중 강서성(江西省) 여산(廬山)을 유람하게 되었는데, 보는 각도에 따라 달라지는 산의 모습에 자신의 심정을 빗대어 표현한 것이다.

[1] 원문 읽기

惟江上之淸風, 與山間之明月, 耳得之而爲聲, 目寓之而成色,
wéi jiāngshàng zhī qīngfēng yǔ shānjiān zhī míngyuè ěr dé zhī ér wéi shēng mù yù zhī ér chéng sè
유 강 상 지 청 풍, 여 산 간 지 명 월, 이 득 지 이 위 성, 목 우 지 이 성 색,

取之無禁, 用之不竭. 是造物者之無盡藏也, 而吾與子之所共樂.
qǔ zhī wú jìn yòng zhī bù jié shì zào wù zhě zhī wú jìn cáng yě ér wú yǔ zǐ zhī suǒgòng lè
취 지 무 금, 용 지 불 갈. 시 조 물 자 지 무 진 장 야, 이 오 여 자 지 소 공 락.

『古文眞寶』

[2] 도식 보기

연번	앞 성분	주어 (S)	부가 성분	술어(V-v) 활동	술어(V-v) 상태	술어(V-v) 변화결과	술어(V-v) 사동	술어(V-v) 의동	목적어 (O)	보어 (C)	뒷 성분
①	惟江上之淸風, 與山間之明月$_i$,	耳				변화得				之$_i$	
②	而$_5$	ES$_i$				변화爲				聲	,
③		目				변화寓				之$_i$	
④	而$_5$	ES$_i$				변화成				色	,
⑤		ES		활동取					之$_i$		
⑥		ES$_i$			상태無					禁	,
⑦		ES		활동用					之$_i$		
⑧		ES$_i$	不			변화竭					.
⑨		是$_i$			상태EV					造物者之無盡藏	也,
⑩	而$_1$	吾與子之			상태EV					所共樂	.

[3] 단어와 어구

①惟:오직, 江上:강 위, 之:-의, 淸風:맑은 바람, 與:-와(접속사), 山間:산 사이, 之:-의(관형어 표시 조사), 明月:밝은 달, 耳:귀, 得:얻어지다, 之:그것(지시 대명사) ②而:-하면(조건 표시 접속사), 爲聲:소리가 되다 ③目:눈, 寓:머무르다, 之:그것(지시 대명사) ④而:-하면(조건 표시 접속사), 成色:색깔[물체]이 되다 ⑤取之:그것을 취하다 ⑥無禁:금지함이 없다 ⑦用之:그것을 사용하다 ⑧不竭:고갈되지 않다 ⑨是:이것(지시 대명사), 造物者:조물주[자연 만물을 만드신 이], 之:-의, 無盡藏:다함이 없는 창고, 也:(진술 어기조사) ⑩而:그러므로(순접 접속사), 吾與子:나와 그대, 之:-의(관형어 표시 조사), 所共樂:함께 즐기는 것

[4] 해석하기

① 오직 강 위의 맑은 바람과 산 사이의 밝은 달만이,

　　귀에 그것이 들려지면

② 그러면 (그것은) 소리가 되고,

③ 눈에 그것이 머무르면

④ 그러면 (그것은) 색이 되니,

⑤ (우리가) 그것을 취하여도

⑥ (그것은) 금함이 없고,

⑦ (우리가) 그것을 사용해도

⑧ (그것은) 마르지 않네.

⑨ 이는 조물주의 끝없는 창고이니,

⑩ 그러므로 (그것은) 나와 그대가 함께 즐기는 것이라네.

[5] 문법 설명

○ 문형과 사건의미

문형	사건의미	주어와 술어의 관계	해석 공식	해당 연번
SV	변화결과 [BEC]	〈변화 대상자〉 주어 + [변화] 술어	[3]	⑧
SVO	활동 [DO]	〈행위자〉 주어 + [활동] 술어	[6]	⑤,⑦

문형	사건의미	주어와 술어의 관계	해석 공식	해당 연번
SVC	상태 [BE]	〈묘사 대상자〉 주어 + [상태] 술어	[10]	⑥,⑨,⑩
	변화결과 [BEC]	〈변화 대상자〉 주어 + [변화] 술어	[11]	①,②,③,④

○ 문장성분

▌ 주어

- ②,④,⑥,⑧의 'ES$_i$': = '惟江上之淸風, 與山間之明月$_i$' = '之$_i$' = '是$_i$'.
- ①의 '耳(귀)', ③의 '目(눈)': 장소 주어. 해당 술어가 각각 변화결과 사건의미 '得(얻게 되다)', '寓(머무르게 되다)'를 나타내므로, 이들 주어는 변화가 발생하는 장소이다.
- ⑤,⑦의 'ES': 일반 주어. 사람들.
- ⑩의 '吾與子之': '나와 그대가'. 여기서 '之'는 주격조사, '-이/가'.

▌ 술어

- ⑨,⑩의 'EV': 상태 사건의미 술어. '-이다'류의 생략.

▌ 보어

- ②의 '聲': 변화의 〈목표점〉. 청각.
- ④의 '色': 변화의 〈목표점〉. 시각.
- ⑨의 '造物者之無盡藏': 장소 보어. 조물주의 끝이 없는 창고.
  해석 순서는 '造物者$_1$, 之$_2$, 無$_4$, 盡$_3$, 藏$_5$'이다.
- ⑩의 '所共樂': '所'자구 보어. 所+[es+共v+樂o]. 즐거움을 함께 하는 바의 것.

▌ 기타

- ①의 '惟江上之淸風, 與山間之明月$_i$': ①-⑩의 전체 문장이 공통적으로 진술하는 대상. 전형적인 화제 연쇄(Topic chain)의 예이다.
- ②의 '而$_5$': 조건 표시 접속사.
- ④의 '而$_1$': 순접 접속사.
- ⑩의 '吾與子之'의 '與': 접속사. '-와'.

[6] 참고

 ▌『적벽부(赤壁賦)』

　이 작품은 소동파(蘇東坡)가 적벽(赤壁)을 두고 완성한 두 편의 부(賦) 중에서 먼저 지은 것으로, '전적벽부(前赤壁賦)'라 한다. 이 작품에서 소식은 적벽대전(赤壁大戰)을 회고하고, 자연의 무한함을 노래한다. 본 작품에 등장하는 적벽은 현재 호북성 장강 북쪽에 위치한 황강시(黃岡市) 소재의 '황주적벽(黃州赤壁)'으로, '동파적벽(東坡赤壁)'이라고도 불린다. 그러나『삼국지연의(三國志演義)』에 등장하는 적벽대전이 일어난 곳은 '포전적벽(蒲圻赤壁)'으로, 현재 호북성(湖北省) 장강(長江) 남쪽의 적벽시(赤壁市-구 지명은 '蒲圻')에 위치한다.

1. [교과서]

1) 김성중 외(2018), 고등학교 한문Ⅰ, 이젠미디어.
2) 김영진 외(2018), 고등학교 한문Ⅰ, 씨마스.
3) 김용재(2018), 고등학교 한문Ⅰ, 와이비엠.
4) 박성규(2018), 고등학교 한문Ⅰ, 동아출판사.
5) 송재소 외(2018), 고등학교 한문Ⅰ, 다락원.
6) 심경호(2018), 고등학교 한문Ⅰ, 미래엔.
7) 안대회(2018), 고등학교 한문Ⅰ, 천재교과서.
8) 안재철 외(2018), 고등학교 한문Ⅰ, 지학사.
9) 오형민 외(2018), 고등학교 한문Ⅰ, 금성출판사.
10) 이동재 외(2018), 고등학교 한문Ⅰ, 비상.
11) 이향배(2018), 고등학교 한문Ⅰ, 대명사.
12) 진재교(2018), 고등학교 한문Ⅰ, 장원교육.

2. [기타 참고서]

C.-T. James Huang, Y.-H. Audrey Li, Yafei Li(2009), The Syntax of Chinese. Cambridge. Cambridge University Press.

Chomsky N(1995), The Minimalist Program. Cambridge: MIT Press.

Noam Chomsky, 박명관·장영준(2001), 『최소주의 언어이론』, 한국문화사.

Norbert Hornstein(2009), A Theory of Syntax, Minimal Operations and Universal Grammar. Cambridge University Press.

Palmer F.r.(2001[1986]), Mood and Modality(second edition)[M]. Cambridge: Cambridge University Press.

참고문헌

Radford, Andrew(2012[2004]), Minimalist Syntax: Exploring the structure of English. Cambridge. Cambridge University Press, 5th edn.

Tzong-Hong Lin(2001), "Light Verb Syntax and the Theory of Phrase Structure", University of California, Ph.D Dissertation.

Victoria Fromkin외 저(1974, 제9판), 謝富惠외 역(2011[1999]), 『An Introduction to Language(語言學新引)』, CENGAGE Learning, 台北: 文鶴出版有限公司.

Wei-Tien Dylan Tsai(2015) The Cartography of Chinese Syntax. The Cartography of Syntactic Structures. Volume II.

공자, 김원중 역(2013[2012]), 『논어』, 경기, 글항아리.

김광섭(2018), 『최소주의 최후수단』, 서울, 한국문화사.

김용석(2012), 『최소주의 문법, Glossary』, 서울, 글로벌콘텐츠.

김용하·박소영·이정훈·최기용(2018), 『한국어 생성 통사론』, 서울, 역락.

김종호(2011), 『현대중국어 10문형 50구문』, 서울, 한국외국어대학교출판부.

김종호(2011), 『현대중국어 화제화 이중 명사구문 연구』, 서울, 한국문화사.

김종호(2012), 『도표로 보는 정통중국어문법』, 서울, 한국외국어대학교출판부.

김종호(2013), 『공자, 멋진 사람을 말하다』, 서울, 한티미디어.

김종호(2017), 『공식으로 읽는 논어 명구』, 서울, 한국외국어대학교 지식출판원.

김종호(2018), 「논어 명구 속 '원인-결과' 사건구조의 이해와 한국어 번역」, 『중어중문학』 72집.

김종호(2018), 『최소주의 생성문법 13강』, 서울, 한국외국어대학교 지식출판콘텐츠원.

김종호(2020), 『AI시대 기초한문공부: 생성문법으로 한문해석하기』, 서울, 한티미디어.

김종호(2022), 「『맹자』 사동 사건의미 구의 생성과 도출 해석」, 『중국학연구』 100집.

김진우(2012[2011]), 『언어와 뇌-생물언어학의 전망』, 서울, 한국문화사.

남승호(2008), 『한국어 술어의 사건구조와 논항구조』, 서울, 서울대학교출판부.

동양고전정보화연구소(2018), 『漢文 독해 기본 패턴』, 서울, 전통문화연구회.

류종목(2014[2010]),『논어의 문법적 이해』, 서울, 문학과 지성사.

박문호(2018[2017]),『박문호박사의 뇌과학 공부』, 파주, 김영사.

백예진(2021),『《논어》 '변화결과' 사건의미 구 연구 : 경동사구의 도출과 해석을 중심으로』,
　　　　한국외국어대학교 대학원 중어중문학과 석사학위논문.

세종대왕기념사업회 편집부, 장세경 역(2011[1756년경]),『역주 논어언해』, 서울, 세종대왕
　　　　기념사업회.

소리나(2020),『《논어》 '상태' 사건의미 구 연구 : 경동사구의 도출과 해석을 중심으로』, 한국
　　　　외국어대학교 대학원 중어중문학과 석사학위논문.

안병국(2018),『孟子 漢文 文法의 構造 分析』, 서울, 한국방송통신대학교출판문화원.

양소안(2021),『고대중국어의 의문부사어 '何' 의문문 연구』, 한국외국어대학교 대학원 중어
　　　　중문학과 석사학위논문.

우재호 역(2010[2007]),『맹자』, 서울, 을유문화사.

유교경전번역총서 편찬위원회(2006),『맹자』, 서울, 성균관대학교 출판부.

유교문화연구소(2005),『논어』, 서울, 성균관대학교 출판부.

이강재(2006),『논어』, 파주, 살림출판사.

이기동(2013[1996,1992]),『論語講說』, 서울, 성균관대학교 출판부.

임옥균(2009),『맹자로 문리 나기』, 고양, 학고방.

정민영(2022),『《논어》 '활동' 사건의미 구 연구 : 경동사구의 도출과 해석을 중심으로』, 한국
　　　　외국어대학교 대학원 중어중문학과 석사학위논문.

정춘수(2018),『한번은 한문 공부』, 서울, 부키.

조장희(2017.06.20.),「언어, 인지 그리고 의식」
　　　　'https://www.youtube.com/watch?v=_8Mkb1hXzE8' 참조.

한수진(2019),『《논어》 '원인-변화결과' 사건의미 구 연구 : 경동사구의 도출과 해석을 중심
　　　　으로』, 한국외국어대학교 대학원 중어중문학과 석사학위논문.

郭錫良·唐作藩·何九盈·蔣紹愚·田瑞娟 편저, 이강재·신원철·김혜영·문수정·안소민 역(2016), 『古代漢語常識, 고대중국어』, 서울, 역락.

寧春岩 저(2011), 김종호·조일신·황후남·전원홍·이정인·손지윤·강희명·박비채윤·권혜리·한춘희 역(2015), 『생성문법이란 무엇인가』, 서울, 한국문화사.

鄧思穎(2010), 『形式漢語句法學』, 上海, 上海敎育出版社.

陸儉明 主編(2012), 『現代漢語』, 北京, 北京師範大學出版集團.

李澤厚(2008), 『論語今讀』, 北京, 三聯書店.

梅廣(2015), 『上古漢語生語法綱要』, 臺北, 三民書局.

武惠華 譯註(1998), 『白話論語』, 北京, 北京大學出版社.

謝氷瑩·劉正浩·李鎏·邱燮友 編譯(民國70年[1981, 1968]), 『四書讀本』, 臺北, 三民書局.

楊伯峻(2014[2006]), 『論語譯注(簡體字本)』, 北京, 中華書局.

楊伯峻(2018[1960]), 孟子譯注, 台北, 中華書局.

楊逢彬(2016), 『論語新注新譯』, 北京, 北京大學出版社.

王力(2010), 『漢語史稿』, 北京, 中華書局.

王邦雄·曾昭旭·楊祖漢 지음, 황갑연 옮김(2002), 『논어철학』, 서울, 서광사.

熊仲儒(2011), 『現代漢語中的功能範疇』, 安徽師範大學出版社.

錢穆(2017), 『論語新解』, 北京, 九州出版社.

曹逢甫(1995[1979]), 『A FUNCTIONAL STUDY OF TOPIC IN CHINESE』, 臺北, 學生書局.

蔡維天(2015), 『從微觀到宏觀-漢語語法的生成視野』, 北京, 商務印書館.

何永清(2016), 『論語語法通論』, 臺北, 臺灣商務印書館.

許世瑛(民國62年[1973]), 『論語二十篇句法硏究』, 臺北, 開明書店.

黃正德(2007), 「漢語動詞的題元結構與其句法表現」 『語言科學』第6卷第4期.

INDEX

영문

기타